NOUVEAU COMMENTAIRE
SUR
L'ORDONNANCE
DU COMMERCE

Du mois de Mars 1673.

Par M*** Conseiller au Présidial d'Orléans.

Nouvelle Edition, corrigée & augmentée.

A PARIS.

Chez DEBURE l'aîné, Quai des Augustins, à l'Image S. Paul.

───────────────

M. DCC. LXI.
Avec Approbation, & Privilege du Roi.

TABLE DES TITRES

De l'Ordonnance du Commerce du mois de Mars 1673.

Titres.

- I. Des apprentifs Négociants & Marchands, tant en gros qu'en détail, page 2
- II. Des Agents de banque & Courtiers, 21
- III. Des livres & registres des Négociants, Marchands & Banquiers, 30
- IV. Des sociétés ; 41
- V. Des lettres & billets de change & promesses d'en fournir, 58
- VI. Des intérêts du change & rechange, 134
- VII. Des contraintes par corps, 146
- VIII. Des séparations de biens, 155
- IX. Des défenses & lettres de répi, 159
- X. Des cessions de biens, 169
- XI. Des faillites & banqueroutes, 181

XII. *De la Jurisdiction des Consuls*, 215

Addition au Titre de la compétence des Juges-Consuls, où il est parlé de leurs pouvoirs, fonctions, devoirs, droits & priviléges, 264

Edit du mois de Novembre 1563, portant établissement d'un Juge & quatre Consuls en la Ville de Paris, 278

Déclaration du Roi du 7 Avril 1759, concernant les Jurisdictions Consulaires, 286

Table alphabétique de toutes les Jurisdictions Consulaires du Royaume, avec l'année de leur établissement & le nom des Parlements où elles ressortissent, 291

COMMENTAIRE

COMMENTAIRE
SUR L'ORDONNANCE
DU COMMERCE
Du mois de Mars 1673.

OUIS, par la grace de Dieu, Roi de France & de Navarre : A tous préfents & à venir ; Salut. Comme le Commerce eſt la ſource de l'abondance publique & la richeſſe des particuliers, Nous avons depuis pluſieurs années appliqué nos ſoins pour le rendre floriſſant dans notre Royaume. C'eſt ce qui Nous a porté premièrement à ériger parmi nos ſujets pluſieurs Compagnies, par le moyen deſquelles ils tirent préſentement des pays les plus éloignés ce qu'ils n'avoient auparavant, que par l'entremiſe des autres Nations. C'eſt ce qui nous a engagé enſuite à faire conſtruire & armer grand nombre de vaiſſeaux pour l'avan-

cement de la navigation, & à employer la force de nos armes par mer & par terre pour en maintenir la sureté. Ces établissements ayant eu tout le succès que Nous en attendions, Nous avons cru être obligez de pourvoir à leur durée par des Réglements capables d'assurer parmi les Négocians la bonne foi contre la fraude, & prévenir les obstacles qui les détournent de leur emploi par la longueur des procès, & consommant en frais le plus liquide de ce qu'ils ont acquis. A CES CAUSES, de l'avis de notre Conseil, & de notre certaine science, & pleine puissance & autorité Royale; Nous avons dit, déclaré, & ordonné, disons & déclarons, ordonnons & Nous plaît ce qui ensuit.

TITRE PREMIER.

Des Apprentifs, Négociants, & Marchands, tant en gros qu'en détail.

ARTICLE I.

ES lieux où il y a Maîtrise de Marchands (1), les Apprentifs Marchands seront tenus d'accomplir *le temps prescrit par les Statuts* (2) : néantmoins les Enfants de Marchands seront réputez avoir fait leur apprentissage, lorsqu'ils auront demeuré actuellement en la maison de

Des Apprentifs, &c. Tɪᴛ. I.

leur pere ou de leur mere, *faisant profession de la même marchandise* (3), *jusques à dix-sept ans accomplis* (4).

1. *Ès lieux où il y a Maîtrise de Marchands.*] La disposition portée en cet article reçoit une exception à l'égard des personnes nobles, qui veulent faire le Commerce. L'article 5 de l'Edit du mois de Décembre 1701, rendu en faveur du Commerce, veut « que dans les Villes » du Royaume où jusqu'à présent il n'a pas » été permis de négocier & faire trafic, sans » être reçu dans quelque Corps de Marchands, » il soit libre aux nobles de négocier en gros, » sans être obligés de se faire recevoir dans » aucun Corps de Marchands, ni de justifier » d'aucun Apprentissage. (V. le nouveau re- » cueil de Réglements, tom. 2, pag. 271.)

Pour faire voir que le Commerce en gros est regardé en France comme un état honorable, & donner une idée de l'estime que les Rois ont faite de cette profession, il est à propos de rapporter quelques autres dispositions de ce même Edit.

L'article 1 veut » que tous les sujets du Roi, » nobles par extraction, par charges ou autre- » ment, excepté ceux qui sont actuellement » revêtus de charges de Magistratures, puis- » sent faire librement *toute sorte de Commerce* » *en gros*, tant au-dedans qu'au dehors du » Royaume, pour leur compte ou par com- » missions, sans déroger à la noblesse.

Ces mots, *toute sorte de commerce en gros*, s'entendent, tant du Commerce de terre que de Mer ; en quoi cet article a étendu la disposition d'un Edit précédent, du mois d'Août 1669, qui n'avoit accordé ce privilege que pour le Commerce de mer.

Il y a même plusieurs exemples de Négociants & de Fabriquants, qui ont été annoblis par nos Rois, entr'autres les sieurs Cadeau, Binet & Zueil en l'année 1645, le sieur Venrobais en 1665, & Messieurs le Couteulx freres en 1756.

L'article 4 du même Edit de Décembre 1701 répute Marchands & Négociants en gros, » tous ceux qui feront leur Commerce en ma- » gasin, vendant leurs marchandises par balles, » caisses, ou piéces entieres, & qui n'auront » point de boutiques ouvertes, ni aucun étalage » & enseignement à leurs portes & maisons.

L'article 2 veut » que les nobles qui feront » le Commerce en gros, continuent de précéder » en toutes les assemblées générales & particu- » lieres les autres Négociants, & jouissent des » mêmes exemptions & privileges dont ils » jouissoient avant de faire le Commerce.

L'article 3 permet à ceux qui font le Com- » merce en gros seulement, de posséder des » Charges de Conseillers-Secrétaires du Roi, » Maison & Couronne de France & de ses » Finances, & de continuer en même temps le » Commerce en gros, sans avoir besoin pour » cela d'Arrêts, ni de Lettres de compatibi- » lité.

La Déclaration du 21 Novembre 1706, ajou- tant à cet article veut » que tous les Mar- » chands & Négociants en gros puissent possé- » der des Charges dans les Elections & Gre- » niers à Sel, & faire en même temps par eux » ou par personnes interposées le Commerce » en gros pour leur compte particulier, ou » par commission, tant par terre que par mer; » le tout sans incompatiblité, & sans pré- » judicier à leurs exemptions & privileges. (V. le nouveau recueil, tome 2, page 402.)

Des Apprentifs, &c. Tit. I.

L'article 7 du même Edit de Décembre 1701, veut „que dans les Provinces, Villes & lieux „où les Avocats, Médecins & autres princi- „paux Bourgeois font admis aux Charges de „Maire, Echevins, Capitouls, Jurats & pre- „miers Consuls, ceux des Marchands qui fe- „ront le Commerce en gros, puissent être „élus concurremment auldites charges, no- „nobstant tous Statuts, Réglements & ufa- „ges contraires, auxquels S. M. a expressé- „ment dérogé & déroge à cet effet par ces „présentes.

Et l'article 8 porte „que les Marchands en „gros pourront être élus Consuls, Juges, „Prieurs, & Présidents de la Jurisdiction Con- „fulaire, ainsi que les Marchands reçus dans „les Corps & Communautés de Marchands „qui fe trouvent établis dans plusieurs Villes & „lieux du Royaume.

Enfin, S. M. pour faire fleurir encore davantage le Commerce, a, par Arrêt du Conseil du 29 Juillet 1701, établi un Conseil de Commerce, composé de M. le Chancelier, de plusieurs Conseillers d'Etat, de quelques autres Commissaires & de douze des principaux Marchands & Négociants députés des premieres Villes de Commerce du Royaume, pour difcuter & examiner dans des Séances tenues à cet effet une fois chaque femaine, toutes les propositions & mémoires, qui feront envoyés à ce même Conseil, ensemble les affaires & difficultés qui y furviendront concernant le Commerce, tant de terre que de mer, au dedans & au dehors du Royaume, ainsi que celles concernant les Fabriques & Manufactures, pour fur le rapport qui fera fait à S. M. des délibérations qui auront été prises dans ce Conseil, y être par elle pourvu, ainsi qu'il appartiendra.

A iij

Ordonnance de 1673.

Toutes ces dispositions font assez connoître l'estime que les Rois font du Commerce, & de ceux qui l'exercent, & prouvent qu'ils regardent cette partie, comme une des plus importantes & des plus utiles à l'Etat.

2. *Le tems prescrit par les Statuts.*] Ce tems est ordinairement de deux ou trois ans, suivant les différents Statuts, & suivant le plus ou le moins de difficulté du commerce qu'on veut entreprendre.

Il n'est pas nécessaire que les Apprentifs accomplissent ce tems sous un même Maître; souvent ils ne le peuvent, comme il arrive dans le cas où le Maître avec lequel ils ont passé le brevet d'apprentissage, vient à décéder. Quelquefois aussi ils ont des raisons légitimes pour quitter leur Maître, comme s'il vient à les maltraiter ou à leur refuser la nourriture nécessaire, ou enfin à leur donner de mauvais exemples par ses débauches & sa mauvaise conduite. Dans tous ces cas la Justice permet à ces Apprentifs de sortir de chez leur Maître; & alors ils sont tenus d'achever le tems de leur apprentissage sous un Maître nouveau. C'est la disposition de l'Ordonnance du mois de Décembre 1581, art. 13. (V. la conférence des Ordonnances, tom. 2, liv. 10, tit. 15, §. 31, page 1130.)

Lorsque le tems de l'apprentissage est fini, les Apprentifs doivent avoir soin de retirer des Maîtres chez qui ils ont demeuré, un Certificat du tems qu'ils ont demeuré chez eux, afin de pouvoir être reçus dans la maîtrise à laquelle ils aspirent, à quoi ces Maîtres peuvent être contraints. (V. la même Ordonnance, *ibidem*, art. 13 & *infrà*, art. 3, pag. 8.)

Il faut aussi observer, qu'il n'est pas nécessaire que ce tems d'apprentissage soit accompli dans la même Ville, ou dans le même lieu où l'Apprentif veut se faire recevoir, à moins que les Statuts de ce lieu ne renferment une disposition contraire.

3. *Faisant profession de la même Marchandise.*] Ainsi le fils v. g. d'un Epicier qui auroit demeuré dans la maison de son pere jusqu'à dix-sept ans accomplis, & qui voudroit faire un commerce appartenant à un autre Corps, comme celui de la Draperie, ne seroit pas réputé avoir fait son apprentissage; il faudroit, suivant la disposition de cet article, qu'il allât le faire chez un des Marchands du Corps dont il voudroit acquérir la maîtrise, & y accomplir le tems porté par les Statuts.

4. *Jusqu'à dix-sept ans accomplis.*] Ces termes ne signifient point, qu'il faut que le fils de Maître ait demeuré chez son pere depuis sa naissance jusqu'à l'âge de dix-sept ans accomplis; mais il suffit qu'il y ait demeuré deux ou trois ans, plus ou moins, suivant les circonstances, & qu'il y soit demeurant actuellement jusqu'à dix-sept ans accomplis, aux termes de l'Ordonnance.

Article II.

Celui qui aura fait son apprentissage, sera tenu de demeurer *encore autant de temps chez son maître* (1), ou un autre Marchand de pareille profession; *ce qui aura lieu pareillement à l'égard des fils de Maîtres* (2).

1. *Encore autant de tems chez son Maître.*] Afin que cet Apprentif puisse mieux être instruit de tout ce qui concerne son état & sa profession, le tems d'apprentissage n'étant pas censé suffisant pour acquérir cette connoissance.

2. *Ce qui aura lieu pareillement à l'égard des fils de Maîtres.*] Ainsi il faudra qu'ils restent encore trois ans chez leur pere ou mere, ou du moins qu'ils aillent demeurer pendant ce tems chez un autre Marchand de la même profession.

Cet article ne s'observe pas à la rigueur à l'égard des fils de Maîtres. Comme ils ne font point d'apprentissage par brevet, & que ce tems n'est pas fixé par l'Ordonnance ni ordinairement par les Statuts, il suffit pour pouvoir acquérir la maîtrise, qu'ils aient servi leur pere ou leur mere, ou autre Marchand de la même profession, & qu'il y ait preuve de ce tems de service par des Certificats de quelques Marchands de la même profession.

ARTICLE III.

Aucun ne sera reçû Marchand *qu'il n'ait vingt ans accomplis* (1), & ne rapporte le brevet & les certificats d'apprentissage & du service fait depuis. Et en cas que le contenu ès certificats ne fust véritable, l'Aspirant sera décheu de la maîtrise, le Maître d'apprentissage qui aura donné son certificat, condamné en cinq cents livres d'amende, & les autres Certificateurs chacun en trois cents livres.

1. *Qu'il n'ait vingt ans accomplis.*] Parce qu'ils font réputés majeurs à cet âge. (*infrà*, art. 6, page 10.

Article IV.

L'Aspirant à la Maîtrise sera interrogé sur les Livres & Registres à partie double & à partie simple, sur les Lettres & Billets de Change, sur les regles d'Arithmétique, sur la partie de l'Aune, sur la Livre & poids de Marc, *sur les Mesures & les qualitez de la Marchandise* (1), autant qu'il conviendra pour le Commerce dont il entend se mesler.

1. *Sur les mesures & les qualités de la Marchandise.*] C'est à-dire, sur les longueurs & largeurs, si ce sont des Etoffes; ou sur les mesures de continence, s'il s'agit d'Eau-de-vie, Huile ou autres liquides, &c. & sur les qualités des unes & des autres.

Ces mesures & qualités sont fixées par les Réglements qui concernent les Manufactures. Les principaux de ces Réglements pour les Manufactures d'Etoffes de Laine, comme Draps, Serges, Camelots, Etamines, Droguets, &c, sont le Réglement général du Conseil du mois d'Août 1669, un Arrêt du Conseil du 19 Février 1671, & quelques autres Réglements particuliers. A l'égard des teintures de ces mêmes Etoffes, les principaux de ces Réglements sont le Réglement général du Conseil du mois d'Août 1669, & celui du 29 Janvier 1737. On peut voir tous ces différents Réglements dans le Recueil général des Ordonnances &

Réglements rendus touchant les Manufactures du Royaume, imprimé au Louvre en 1730, en 4 vol. *in*-4.

ARTICLE V.

Deffendons aux particuliers & aux Communautez de prendre ni recevoir des Aspirans *aucuns présents pour leur reception* (1), ni autres droits que ceux qui sont portez par les Statuts, sous quelque prétexte que ce puisse estre, à peine d'amende, qui ne pourra estre moindre de cent livres. Deffendons aussi à l'Aspirant *de faire aucun festin* (2), à peine de nullité de sa réception.

1. *Aucuns présens pour leur réception.*] Afin que les Maîtres & autres préposés pour la réception des Aspirants, ne puissent être gagnés par ces présents, & que ces réceptions se fassent de bonne foi & sans faveur.

2. *De faire aucun festin.*] Ceci est conforme aux anciennes Ordonnances. (V. l'Ordonnance du mois d'Août 1539, art. 188, & la conférence des Ordonnances, tom. 1, liv. 10, tit. 15, §. 6, page 1118.)

ARTICLE VI.

Tous Négociants & *Marchands* (1) en gros ou en detail (2); comme aussi les Banquiers (3), seront reputez majeurs (4) pour le fait de leur Commerce & Banque, sans qu'ils puissent estre restituez, sous prétexte de minorité.

1. *Et Marchands.*] Sous ce mot de *Marchands* sont aussi compris les ouvriers & artisans, qui sont pareillement réputés majeurs pour le fait de leur métier, lorsqu'ils ont l'âge de vingt ans accomplis.

2. *En gros ou en détail.*] V. l'article qui suit aux notes, page 16.

3. *Comme aussi les Banquiers.*] Les Banquiers sont ceux qui font un commerce par Lettres de Change, & négociation d'argent de place en place, pour raison dequoi ils perçoivent un certain profit. Par exemple, un particulier qui est à Cadix, veut faire toucher à quelqu'un une somme d'argent à Amsterdam; il porte cette somme à un Banquier de Cadix, qui lui donne une Lettre de Change à recevoir sur un autre Banquier d'Amsterdam son correspondant, moyennant un profit qu'il prend pour la Lettre de Change ainsi fournie.

On appelle *Change*, le profit qui est ainsi perçu, & qui n'est autre chose en général, que le droit qui se paie à un Banquier, pour une Lettre de Change qu'il fournit sur un autre lieu que celui d'où elle est tirée, & dont il reçoit la valeur d'un autre Banquier, ou Négociant, ou d'une autre personne, dans le même lieu que celui où la Lettre est fournie. Quelquefois c'est le contraire, & le profit se perçoit par celui qui donne de l'argent pour une Lettre de Change de pareille somme qui lui est fournie. Ce profit est plus ou moins fort, suivant la différente loi des espèces, & suivant que l'argent est plus ou moins rare dans les lieux où sont tirées les Lettres, par rapport aux différents endroits où ces Lettres doivent être payées. Ces fortes de Négociations d'argent & de Lettres de Change se font le plus souvent par l'entremise des personnes établies à cet effet, que l'on appelle Agents de change, ou Courtiers. (V. ce qui est dit de ces personnes, ci-après, titre 2, article 1, avec les notes, page 21.)

Les Banquiers sont de diverses sortes. Quelques-uns font la banque pour leur compte, & ce sont ceux là qu'on appelle proprement *Banquiers*: d'autres la font pour le compte d'autrui, moyennant un certain profit ou une certaine commission, v. g. d'un demi, d'un tiers ou quart pour cent, plus ou moins, pour la peine qu'ils ont de faire accepter les Lettres, d'en procurer le paiement à l'échéance, & d'en faire les remises dans les lieux qui leur sont marqués. Ces derniers sont appellés *Banquiers-Commissionnaires*.

La plupart des Banquiers sont en même-tems Banquiers simples, & Banquiers-commissionnaires; & ils font des commissions les uns pour les autres, pour leurs traites respectives & pour des remises, chacun pour leur compte particulier. Les Banquiers même de différents Royaumes ou Etats négocient entre eux, & entretiennent des correspondances réciproques. Ainsi un Banquier de Londres qui a des Lettres de change sur Paris, les envoie à son correspondant de Paris, pour les recevoir & en disposer suivant ses ordres; & celui de Paris peut en user de même à l'égard du Banquier de Londres.

Il n'y a point de maîtrise pour faire la Banque, & pour être reçu Banquier; chacun peut faire ce commerce. Suivant une ancienne Ordonnance du mois de Septembre 1581, il est défendu de faire aucun trafic de Banque sans permission ; & même suivant l'Ordonnance de Blois, art 357, il n'est pas permis aux étrangers d'être Banquiers, sans avoir auparavant donné caution valable jusqu'a la somme de quinze mille écus, & cette caution doit être renouvellée tous les trois ans. Mais ces Ordonnances ne sont point exécutées : aujourd'hui on s'établit Banquier sans permission, & les étrangers habitués en France font la Banque comme les François, sans être tenus de donner caution.

4. *Seront réputés majeurs.*] Sans qu'il soit même nécessaire qu'ils aient l'âge de vingt ans accomplis, dans les Villes & lieux où il n'y a point de maîtrise, & où l'on peut faire le Négoce sans avoir cet âge ; en sorte que dans ces endroits, leur majorité commence dès l'instant qu'ils font le commerce pour leur compte particulier. Ainsi jugé par Arrêt du 2 Juillet 1585, rapporté par Tronçon sur l'article 224, de la Coutume de Paris.

Ainsi aux termes de cet article, tous Négociants & Marchands en gros & en détail, quoique mineurs, comme aussi les Banquiers, peuvent s'obliger valablement sans le consentement de leur pere ou curateur, pour raison de la marchandise & trafic dont ils se mêlent, soit en empruntant, soit en souscrivant des billets, acceptant des Lettres de Change, ou s'engageant de fournir des marchandises pour un certain prix, ou contractant d'autres engagements de cette espece, sans qu'ils puissent se faire restituer contre les obligations & engagements qu'ils ont subis à cet effet. Ainsi jugé par plusieurs Arrêts, & entre autres par un du Parlement de Paris, du 21 Octobre 1645, & par un autre du 2 Juillet 1683. Autre Arrêt du Parlement de Toulouse du 29 Juin 1626, rapporté par Cambolas en ses Décisions, liv. 5, chap. 26. Autre du 28 Novembre 1602, rapporté par Belordeau, partie 2, livre 2, controverse 274. (V. aussi Brodeau sur Louet, Lettre F, sommaire 11.)

Ces mineurs peuvent par la même raison endosser des Lettres de change, & cautionner d'autres Marchands, pourvu que ce cautionnement soit dépendant de leur commerce. Mais un mineur Marchand ou Banquier qui se seroit rendu caution ou certificateur pour raison d'une dette étrangere à son commerce, pourroit se faire restituer contre un pareil engagement Ainsi par Arrêt du mois d'Avril 1601, rapporté par M. le Bret, action 31, page 1025, un Marchand qui en minorité s'étoit rendu certificateur de la caution d'un Receveur des Tailles, fut restitué contre son obligation. Bouvot en ses Questions, tom. 1, au mot *Fidéjusseur*, quest. 3, rapporte aussi un Arrêt du Parlement de Dijon du 28 Juillet 1614, par lequel un Marchand mineur qui avoit cautionné un autre Marchand, quoique pour Marchandise, a été déchargé de son cautionnement; parce qu'il ne suffit pas que le mineur s'oblige pour Marchandises, quand elles sont pour le compte d'autrui, mais il faut qu'il s'oblige pour le fait de son commerce.

Il y a plus de difficulté à savoir si les Marchands & Banquiers mineurs peuvent vendre leurs immeubles pour en employer les deniers au fait de leur commerce; & de même s'ils peuvent les hypothéquer, pour raison des obligations qu'ils contractent pardevant Notaires pour le même fait, sans qu'ils puissent se faire restituer contre ces ventes & hypotheques. Voci ce qu'on peut dire à ce sujet.

1°. S'il s'agit de l'aliénation d'un immeuble,

il faut distinguer si cette aliénation n'a été faite par ce Mineur que sur la simple promesse d'en employer le prix dans son commerce, ou si le Mineur a cédé ou aliéné cet immeuble pour demeurer quitte du prix de la marchandise dont il se mêle, qu'il pouvoit devoir à l'acquéreur, ou qui lui seroit vendue par le même contrat. Dans le premier cas, il paroît que le Mineur pourroit se faire restituer contre cette vente, à moins que l'acquéreur ne prouvât que ce Mineur en a employé le prix dans son commerce, conformément à sa promesse; mais dans le second cas l'aliénation seroit légitime, parce que le Mineur étant réputé majeur pour le fait de son Commerce, c'est une suite qu'il puisse disposer de son bien pour son Négoce. Il est cependant encore plus prudent dans ce cas d'aliénation d'immeubles, de prendre les précautions dont on use ordinairement avec les Mineurs, en faisant autoriser cette aliénation par le Tuteur, ou dans une assemblée de famille.

2°. A l'égard de l'hypotheque, il est constant que si un Mineur marchand emprunte une somme par obligation passée devant Notaires, le Créancier acquiert une hypotheque sur les biens de ce Mineur, parce que comme un mineur Marchand s'engage sans aucune déclaration d'emploi, par un simple billet valeur reçue comptant ou en Marchandises, il peut aussi s'engager pardevant Notaires, en déclarant que les deniers qu'il emprunte sont pour être employés dans son commerce

Les Mineurs étant réputés majeurs pour raison de leur commerce, c'est une suite qu'ils soient sujets comme les autres Marchands à la contrainte par corps dans les cas où elle a lieu. Ainsi jugé par plusieurs Arrêts, & entre autres par un Arrêt de la Cour du 30 Août 1702, au recueil, tom. 2, p. 286,) confirmatif de deux Sentences rendues au Consulat de Paris les 9 & 11 Janvier précédent contre un Mineur, pour raison de Lettres de Change par lui signées. (V. les cas où cette contrainte par corps a lieu, *infrà*, titre 7, article 1 & 2, avec les notes.)

Ce qui est dit ici des mineurs Marchands ou Banquiers, doit aussi avoir lieu à l'égard des filles ou femmes mineures Marchandes publiques. (Ainsi jugé par Arrêt du 5 Décembre 1606, rapporté par Brodeau sur Louet, Lettre F, sommaire 11.)

Article VII.

Les Marchands en gros (1) & en détail, & les Maçons, Charpentiers (2), Couvreurs, Serruriers, Vitriers, Plombiers, Paveurs, & autres de pareille qualité, seront tenus de demander payement dans l'an après la délivrance (3).

Cet article est tiré de l'article 126 de la Coutume de Paris.

1. *Les Marchands en gros.*] V. ci-dessus, art. 1, note 1, page 4, ce que c'est que Marchands en gros.

La prescription dont il est parlé en cet article, n'a pas lieu de Marchand à Marchand. (Ainsi jugé par Arrêt du Grand Conseil du 12 Juillet 1672, rapporté au Journal du Palais, tome 1, pag. 258, de l'édition *in folio*) Telle est aussi la disposition de la Coutume de Troyes article 201, ou après une disposition presque

Des Apprentifs, &c. Tit. I.

semblable à celle de Paris, qui établit la prescription d'un an à l'égard des Drapiers, Merciers & autres Marchands en gros, il est ajouté; *sinon que les Marchandises fussent baillées & délivrées par Marchand à Marchand, pour le fait & entretenement de leurs Marchandises.* L'article 148 de la Coutume de Vitry, & celle de Chaumont en Bassigny, article 120, renferment des dispositions semblables. V. aussi Bouvot, tome 2, au mot *Marchand, Marchandise*, question 1.

On observe aussi dans les Consulats, de ne point admettre cette prescription entre Marchands & Artisans ou Ouvriers, pour les affaires qu'ils ont les uns avec les autres concernant leur Commerce. V. le Traité du Commerce de terre & de mer, tome 1, page 183, de l'Edition de 1710.)

A plus forte raison cette prescription n'a pas lieu à l'égard des gens d'Eglise, Bourgeois, Laboureurs, Vignerons & autres, pour-raison des ventes de bleds, Vins, Bestiaux & autres denrées procédant de leur cru; ce qui paroît d'ailleurs résulter des termes mêmes de cet article, qui ne parlant que des Marchands, exclut les autres.

2. *Et en détail, & les Maçons, Charpentiers, &c.*] L'article 265 de la Coutume d'Orléans, porte en général, que ,, les deniers ou choses ,, dûes pour façons ou ventes d'ouvrages, & autres ,, menues Denrées & Marchandises, se prescri- ,, vent par un an, & qu'après ledit tems on n'en ,, peut rien valablement demander, sinon qu'il ,, y eût obligation, promesse ou action in- ,, tentée.

3. *Dans l'an après la délivrance.*] A compter depuis chaque fourniture, & non pas depuis la derniere, lorsqu'il y a eu continuation

de fournitures & d'ouvrages. (*Infrà*, art. 9.
V. Coutume de Paris, article 127.)

Article VIII.

L'action *sera intentée dans six mois* (1) pour marchandises & denrées vendues en détail par Boulangers, Pastissiers, Bouchers, Rostisseurs, Cuisiniers, Cousturiers, Passementiers, Selliers, Bourreliers, & autres semblables.

1. *Sera intentée dans six mois.*] A compter depuis chaque fourniture. (Art. précédent, note 3.) Voyez la Coutume de Paris, art. 126, qui renferme une pareille disposition, d'où cet article de l'Ordonnance paroît avoir été tiré.

Dans les Coutumes où la prescription pour ces sortes de fournitures & menues denrées est plus longue, comme à Orléans où elle est d'un an, suivant l'article 265 de cette Coutume, on a continué depuis l'Ordonnance du Commerce à conserver aux Artisans ce délai d'un an pour exiger le prix de leurs fournitures, ce qui est fondé sur ce que cette Ordonnance n'a point dérogé à cet égard aux Coutumes qui ont des dispositions contraires, comme il est aisé de le voir à la fin de cette même Ordonnance, à la différence de ce qui est mis à la fin des Ordonnances de 1667 & 1670.

Article IX.

Voulons le contenu ès deux Articles ci-dessus avoir lieu, *encore qu'il y cust eu*

Des Apprentifs, &c. Tit. I.

continuation de fourniture ou d'ouvrage (1); ſi ce n'eſt qu'avant l'année ou les ſix mois, *il y euſt un compte arreſté* (2), ſommation ou interpellation judiciaire, cédule, obligation ou contract.

1. *Encore qu'il y eût eu continuation de fourniture ou d'ouvrage.*] Ainſi un Marchand qui attendroit à former ſa demande pour raiſon de marchandiſes qu'il auroit fournies pendant quatre ou cinq ans à un Bourgeois, ſur le fondement qu'il y auroit eu continuation de fourniture, ne ſeroit pas fondé en cette demande; le débiteur ſeroit en droit de lui oppoſer la fin de non recevoir pour les années qui ont précédé la derniere, & il ne ſeroit adjugé en juſtice à ce Marchand que ce qu'il auroit vendu ou fourni pendant la derniere année, au cas de l'article 7, ou pendant les ſix derniers mois, au cas de l'article 8.

2. *Il y eût un compte arrêté, &c.*] Parcequ'alors, au moyen de cette reconnoiſſance ou interpellation, l'action dure trente ans à l'égard de ce qui eſt arrêté ou demandé. (V. les articles 126 & 127 de la Coutume de Paris, & l'article 265 de la Coutume d'Orléans.)

Au reſte ces arrêtés de comptes & billets, pour être valables, doivent être faits par les maris, & ceux faits par des femmes mariées ne ſuffiſent pas, à moins que le mari ne les approuve. Ce qui eſt une ſuite de la regle, qui porte qu'une femme mariée ne peut obliger ſon mari, ni s'obliger ſans ſon conſentement, à moins qu'elle ne ſoit ſéparée de biens, ou Marchande publique, ou qu'elle ſoit factrice de ſon mari. (V. la Coutume de Paris, art. 234, & celle d'Orléans, article 196.)

Article X.

Pourront néantmoins les Marchands & Ouvriers *déférer le serment* (1) à ceux ausquels la fourniture aura esté faite, les assigner, & les faire interroger. Et à l'égard des Veuves, Tuteurs de leurs enfants, Héritiers & ayants cause, leur faire déclarer s'ils savent que la chose est dûe, encore que l'année ou les six mois soient expirez.

1. *Déférer le Serment.*] L'article 275 de la Coutume d'Orléans, ajoute „ & où la partie ne „ voudroit jurer avoir payé, elle sera tenue de „ payer, nonobstant ladite prescription, en af- „ firmant par le demandeur.

Article XI.

Tous Négociants & Marchands, tant en gros qu'en détail, auront chacun à leur égard des aunes *ferrées par les deux bouts & marquées, ou des poids & mesures étalonnées* (1). Leur deffendons de s'en servir d'autres, à peine de faux, & de cent cinquante livres d'amende.

1. *Ferrées par les deux bouts & marquées, ou des poids & mesures étalonnées.*] Afin d'éviter les fraudes qui pourroient se commettre par les Marchands, en se servant de fausses mesures, ou en les diminuant.

TITRE II.

Des Agens de Banque & Courtiers.

ARTICLE I.

DEffendons aux *Agens de Banque & de Change* (1), *de faire le Change* (2) *ou tenir Banque pour leur compte particulier* (3) sous leur nom ou sous des noms interposez, directement ou indirectement, *à peine de privation de leurs charges* (4), & de quinze cens livres d'amende.

1. *Défendons aux Agents de Banque & de Change.*] Les Agens de Banque & de Change sont ceux qui s'entremettent pour négocier des Lettres & billets de Change, ou autres billets payables à ordre ou au porteur, moyennant un certain profit ou remise qui leur est accordée à cet effet. On les appelloit autrefois Courtiers de Change. Leur entremise sert aux Banquiers, Négocians, Gens d'affaires, & aux autres personnes qui veulent négocier leur argent, lettres & billets, en payant ou recevant le change, suivant le cours de la Place.

Il y a des Villes où les Agents de Change & de Banque sont en titre d'Office, & ont des Provisions ou Commissions du Roi, comme à Paris, Marseille, Bordeaux, & en quelques autres Villes. Il y en a d'autres où ils sont choisis par les Maire & Echevins, ou par les Juges-

Confuls, & prêtent ferment devant eux, comme à Lyon, fuivant l'article 19 du Réglement du 2 Juin 1667, rapporté ci-après, titre 5, article 7, note 1 ; ou par les Maîtres, Gardes & Syndics des Corps des Marchands. Mais en général dans les autres Villes il eft permis à toutes fortes de perfonnes de faire cette efpece de négoce, fans avoir befoin de permiffion, pourvu que ceux qui l'exercent foient d'une probité connue.

Avant l'année 1708, il n'y avoit à Paris que vingt Agents de Change, qui avoient été créés en titre d'Office par Edit du mois de Décembre 1705 (Voyez au Recueil tome 2, page 385). Par un fecond Edit du mois d'Août de l'année 1708, le nombre en fut augmenté jufqu'à quarante ; & par un autre Edit du mois de Novembre 1714, le nombre en avoit été fixe à foixante. Mais par un dernier Edit du mois de Janvier 1723 ces Offices ont été fupprimés, & il en a été créé foixante nouveaux, qui ont été mis en commiffion par Arrêt du Confeil du 14 Octobre 1724, & depuis réduits au nombre de quarante, par un autre Arrêt du Confeil du 22 Décembre 1733.

Par le même Edit du mois de Décembre 1705, le Roi a fupprimé tous les Offices de Courtiers & Agents de Change, qui avoient été créés auparavant dans l'étendue du Royaume, à la réferve de ceux établis dans les Villes de Marfeille & de Bordeaux, & en a créé & établi un certain nombre d'autres dans les principales Villes de commerce ; favoir vingt à Paris, vingt à Lyon, fix à la Rochelle, fix à Montpellier, cinq à Aix, cinq à Strasbourg, cinq à Metz, dix à Rouen, huit à Nantes, quatre à Tours, quatre à Saint-Malo, quatre à Dijon, quatre à Bayonne, deux à Touloufe, deux à Dieppe, un au Havre-de-Grace, un à Calais, deux à Dunkerque, deux à Rochefort, deux à Rennes, deux à Brest, & un au Port-Louis. Ce même Edit porte, que ceux qui exerceront ces Offices, jouiront pour les négociations qu'ils feront en argent comptant, billets & Lettres-de-Change, de cinquante sols par mille livres payables, savoir vingt-cinq sols par le prêteur, & vingt-cinq sols par l'emprunteur ; & qu'à l'égard des négociations pour fait de marchandises, ils seront payés, savoir à Paris sur le pied de demi pour cent de la valeur des marchandises, & dans les autres Villes de commerce où ils seront établis, des mêmes droits dont jouissoient les Courtiers & Agents de Change, de Banque & marchandise, avant la suppression portée par cet Edit. Veut en outre S. M. que toutes les Lettres de Change & Billets qu'ils négocieront, soient signés d'eux, & qu'ils en certifient la signature véritable. Le même Edit ajoute, que ceux qui seront revêtus desdits Offices d'Agents de Change, de Commerce & de Finance, ne dérogeront point à la Noblesse, & il leur permet de posséder conjointement des Charges de Secrétaires du Roi, même de la grande Chancellerie.

Quoiqu'il n'y ait point d'apprentissage pour cette espece de trafic, néanmoins il est nécessaire que celui qui veut l'exercer ait une connoissance particuliere de tout ce qui concerne la Banque & le Change ; & il seroit à propos pour cela qu'il eût demeuré & servi pendant un certain temps chez des Banquiers ou Négocians, afin de se mettre au fait de tout ce qui concerne sa profession.

Il faut aussi que les Agents de Change soient des personnes prudentes & réservées, pour tout

tout ce qui regarde les affaires des Négociants & gens de Finance ; parceque'il dépend souvent d'un Agent de Change d'ôter par une parole indiscrete tout le crédit d'un Marchand, &c., & par conséquent de le déranger dans ses affaires.

Les Agents de Change doivent aussi avoir attention en proposant à négocier les Lettres & billets de change, ou autres papiers qui sont en leur disposition, de les proposer simplement & sans exagérer la solvabilité de ceux à qui ils appartiennent, pour engager à les prendre ; parceque si dans la suite ces lettres ou billets venoient à être protestés, ceux à qui ils auroient été fournis seroient en quelque sorte en droit de s'en prendre à ceux qui les leur ont procurés.

Enfin ils doivent prendre garde de ne jamais exiger pour leurs peines & salaires un droit plus considérable que celui qu'on a coutume de payer dans les endroits où l'on se sert de leur ministere ; autrement ce seroit une espece d'exaction de leur part qui mériteroit d'être réprimée, & quelquefois même punie.

Voyez encore les articles 2 & 4 du titre 3 ci-après pour les livres que les Agents de Change sont obligés de tenir.

2. *De faire le Change.*] Car on ne peut être Agent de Change & Banquier tout ensemble. Autrement il dépendroit de ces personnes de faire des monopoles qui seroient préjudiciables au Commerce, en prenant ou acceptant toutes les Lettres de Change sur une Ville ou Province où elles seroient rares, ou en pratiquant d'autres manœuvres semblables contraires à l'intérêt public, & qui tendroient souvent à la ruine des autres Banquiers & Négociants.

Les

Les Agents de Change ne doivent même rien entreprendre qui puisse faire présumer qu'ils négocient pour leur compte particulier ; comme, par exemple, s'ils cautionnoient eux-mêmes le tireur ou l'accepteur d'une Lettre de Change, ou s'ils y mettoient leur aval. (Voyez l'article suivant avec les notes).

3. *Ou tenir Banque pour leur compte particulier.*] L'Edit du mois de Décembre 1705 qui vient d'être cité, a dérogé à cette disposition, & permet aux Agents de Banque, de Change, de Commerce & Finances, pour la commodité de ceux qui auront des négociations à faire de leur fait, de tenir un Bureau ouvert & une caisse chez eux, nonobstant ce qui est porté par les articles 1 & 2 du présent titre.

4. *A peine de privation de leurs charges.*] Ou d'interdiction de leurs fonctions dans les Villes où les Agents de Banque & de Change ne sont point en titre d'office.

Article II.

Ne pourront aussi les Courtiers de Marchandises (1) *en faire aucun trafic pour leur compte* (2), *ni tenir quaisse chez eux* (3), *ou signer des Lettres de Change* (4) *par aval* (5). *Pourront néantmoins certifier que la signature des Lettres de Change est véritable* (6).

1. *Ne pourront aussi les Courtiers de Marchandises.*] Les Courtiers de Marchandises sont des especes de Mandataires qui s'entremettent pour faire vendre, acheter, troquer ou chan-

ger des Marchandises, moyennant un certain profit ou salaire qu'on leur paie pour leurs peines. On les appelle aussi *couratiers* ou *proxenetes*, du mot latin *proxeneta*; & ils sont désignés sous ces deux noms dans l'article 429 de la Coutume d'Orléans.

Il y a ordinairement, sur-tout dans les grandes Villes de Commerce, des Courtiers dans chaque Corps de Marchands : dans les autres Villes, les Courtiers s'entremêlent indistinctement pour différentes sortes de marchandises, & ils font même quelquefois les fonctions d'Agents de Change dans les endroits où ces derniers ne sont point établis en titre d'Office, ni en commission, comme à Orléans, &c.

Ces sortes de personnes sont très utiles dans le Commerce, soit pour le dedans, soit pour le dehors, parcequ'ils connoissent les Marchands de la profession à laquelle ils s'attachent, & que souvent sans eux les Négocians ne pourroient acheter ni se défaire de certaines marchandises qui se vendent & s'achetent, ou qui se négocient aisément par ce moyen.

Il est permis à toutes personnes de faire les fonctions de Courtiers, excepté dans les Villes où ils sont en titre d'office ou en commission. Dans ces dernieres, les Courtiers, avant de pouvoir faire leurs fonctions, doivent justifier de leurs vie & mœurs, & de leur capacité pour raison de la profession qu'ils veulent exercer; & ils prétent serment devant les Maire, Echevins & Juges-Consuls, ou devant les Maîtres, Gardes-Syndics des Corps des Marchands. L'article 19 du Réglement du 2 Juin 1667, rendu pour la ville de Lyon, en a une disposition précise. (Voyez ce Réglement *infrà*, titre 5, article 7, note 1).

Au reste, quoiqu'il n'y ait point d'apprentissage requis pour pouvoir exercer l'état de Courtier, il est cependant nécessaire que ceux qui veulent s'attacher à cette profession, aient, ainsi que les Agents de Change, les qualités nécessaires pour pouvoir l'exercer. Ainsi,

1°. Outre la probité & l'honneur dont ils doivent avant tout faire profession, il est nécessaire qu'ils soient au fait de tout ce qui concerne le Négoce, tant pour la qualité, mesure, que pour le prix des marchandises, sans quoi ils auroient peine à réussir dans leur état.

2°. Il faut aussi qu'ils soient prudents & réservés, & qu'ils prennent bien garde de ne pas préjudicier par leur indiscrétion au crédit & à la réputation des Négocians.

3°. Ils doivent avoir un livre en bon ordre, qui renferme tous les marchés par eux négociés, dont chacun doit contenir la quantité & qualité de la marchandise, & le prix auquel elle a été vendue, pour y avoir recours en cas de besoin. Argum. tiré de l'article 2 du titre 3 ci-après page 32. Ces livres font foi en Justice, & sont crus sur les contestations qui peuvent survenir entre les Négocians, pour raison des ventes & achats de marchandises qui ont été faites par leur entremise, tant pour la quantité & la qualité, que pour le prix de ces marchandises.

4°. Ils doivent aussi avoir attention de ne prendre pour leur droit de courtage que ce qui leur appartient légitimement, & ce qu'on a coutume de prendre dans l'endroit où ils négocient.

5°. En général, ils doivent observer les mêmes maximes que les Agents de Change & de Banque, dont il a été parlé dans les notes sur l'article précédent; car il n'y a d'autre différence des uns aux autres, sinon en ce que

B ij

ces derniers ne s'entremêlent que du commerce de la Banque & du Change, au lieu que les autres s'entremêlent du commerce des marchandises.

Les Courtiers & les Agents de Change sont considérés comme personnes publiques, & ils sont sujets à la contrainte par corps pour la restitution des Lettres de Change, billets & autres choses qui leur ont été confiées, ou du prix qu'ils en ont touché pour le compte de ceux qui les ont employés. (Coutume d'Orléans, art. 429.)

2. *En faire aucun trafic pour leur compte.*] Parceque quand ils font eux-mêmes commerce de la marchandise dont ils sont Courtiers, ils peuvent abuser de la confiance des personnes qui les emploient, & prendre pour eux le marché qu'ils auroient fait pour un autre, & par ce moyen ils tromperoient les Négocians, & pourroient leur causer un préjudice notable ; ce qui est contraire à la bonne foi qui doit régner dans le commerce.

3. *Ni tenir caisse chez eux.*] C'est-à-dire, qu'ils ne doivent point avoir d'argent actuellement en caisse, pour en faire un commerce pour leur compte particulier, & pour le négocier sur la place.

Il en est de même des Agents de Change & de Banque. (V. *infrà*, tit. 3, article 4, avec les notes, page 35.)

L'Edit du mois de Décembre 1705, portant création d'offices d'Agents de Change & de commerce dans le Royaume, a dérogé à cette disposition, & permet aux Agents de Change & de commerce ainsi créés, de tenir caisse chez eux. (Voyez la note 3, sur l'article 1, du titre 2, ci-dessus, page 25.)

4. *Ou signer les Lettres de Change, &c.*] Afin qu'ils ne s'engagent pas facilement envers les

Négociants, en signant des lettres ou billets de change & autres, ou en passant leur ordre au profit de ceux à qui ils les négocient; ce qui le plus souvent pourroit causer la ruine des Courtiers, dans le cas où ces lettres & billets ne seroient point payés par l'insolvabilité de ceux qui les doivent.

5. *Par aval.*] V. ce que c'est qu'*aval infrà*, tit. 5, article 33, aux notes.

6. *Que la signature des Lettres de Change est véritable.*] Parceque leur négoce les met à portée de connoître les signatures des Banquiers & Négociants, & de ceux qui ont passé les ordres & avals; & parce que c'est sur la bonne foi des Courtiers & Agents de Change, que ceux qui ont besoin de billets ou de Lettres de Change, prennent ces lettres & billets, & donnent leur argent, ces derniers n'ayant pas le plus souvent par eux-mêmes la connoissance des signatures de ceux qui les ont souscrits.

Article III.

Ceux qui auront obtenu des Lettres de répy (1), *fait contract d'atermoiement, ou fait faillite, ne pourront estre Agens de Change ou de Banque, ou Courtiers de Marchandises* (2).

1. *Ceux qui auront obtenu des Lettres de Répi.*] V. *infrà*, tit. 9, art. 5.

2. *Ne pourront être Agents de Change ou de Banque, ou Courtiers de marchandise.*] Car les Courtiers & Agents de Change doivent être d'une probité connue, & d'une réputation en-

tiere, telle qu'elle est desirée pour le commerce. (V. *suprà*, art. 1 & 2, aux notes, pages 24 & suivantes.)

TITRE III.

Des Livres & Registres des Négo- ciants, Marchands & Banquiers.

ARTICLE I.

LES Négociants & Marchands (1) tant en gros qu'en détail *auront* (2) *un Livre qui contiendra* (3) tout leur Négoce, leurs Lettres de Change, leurs debtes actives & passives; & les deniers employez à la dépense de leur maison.

1. *Les Négociants & Marchands.*] Sous ce mot de *Négociants* sont aussi compris les Banquiers, comme il paroît par le Sommaire de ce titre. D'ailleurs la Banque étant un véritable négoce, le mot de Négociants renferme en général tous ceux qui font quelque commerce, soit de marchandises, soit de lettres de change, billets ou argent.

2. *Auront.*] Autrement les autres Marchands qui seroient en contestation avec eux, & qui auroient des livres en regle, pourroient être écoutés dans leurs demandes, par cela seul que leurs livres seroient en regle, ces der-

niers étant alors présumés être dans la bonne foi.

Ces livres sont aussi nécessaires, afin que les Marchands qui sont à tout moment dans le cas d'acheter, vendre, ou emprunter, puissent rendre raison de leur conduite, au cas que par malheur ils vinssent à être dérangés dans leurs affaires ; & faute par eux de s'être assujettis à cette loi, ils peuvent être poursuivis comme banqueroutiers frauduleux. (*Infrà*, tit. xi, article 11.)

3. *Un Livre qui contiendra, &c.*] Ce Livre est ce qu'on appelle *le Journal*, qui doit être écrit de suite, par ordre de date, article par article sans aucun blanc. (*Infrà*, article 5, page 35.)

Suivant cette disposition de l'Ordonnance, les Marchands, Négociants & Banquiers ne sont obligés à avoir d'autre livre que ce Journal, & les Marchands & Artisans qui ne vendent qu'en détail & ne font pas des affaires bien considérables, n'en ont pas ordinairement d'autres ; mais ceux qui font un gros commerce, soit en gros, soit en détail, outre ce livre, en ont plusieurs autres, dont l'usage leur est utile & même nécessaire pour tenir leurs affaires en bon ordre. Les principaux de ces Livres sont :

1°. Le Livre des achats, ventes, lettres de change & billets tirés & fournis, & des paiements. Ce Livre se tient par ordre de date, & en forme de Journal, comme il a été dit ci-dessus.

2°. Le Livre de débit & crédit, appellé aussi grand Livre, ou Livre de raison qui se tient, non par ordre de date, mais par articles de marchandises ou de personnes avec qui l'on négocie. On porte sur ces articles en débit, d'un

B iv

côté les ventes faites & lettres de changes & billets fournis à chacun de ceux que l'article concerne, & de l'autre côté on porte en crédit les paiments faits par ces mêmes personnes. Ce Livre contient en général tous les comptes par crédit & débit, que le Marchand a avec les autres Marchands & Commerçants avec lesquels il négocie, qui ont chacun un compte séparé sur ce livre.

3°. Le Livre où l'on écrit toute la dépense qui se fait dans la maison, & hors le commerce.

4°. Le Livre de caisse, où le Marchand écrit d'un côté tout l'argent qu'il reçoit, & de l'autre tout ce qu'il paye.

5°. Le Livre de copies de lettres, où le Marchand transcrit ou fait transcrire par son facteur ou Commis, les lettres qu'il écrit pour raison de son commerce. (Voyez *infrà*, article 7, page 37.)

Outre ces Livres, il y en a encore d'autres que les Marchands tiennent, suivant les différents commerces qu'ils font. Mais de tous ces Livres, le Journal est le plus nécessaire; & c'est même le seul, à proprement parler, qui fasse foi en Justice.

Article II.

Les Agents de Change & de Banque(1) *tiendront un Livre journal, dans lequel seront insérées toutes les parties par eux négociées* (2), *pour y avoir recours en cas de contestations* (3).

1. *Les Agents de Change & de Banque.*] Il en est de même des Courtiers de Marchandises.

(Voyez *suprà*, titre 2, article 2, note 1, page 27.)

2. *Dans lequel seront insérées toutes les parties par eux négociées.*] C'est-à-dire, négociées entre les Banquiers, Négociants & autres personnes qui se sont servis de leur entremise, pour disposer des Lettres & Billets de Change, ou autres Billets payables à ordre ou au Porteur.

3. *Pour y avoir recours en cas de contestations.*] Cette obligation de tenir un Livre Journal, à laquelle l'Ordonnance assujettit les Agents de Change & de Banque, est très-sagement établie; parceque s'il survient des différends entre les Marchands, Banquiers & autres personnes qui ont négocié quelques affaires par l'entremise de ces Agents de Change, on a recours à ces Livres, qui font foi en justice quand ils sont en bon ordre, & l'on en tire des inductions, en les conciliant avec les autres Livres des Banquiers ou Négociants qui ont entre eux des contestations.

Article III.

Les Livres de Négocians & Marchands tant en gros qu'en détail, *seront signés* (1) *sur le premier & dernier feuillet,* par l'un des Consuls dans les Villes où il y a jurisdiction Consulaire; & dans les autres, par le Maire ou l'un des Eschevins, sans frais ni droits, & les feuillets paraphez & cottez par premier & dernier, de la main de ceux qui auront esté commis par les Consuls ou

Maire & Eschevins, dont sera fait mention au premier feuillet.

1. *Seront signés, &c.*] Cet article s'entend seulement du Livre Journal, & non des autres Livres de Raison, dont il a été parlé ci dessus, dans la note 3, sur l'article 1 de ce titre, *suprà*, page 31.

Cette disposition avoit été établie pour éviter les falsifications & doubles registres, dont il est arrivé plusieurs fois des exemples ; mais aujourd'hui elle n'est plus guere observée dans l'usage. On n'y tient pas même la main dans les Jurisdictions Consulaires ; & ce défaut d'observation de la Loi a même été autorisé par des Arrêts. Ainsi un Journal qui ne seroit aujourd'hui ni signé, ni paraphé, ni cotté, n'empêcheroit pas un Marchand de pouvoir demander ce qui lui est dû pour raison de son commerce, en vertu de ce Journal, si d'ailleurs il est tenu de suite & par ordre de date, & sans aucun blanc, & si celui qui forme cette demande est d'une probité connue & incapable de supposer des articles faux. Ce défaut de paraphe & de signature ne fait pas non plus présumer la fraude dans le cas de faillite d'un Marchand : on juge qu'il a négligé de se soumettre à la formalité établie par la Loi ; & cette négligence est excusée, quand sa bonne foi paroît d'ailleurs.

Article IV.

Les Livres des Agens de change (1) *& de Banque seront cottez, signez & paraphez* (2) *par l'un des Consuls sur chaque feuillet, & mention sera faite dans* le premier, du nom de l'Agent de Change ou de Banque; de la qualité du Livre, s'il doit servir de Journal *ou pour la quaisse* (3); & si c'est le premier, second ou autre, dont sera fait mention sur le Registre du Greffe de la Jurisdiction consulaire ou de l'Hostel de Ville.

1. *Les Livres des Agents de Change.*] Il en est de même des Livres des Courtiers : car c'est la même raison pour les uns & pour les autres.

2. *Seront cottés, signés & paraphés.*] Voyez-en la raison en la note sur l'article précédent. Il seroit à souhaiter que cette disposition fût observée plus exactement qu'elle ne l'est.

3. *Ou pour la caisse.*] Il suit de ces termes qu'il n'est pas défendu aux Agents de Change & de Banque de tenir caisse chez eux ; mais l'intention de l'Ordonnance est que ces Agents de Change puissent seulement avoir une caisse, pour y mettre comme en dépôt les sommes qu'ils reçoivent pour le compte d'autrui, & non pour en faire commerce, & le négocier pour leur compte particulier. (V. au surplus la note 3, sur l'art. 1, du tit. 2, ci-dessus, page 25.)

ARTICLE V.

Les Livres Journaux *seront écrits d'une même suite* (1) *par ordre de date* (2) *sans aucun blanc* (3), arrestez en chaque Chapitre & à la fin ; & *ne sera rien écrit aux marges.* (4).

1. *Seront écrits d'une même suite.*] Il n'est pas nécessaire que ces Livres soient écrits de la main du Marchand ou Agent de Change ; il suffit qu'ils le soient de la main de leurs facteurs ou commis.

2. *Par ordre de date.*] C'est-à-dire, datés par an, mois & jour, & écrits au jour la journée, à mesure de chaque vente, ou achat, paiement, négociation de Lettres ou billets, &c.

3. *Sans aucun blanc*] Afin d'éviter les fraudes que des Marchands de mauvaise foi pourroient pratiquer, en ajoutant après coup sur les blancs laissés à cet effet, des ventes de marchandises qu'ils n'auroient ni vendues ni livrées, ou des paiements qu'ils n'auroient pas faits.

1. *Et ne sera rien écrit aux marges.*] Ainsi, v. g. quand un Marchand reçoit le paiement d'une marchandise qu'il a vendue, il ne doit point écrire ce paiement à la marge à côté de l'article où il a rapport ; mais il doit en faire un article séparé, qu'il écrira sur son Journal dans l'ordre de sa date.

Article VI.

Tous Négocians, Marchands & Agens de Change & de Banque, seront tenus dans six mois après la publication de nostre présente Ordonnance, de faire de nouveaux Livres Journaux & Registres, signez, *cottez & paraphez*, (1) suivant qu'il est ci-dessus ordonné ; dans lesquels ils pourront si bon leur semble porter les Extraits de leurs anciens Livres.

1. *Cottés & paraphés.*] Suivant un Edit du mois de Novembre 1706, & une Déclaration du mois de Mai 1707, le droit provenant de ces sortes de paraphes avoit été attribué à des Officiers créés à cet effet ; mais ces Réglements sont demeurés sans exécution, ainsi qu'un Arrêt du Conseil du 3 Avril 1674, qui portoit que les Livres journaux des Marchands, Négociants & Agens de Change & de Banque, seroient faits & écrits sur du papier timbré, à peine de nullité & de mille livres d'amende.

ARTICLE VII.

Tous Négociants & Marchands tant en gros qu'en détail, *mettront en Liasse les Lettres missives qu'ils recevront* (1), *& en Registre la Copie de celles qu'ils écriront* (2).

1. *Mettront en liasse les Lettres missives qu'ils recevront.*] Afin que s'il arrive quelque difficulté au sujet d'une vente ou négociation, on puisse connoître la vérité par le rapport de ces Lettres. Car si celui que l'on prétend avoir subi quelque engagement, ou avoir fait quelque marché, demande à l'autre le rapport de ses Lettres, & que ce dernier refuse de les représenter sous prétexte qu'il les a perdues, & qu'au contraire l'autre ait un Livre de copie de ses Lettres qui justifie le contraire de la prétention du premier, il est constant que la copie de la Lettre sera crue en justice, & fera tomber la de-

mande de l'autre, s'il n'y en a d'ailleurs une preuve constante.

2. *Et en Registre la copie de celles qu'ils écriront.*] Afin de pouvoir justifier en justice les Lettres qui auront été écrites à ceux qui refuseroient de les représenter, & aussi afin d'empêcher la contrariété qui pourroit arriver dans les différents ordres que les Négociants donnent par écrit à leurs correspondants ; autrement il seroit bien difficile qu'ils pussent se ressouvenir de toutes les circonstances des achats & ventes, traites & remises de Lettres & Billets, sans cette précaution.

Au reste, la disposition portée en cet article est plutôt un conseil qu'une obligation, & sert seulement à faire présumer que le Marchand ou Négociant qui ne l'observe point, n'est pas en regle, ni de bonne foi.

Article VIII.

Seront aussi tenus (1) tous les Marchands de faire dans le même délai de six mois, inventaire sous leur seing de tous leurs effets mobiliers & immobiliers, & de leurs debtes actives & passives, lequel sera recollé & *renouvellé de deux ans en deux ans* (2).

1. *Seront aussi tenus.*] V. la note sur l'article précédent.

2. *Et renouvellé de deux ans en deux ans.*] Afin qu'ils puissent se rendre raison de l'état de leurs affaires, & en conséquence proportionner leur commerce à leurs facultés. Cette obligation est aussi établie pour qu'ils puissent en cas de faillite, rendre raison de leur con-

Des Agens, &c. TIT. III. 39

duite à leurs créanciers ; autrement ils pourroient être présumés en fraude, & tomber dans le cas de l'article 2, du titre XI, ci-après, sur-tout s'il se trouve qu'ils n'ont pas satisfait aux autres formalités requises par ce même article.

ARTICLE IX.

La représentation ou communication des Livres Journaux, Registres ou Inventaires, *ne pourra estre requise ni ordonnée en Justice* (1), *sinon pour succession* (2), *communauté & partage de société en cas de faillite* (3).

1. *Ne pourra être requise ni ordonnée en Justice.*] Afin de ne pas révéler le secret de leurs affaires, ni de celles d'autrui.

2. *Sinon pour succession*, &c.] Si un Marchand laisse en mourant plusieurs héritiers dont un s'empare des Livres, ou si ces Livres sont déposés chez un tiers, les co-héritiers, ou l'un d'eux, en peuvent demander la représentation ou la communication ; parce que chacun de ces co-héritiers a droit d'examiner les affaires de la succession. Il en est de même entre associés, & dans le cas de partage d'une communauté.

3. *En cas de faillite.*] Afin de pouvoir examiner les affaires & la conduite d'un débiteur, & de pouvoir en conséquence le poursuivre ou se prêter à un accommodement, en voyant l'état de ses effets, & dans quel ordre sont ses affaires.

ARTICLE X.

Au cas néantmoins qu'un Négociant ou un Marchand vouluſt ſe ſervir de ſes Livres Journaux, & Regiſtres, ou que la partie *offriſt d'y ajouſter foi* (1), *la repréſentation pourra eſtre ordonnée* (2), *pour en extraire ce qui concernera le différend* (3).

1. *Offrit d'y ajouter foi.*] Cette repréſentation ne peut être refuſée, dans le cas même où il y auroit un titre contre celui dont on demande que les Livres ſoient rapportés. (Ainſi jugé par Arrêt du 22 Juillet 1687, confirmatif de deux Sentences rendues au Conſulat de Troyes.)
Si la partie aux Livres de laquelle on offre d'ajouter foi, refuſe de les repréſenter, le Juge doit alors déférer le ſerment à l'autre partie.

2. *La repréſentation pourra être ordonnée.*] Ces termes font voir qu'un Marchand n'eſt pas tenu de communiquer ſes Regiſtres, ni de les dépoſer au Greffe pour en prendre communication; mais ſeulement de les repréſenter, pour en extraire ce qui concerne la choſe contentieuſe.

3. *Pour en extraire ce qui concerne le différend.*] Et non pour en extraire les autres endroits qui ne regardent point le différend des parties, afin qu'on ne prenne point connoiſſance des autres affaires de celui qui repréſente ainſi ſes Livres; ce qui ſeroit contraire à l'eſprit de l'Ordonnance. (V. la Déclaration du 18 Février 1578, & les Edits de Septembre

1595, & Juin 1615, rendus pour la Ville de Lyon.)

TITRE IV.
DES SOCIÉTÉS.

LEs Sociétés qui peuvent avoir lieu en fait de Négoce & de Banque, font de trois fortes.

La premiere, appellée *Société générale* ou *ordinaire*, est celle qui se contracte entre deux ou plusieurs personnes, & dans laquelle les associés conferent également leur argent & leurs soins. Tous les actes de cette Société se passent sous les noms des associés qui l'ont contractée, soit que ces noms soient exprimés chacun en particulier, soient qu'ils soient exprimés collectivement, v. g. sous le nom d'un tel & compagnie.

La seconde espece de Société est celle qu'on appelle *Société en commandite*. Elle se fait entre plusieurs associés, dont l'un ne fournit que son argent, & les autres donnent leur argent & leur travail, ou leur travail seulement, pour leur tenir lieu du fond ou d'une partie de ce fond, qu'ils sont dispensés de fournir. Ceux qui sont ainsi associés en commandite, ne sont point obligés solidairement aux dettes de la Société : ils se contentent de fournir leurs deniers sans faire aucune fonction, & sans paroître en aucune maniere dans les achats & ventes, obligations, billets ou autres actes concernant le Commerce ; mais ils participent seulement dans les profits ou pertes, jusqu'à concurrence de la part & portion qu'ils ont dans la

Société : ce qui fait que le plus souvent ces sortes de Sociétés se font avec des personnes qui ne sont point Négocians par Etat, & quelquefois même avec des Officiers & des personnes de distinction.

La troisieme espece de Société est celle qu'on appelle *anonyme*, c'est-à-dire, qui ne se fait sous aucun nom. Ceux qui font ensemble cette Société, travaillent chacun de leur côté sous leurs noms particuliers, & ils se rendent réciproquement compte les uns aux autres des profits & des pertes qu'ils ont faites, qu'ils partagent & supportent en commun. Ces Sociétés sont le plus souvent verbales ; & comme elles n'ont quelquefois pour objet qu'une seule entreprise, elles ne durent que le tems qu'il faut pour faire l'achat, ou la vente, ou le partage, ce qui fait aussi qu'elles sont appellées *Sociétés momentanées*.

Ces Sociétés anonymes se peuvent faire de plusieurs manieres. La premiere qu'on appelle *Société* ou *compte de participation*, se fait lorsqu'un Marchand, à l'arrivée, par exemple, d'un vaisseau chargé de marchandises, écrit à son correspondant en lui envoyant l'état de ces marchandises, pour savoir de lui s'il veut prendre quelque part ou intérêt dans l'achat & la vente qui s'en doit faire, afin de les revendre ensuite pour leur compte ; & que le correspondant accepte la proposition qui lui est faite, & remet en conséquence au Marchand qui lui a donné cet avis, sa part des fonds suffisants pour faire cet achat. Alors il se forme une Société passagere entre ce Marchand & son correspondant, en vertu des Lettres respectives qu'ils se sont écrites l'un & l'autre ; & en conséquence de cette Société, celui qui achete les marchandises, s'oblige envers l'autre de lui rendre compte de l'achat, ainsi que des profits qu'il y aura sur la vente, & de participer à la perte, s'il y en a. De même le correspondant s'oblige envers l'autre associé, tant au paiement de sa part de l'achat des marchandises & autres frais, qu'à participer aux pertes & profits qui pourront se faire en la vente ; mais il n'y a que celui qui fait l'achat des marchandises, qui soit obligé envers le vendeur originaire, & le correspondant ne l'est point ; ensorte que si cet acheteur venoit à tomber en faillite, le vendeur originaire n'auroit aucun recours contre ce correspondant qui n'a point contracté avec lui.

Il en est de même de la vente des marchandises ainsi achetées en commun : il n'y a que celui des associés qui les a vendues, qui ait action contre les acheteurs pour en avoir le paiement, & l'autre associé n'a aucun recours contre eux, ensorte que si celui qui a vendu ces marchandises venoit à faire faillite, l'autre associé, pour raison de ce qui lui est dû par la Société, seroit tenu de perdre, & de venir à contribution comme les autres créanciers sur le prix des marchandises vendues, sans avoir plus de privilege qu'eux. Cette espece de Société anonyme ne regardant point le public, mais seulement les associés qui la forment entre eux, n'est point sujette à la formalité de l'enregistrement requis par l'article 1 du présent titre.

Une autre espece de *Société anonyme* est celle qui se fait par des Marchands qui vont ensemble, ou l'un d'eux seulement, dans des foires, & quelquefois même en pays étranger, pour y acheter ou vendre les marchandises dont ils conviennent, & qui s'associent à cet effet pour lottir entre eux les marchandifes, ou pour partager les profits & pertes, fuivant les parts & portions dont ils font convenus. Cette efpece de Société fe fait fouvent fur le champ & par paroles feulement ; mais la bonne foi du Commerce fait qu'ordinairement les Marchands qui l'ont contractée, ne la défavouent point. Quand elle fe fait en pays étranger ou éloigné, on la rédige par écrit fous feing-privé ; mais comme alors il arrive le plus fouvent qu'il n'y a qu'un feul des affociés, qui foit député pour l'achat & la vente des marchandifes convenues, ces achats ou ventes ne fe font que fous le nom de celui qui eft chargé de vendre ou acheter, & les autres affociés ne font engagés qu'au regard les uns des autres, mais non envers ceux qui ont vendu ou acheté ces marchandifes, & avec lefquels ils n'ont point contracté, parceque cette Société n'eft point faite en nom collectif, comme les Sociétés ordinaires, où les ventes & achats fe font fous les noms exprimés de tous les affociés, ou du moins fous leur nom collectif d'un tel & compagnie. (*Infrà*, art. 7, page 52.)

Les Sociétés *anonymes* fe font non-feulement entre Marchands & Négociants, mais auffi quelquefois avec des perfonnes qui ne font point de cette profeffion.

Toute Société, de quelque efpece qu'elle foit, finit par la mort d'un des affociés, (L. 65, §. 9, *pro focio*,) à moins que par l'acte ou contrat de Société il n'y ait une claufe au contraire, ou que depuis la mort de l'affocié, & indépendamment de cette claufe, les parties euffent confenti à demeurer enfemble en fociété. (L. 37, *ff pro focio*.)

Au refte, quoique la Société finiffe par la mort d'un des affociés, néanmoins les autres associés restent toujours en communauté avec les héritiers de l'associé défunt; parce que quoiqu'il soit vrai de dire que la Société est dissoute par la mort, néaumoins il n'y a que le partage qui rompe la Communauté. (V. la *L.* 40, *ff. pro socio*, & la L. 22, §. 2, *ff. de negot. gestis.*)

La renonciation d'un des associés, soit pour défaut d'union avec les autres, soit pour absence, ou pour d'autres causes, suffit aussi pour dissoudre la Société sans le consentement des autres, même avant le tems où elle doit finir, suivant la *L.* 63, *in fine, ff. pro socio*; & la L. 5, *Cod. eod. tit.* mais il faut que cette renonciation se fasse de bonne foi: car si elle est faite en fraude, on n'y a point d'égard. (Ainsi jugé par Arrêt du 27 Novembre 1562, rapporté par Carondas. Ce qui est conforme à la *L.* 3. *ff. pro socio*, & à la Loi 14 du même titre.)

Article I.

Toute Société (1) générale *ou en commendite* (2) *sera rédigée par écrit* (3) *ou pardevant Notaires, ou sous signature privée* (4); *& ne sera receue aucune preuve* (5) par témoins, contre ou outre le contenu en l'acte de Société, ni sur ce qui seroit allégué avoir esté dit, avant, lors ou depuis l'acte, encore qu'il s'agist d'une somme ou valeur moindre de cent livres.

1. *Toute Société.*] Cet article ne regarde pas seulement les Sociétés entre Marchands, Né-

gociants, & Banquiers, mais aussi celles qui se font entre gens d'affaires, & entre toutes autres personnes qui s'associent ensemble pour un Commerce de marchandises, d'argent, ou autres entreprises. (V. *infrà*, tit. 12, art. 1, note *b*).

2. *Ou en commandite.*] Il en est autrement des Sociétés appellées *anonymes* ; celles-ci se font le plus souvent verbalement & sans aucun écrit, ainsi qu'on vient de l'observer en parlant de ces sortes de Sociétés. (V. ce qui a été dit ci-dessus, page 42.)

3. *Sera rédigée par écrit*] Car si l'on s'en rapportoit aux paroles des associés ou des témoins, il n'y auroit le plus souvent dans les contrats de Société aucune certitude, & les Jugements qui interviendroient à cet égard, seroient sujets à trop d'inconvéniens.

4. *Ou sous signature privée.*] Les Sociétés entre Marchands & Négociants se font ordinairement sous seing-privé ; mais il seroit quelquefois avantageux de les faire pardevant Notaires, pour acquérir de la part des associés une hypotheque sur les biens les uns des autres.

5. *Et ne sera reçue aucune preuve.*] Cette disposition est conforme à celle de l'article 2, du tit. 20, de l'Ordonnance du mois d'Avril 1667. C'est pourquoi ceux qui font ensemble une Société, doivent avoir soin d'écrire dans l'acte qui l'établit, toutes les conventions qu'ils veulent qui soient exécutées : car c'est-là la loi qui doit régler les parties ; & s'ils jugent à propos dans la suite d'y faire quelque changement, il faut qu'ils expliquent leur intention par un nouvel écrit.

Article II.

L'Extrait des Sociétez (1) *entre Marchands & Négociants* (2) tant en gros qu'en détail, *sera regiſtré* (3) au Greffe de la Juriſdiction Conſulaire, s'il y en a, ſinon en celui de l'Hoſtel commun de la Ville; & s'il n'y en a point, au Greffe de nos Juges des lieux, ou de ceux des Seigneurs; & l'extrait inſéré dans un tableau expoſé en lieu public; *le tout à peine de nullité des Actes & Contracts paſſez* (4), tant entre les Aſſociez qu'avec leurs Créanciers & ayants cauſe.

1. *L'Extrait des Sociétés.*] Ainſi il n'eſt pas néceſſaire que l'acte de Société ſoit enregiſtré en entier; il ſuffit que cela ſe faſſe par extrait.

2. *Entre Marchands & Négociants.*] Cet article ne parlant point des perſonnes qui ne ſont ni Marchands, ni Négociants, qui auroient fait des Sociétés en commandite avec une autre perſonne qui ſeroit Marchand, il s'enſuit que ces perſonnes ne ſont pas ſujettes à la formalité de l'enregiſtrement de l'acte de leur Société; autrement ce ſeroit détruire l'uſage des Sociétés en commandite, dont les aſſociés ne veulent pas le plus ſouvent être connus du public.

3. *Sera regiſtré, &c.*] V. *infrà*, article 6, avec les notes, page 51.

Cette formalité eſt ſagement établie, afin que le public connoiſſe les conditions des Sociétés & le tems de leur durée; parce que le principal fondement du négoce étant le crédit & la réputation des associés, il est juste qu'on sache les changements qui arrivent entre eux, ainsi que la nature & la durée de leurs engagements.

Cependant l'usage contraire a prévalu, & il est rare aujourd'hui que les Sociétés de Marchands s'enregistrent.

4. *Le tout à peine de nullité des actes & contrats passés.*] Cette nullité ne se prononce gueres dans les tribunaux, soit au regard des associés entre eux, soit au regard de leurs créanciers, contre la disposition de l'article 6, ci-après; mais il faut pour cela que la Société soit prouvée d'ailleurs, soit par des Lettres, soit par d'autres actes passés entre les parties ou avec leurs créanciers.

Article III.

Aucun Extrait de Société ne sera enregistré, s'il n'est signé ou des Associez, ou de ceux qui auront souffert la Société (1), & ne contient les noms, surnoms (2), qualitez & demeure des Associez, & les clauses extraordinaires (3), s'il y en a, pour la signature des Actes, le temps auquel elle doit commencer & finir (4)); & ne sera reputée continuée, s'il n'y en a un acte par écrit, pareillement enregistré & affiché.

1. *Ou de ceux qui auront souffert la Société.*] C'est-à-dire, de ceux qui en vertu de leur procuration auroient consenti à la Société pour

tn ou plusieurs associés. (V. Savari en son Parfait Négociant, liv. 2, ch. 1, page 7, édition de 1749.)

2. *Et ne contient les noms, surnoms, &c.*] Afin que le public connoisse exactement tous ceux qui composent la Société, & qu'il puisse plus sûrement contracter avec eux.

3 *Et les clauses extraordinaires.*] Comme s'il étoit dit dans l'acte de Société, qu'il n'y auroit qu'un seul des associés y nommés, qui pourroit tirer des Lettres de Change, à l'exclusion des autres, passer des ordres pour la Compagnie, ou autres choses semblables. Au moyen de cette clause, si quelqu'un des associés venoit à tirer des Lettres de Change, ou a passer des ordres, la Société n'en seroit pas tenue, parceque cette condition ainsi établie par l'acte de Société, seroit connue & publique ; mais faute d'avoir fait enregistrer cette même clause, tous les autres associés seroient tenus solidairement à tout ce qui seroit fait par l'un d'eux qui auroit signé pour la Société, (*infrà*, art. 7, pag. 52;) encore que le contraire fût marqué par l'acte de Société.

4. *Le tems auquel elle doit commencer & finir.*] Car tout ce qui auroit été fait avant l'enregistrement de l'extrait, & depuis la Société finie, seroit nul par rapport à ceux qui composent la Société ; & il n'y auroit que celui ou ceux avec qui la négociation a été faite nommément qui en seroient tenus.

Article IV.

Tous Actes *portant changements d'Associés* (1), *nouvelles stipulations* (2) ou clauses pour la signature, seront enregistrez & *publiez* (3), & n'auront lieu *que du jour de la publication* (4).

1. *Portant changement d'Associés.*] Soit qu'un des associés quitte la Société, ou qu'on y en admette un nouveau.

2. *Nouvelles stipulations.*] Par exemple, la renonciation d'un des associés à la Société : autrement, & faute de la publication & enregistrement requis par cet article, l'associé qui a renoncé, demeure toujours obligé par la suite à l'égard des étrangers avec qui la Société vient à contracter, comme s'il n'y avoit point eu de renonciation de sa part. Cette renonciation n'est valable qu'au regard des associés, au cas que celui qui renonce à la Société leur ait signifié ou fait connoître son désistement.

3. *Et publiés.*] V. *infrà*, art. 6, comment se doit faire cette publication.

4. *Que du jour de la publication.*] L'article 2 ci-dessus, ne parle que d'enregistrement ; ici l'Ordonnance y ajoute la publication. C'est que quand une clause a été une fois connue du Public, & qu'il y est ensuite dérogé, la publication est nécessaire pour rendre cette dérogation notoire. (V. *infrà*, tit. 8, art 1.)

ARTICLE V.

Ne sera pris par le Greffier pour l'enregistrement de la Société & *la transcription dans le tableau* (1) que cinq sols ; & pour chaque Extrait qu'il en délivrera, trois sols.

1. *Et la transcription dans le Tableau.*] Les parties qui veulent faire enregistrer les actes

de leurs Sociétés, doivent veiller à ce que cet enregistrement soit fait & inséré dans le tableau, & retirer du tout une expédition du Greffier ; auquel cas elles auront leur recours contre lui, si, malgré l'expédition par lui délivrée, il se trouvoit qu'il eût manqué à quelqu'une de ces formalités.

ARTICLE VI.

Les Sociétez n'auront effet *à l'égard des Associez, leurs Veuves & Héritiers* (1), Créanciers & ayants cause, que du jour qu'elles auront été registrées & *publiées* (2) au Greffe du domicile de tous les Contractans, *& du lieu où ils auront magasin* (3).

1. *A l'égard des Associés, leurs Veuves & Héritiers.*] Cette clause n'est point observée dans l'usage à l'égard des associés, leurs veuves & héritiers. Les clauses & conditions portées par les actes de Sociétés s'exécutent entre eux dès qu'ils les ont signées, quoique ces Sociétés n'aient point été suivies de publications & d'enregistrement ; mais elles n'ont point lieu par rapport au public, ainsi qu'il a déjà été observé, pour pouvoir engager tous les associés envers d'autres personnes, ou engager ces autres personnes envers eux, si ce n'est seulement ceux des associés avec qui la négociation est faite.

2. *Et publiées.*] C'est-à-dire, & publiées au cas de l'article précédent.

3. *Et du lieu où ils auront magasin.*] Comme si les associés avoient un magasin hors du lieu

C ij

de leur domicile pour la vente de leurs marchandises, il faudroit alors faire aussi enregistrer dans ce lieu l'acte de Société, & même le publier au cas de l'article 4, parceque par le moyen de cet enregistrement & de cette publication, non-seulement les Négocians du lieu du domicile des associés, mais encore les autres Négociants qui peuvent commercer avec eux, ayant une connoissance particuliere de ces Sociétés, seront moins dans le cas de pouvoir être surpris dans leurs Négociations.

ARTICLE VII.

Tous Associez seront obligez solidairement (1) *aux debtes* (2), *de la Société, encore qu'il n'y en ait qu'un qui ait signé ; au cas qu'il ait signé pour la compagnie* (3) *& non autrement* (4).

1. *Seront obligés solidairement.*] Cette solidité se divise entre les héritiers des associés, suivant la loi générale des obligations, sauf aux créanciers à se pourvoir sur les biens de la Société. (V. Bacquet, Traité des droits de Justice, ch. 21, n. 251.)

2. *Aux dettes.*] Comme achats & ventes de marchandises, promesses, billets, & autres actes concernant le négoce.

3. *Au cas qu'il ait signé pour la Compagnie.*] Ceci suppose que par l'acte de Société duement enregistré, il n'y eût point à l'égard de quelqu'un des associés, exclusion de pouvoir engager les autres : car autrement la Compagnie ne seroit point obligée par la signature de celui des associés qui n'auroit pas le pou-

voir de l'engager ; & celui qui auroit ainsi signé, quoique pour la Compagnie, demeureroit seul engagé envers ceux avec qui il auroit négocié.

Cette condition qui oblige l'associé à signer pour la Compagnie, pour pouvoir engager les autres, est sagement établie par l'Ordonnance, afin qu'un des associés qui voudroit emprunter de l'argent pour ses affaires particulieres, puisse le faire sans obliger solidairement ses associés au paiement de cette somme, qui ne les regarde pas.

4 *Et non autrement.*] Ainsi un associé qui souscrit quelque billet, ou lettre de change signée de lui seul, sans avoir signé pour la Compagnie, n'engage que lui seul, & alors il est censé avoir subi le billet pour son intérêt particulier.

Au reste, il faut observer que les Négociants qui souscrivent ensemble un billet pour marchandises achetées en commun, sans même qu'il y ait aucune Société entre eux, sont obligés solidairement au paiement de ce billet, & qu'ils peuvent être poursuivis en cette qualité. Il en est de même des marchands qui achetent des marchandises en commun sans billet : ils peuvent aussi être poursuivis solidairement pour le paiement de ces marchandises ; parceque dans tous ces cas on présume une Société tacite entre ceux qui contractent. (V. la L. 4, *ff. pro socio.*)

Article VIII.

Les Associez en commendite (1) *ne seront obligez que jusques à la concurrence de leur part* (2).

1. *Les Associés en commendite.*] V. ci dessus en la note sur le sommaire de ce titre, pag. 41, ce que c'est que Société en commendite.

2. *Que jusqu'à la concurrence de leur part.*] Les associés en commendite ne sont ordinairement tenus que jusqu'à concurrence du fond qu'ils ont mis dans la Société, & non au delà : il n'y a que ceux dont la Société porte le nom, qui soient obligés indistinctement aux dettes. On met ordinairement cette clause dans l'acte de Société en commendite, comme une des premieres conditions de cette Société.

Article IX.

Toute Société contiendra la clause de se soumettre aux Arbitres (1) pour les contestations qui surviendront entre les Associez ; & encore que la clause fût omise, un des Associez en pourra nommer, ce que les autres seront tenus de faire, sinon en sera nommé par le Juge pour ceux qui en feront refus.

1. *De se soumettre aux Arbitres.*] Cet article est conforme à l'Edit du mois d'Août 1560, qui porte. ″que tous différends entre Marchands, ″ pour fait de marchandises, doivent être ″ vuidés sommairement par trois personnes au ″ plus accordées entre eux, ou dont ils seront ″ contraints de s'accorder par le Juge des ″ lieux.

La disposition portée en cet article & les suivants a été sagement établie pour le bien du commerce ; parceque par ce moyen les contestations se reglent promptement & sans frais, au lieu que si ces sortes de différends s'instruisoient & se jugeoient dans les Tribunaux ordinaires, les frais seroient beaucoup plus considérables, & les affaires n'y seroient pas si-tôt terminées.

ARTICLE X.

Voulons aussi qu'en cas de décès ou de longue absence d'un des Arbitres, *les Associez en nomment d'autres* (1): sinon il sera pourveu par le Juge pour les refusants.

1. *Les Associés en nomment d'autres.*] Cette nomination d'arbitres subrogés se peut faire par le compromis même, portant choix des premiers arbitres. Ces arbitres sont ordinairement des Négociants.

ARTICLE XI.

En cas que les Arbitres soient partagez en opinions, ils pourront convenir de Surarbitre sans le consentement des parties, & s'ils n'en conviennent, *il en sera nommé un par le Juge* (1).

1. *Il en sera nommé un par le Juge.*] C'est-à-dire par les Juges-Consuls, en vertu d'une Requête à eux présentée à cet effet ; sinon, & à leur défaut, par le Juge du lieu du domicile des parties. Les parties doivent être appelées sur cette Requête, & en conséquence de la Sentence qui intervient, celle des parties qui l'a obtenue, ou toutes les deux,

doivent se retirer pardevers l'arbitre nommé, & le prier de procéder au réglement de leur différend.

Article XII.

Les Arbitres pourront juger sur les pieces & mémoires qui leur seront remis, *sans aucune formalité de justice* (1), nonobstant l'absence de quelqu'une des parties.

1. *Sans aucune formalité de justice.*] C'est-à-dire simplement sur les pieces, livres, lettres, & mémoires produits par les parties, en leur donnant cependant un délai raisonnable pour faire ces productions.

Il n'est pas nécessaire que les Sentences rendues par ces arbitres soient reçues par les Greffiers des arbitrages créés par l'Edit du mois de Mars 1573. Les fonctions de ces Officiers n'ont lieu que pour les Justices Royales, & pour celles des Duchés-pairies, suivant cet Edit.

Article XIII.

Les Sentences arbitrales entre Associez pour Négoce, Marchandise ou Banque, *seront homologuées* (1) en la Jurisdiction Consulaire, s'il y en a : sinon ès Sieges ordinaires de nos Juges, *ou de ceux des Seigneurs* (2).

1. *Seront homologuées.*] Cette homologation se fait à la diligence de celle des parties

qui a intérêt de la faire. Elle est nécessaire, 1°. Pour avoir une hypotheque sur les biens de celui qui a été condamné par Sentence; 2°. Afin que cette Sentence emporte exécution parée.

Suivant l'Ordonnance du mois d'Août 1560, les différends ainsi jugés par arbitres pour fait de négoce, doivent être exécutés par provision; & s'il y a une peine apposée par le compromis, il faut qu'elle soit payée avant d'être reçu appellant. Il est fâcheux que cette loi soit si souvent violée dans l'usage.

2. *Ou de ceux des Seigneurs.*] Les appellations de ces Sentences arbitrales pour fait de commerce, se portent directement en la Grand'-Chambre des Parlements.

Article XIV.

Tout ce que dessus aura lieu *à l'égard des Veuves, Héritiers* (1) *, & ayans cause des Associez.*

1. *A l'égard des Veuves, Héritiers, &c.*] Quand même cette veuve ou ces héritiers ne feroient point le négoce, & qu'ils seroient d'une autre profession.

TITRE V.

Des Lettres & Billets de Change, & promesses d'en fournir.

Des Lettres de Change.

UNE *Lettre de Change* est une cession ou transport d'une somme d'argent, que le tireur de la Lettre fait à celui au profit duquel il la tire, ou à l'ordre de ce dernier, pour être payée par le correspondant de ce tireur dans un autre lieu que celui d'où la Lettre est tirée. Cette cession ou transport se fait au moyen de la valeur que celui à qui la Lettre est fournie en donne au tireur, soit en argent, soit en marchandises, ou autres effets.

Les Lettres de Change se font ordinairement à ordre, & par ce moyen celui au profit de qui la Lettre est tirée peut céder ses droits à un tiers; & en passer l'ordre au profit de ce tiers; & ce tiers au profit d'un autre, & ainsi de suite, jusqu'à ce que cette Lettre soit présentée à celui qui doit la payer. Cette circulation est d'un grand secours dans le commerce, parcequ'en faisant ainsi passer des Lettres de Change de main en main, cela donne la facilité aux Négociants de s'acquitter de ce qu'ils doivent, ou de se faire payer de ce qui leur est dû, sans presque sortir de chez eux.

Lorsque la Lettre de Change est payable à celui qui en a fourni la valeur, elle n'intéresse que trois personnes ; savoir, 1°. le tireur ; 2°. celui à qui elle doit être payée, & qui en a fourni la valeur ; 3°. celui qui la doit payer. Il en est de même lorsque la Lettre est payable à celui qui en a fourni la valeur, ou à son ordre ; parce que cet ordre & les autres ordres mis successivement, ne sont que des subrogations pour mettre le dernier en nom à la place de celui à qui la Lettre étoit payable originairement : mais lorsque la Lettre est payable à un autre que celui qui en a fourni la valeur, alors elle intéresse quatre personnes.

Quelquefois celui sur qui la Lettre est tirée s'oblige à en faire le paiement, & cet engagement se nomme *Acceptation*. On dit qu'une Lettre est acceptée, lorsque ce consentement ou cette obligation de payer est écrit sur la Lettre.

Si celui sur qui la Lettre est tirée, soit qu'elle soit acceptée ou non, refuse d'en faire le paiement, le porteur de la Lettre doit constater ce refus par un acte judiciaire, qu'on appelle *Protêt*.

Les Lettres de Change peuvent être considérées de deux manieres :

1°. Entre le tireur de la Lettre & celui qui donne la valeur ; & alors c'est un véritable contrat qui se passe entre l'un & l'autre. Il en est de même entre celui à qui la Lettre a été fournie, & celui au profit de qui l'ordre en est passé.

2°. Les Lettres de Change peuvent être considérées entre le tireur & celui sur qui la Lettre est tirée, ou bien entre celui qui en a payé la valeur, ou celui qui le représente & est à ses droits, & celui qui en reçoit le paiement ; & sous ces deux rapports, c'est un mandement ou une commission.

Ainsi, quoiqu'il y ait ordinairement trois ou quatre personnes qui entrent dans le contrat des Lettres de Change, néanmoins il n'y en a, à proprement parler, que deux qui contractent ; sçavoir celui qui fait la Lettre de Change & celui qui en donne la valeur & au profit de qui elle est faite : avec cette distinction cependant, que si cette Lettre est négociée, il se forme aussi un nouveau contrat entre chacun des endosseurs, & celui au profit de qui ils en ont passé l'ordre immédiatement. A l'égard des autres personnes, elles n'y entrent que pour l'exécution, & elles doivent être considérées comme de simples mandataires par rapport au tireur, v. g. celui sur qui la Lettre est tirée, pour accepter la Lettre ou en payer le montant. Celui même à qui la Lettre a été fournie, ou ceux qui le représentent, s'ils sont porteurs de cette Lettre, peuvent aussi être considérés comme des especes de mandataires par rapport au tireur, pour faire toutes les diligences nécessaires, afin d'en procurer le paiement. Ces différentes especes de contrats produisent des actions diverses au profit des parties contractantes.

Des deux principes qui viennent d'être établis, découlent toutes les regles qui peuvent concerner la matiere des Lettres de Change.

Ainsi du premier principe il résulte,

1°. que le contrat des Lettres de Change étant fait pour l'utilité réciproque du tireur & de celui qui en donne la valeur, il ne peut se résoudre sans un consentement réciproque, ainsi que tous les autres contrats. (*L. 5. Cod. de obligat & action.*)

2°. Que le tireur qui est ici considéré comme une espece de vendeur, est tenu de garantir le paiement de la Lettre à celui à qui il l'a fournie, ou à celui qui le repréfente, à moins que ce dernier par fa négligence n'ait donné lieu au défaut de paiement. Le tireur eft même obligé de tenir compte à celui-ci de tous les frais & dommages qu'il a pû fouffrir par le défaut de paiement. (*L.* 10. §. 9. *ff. mandati. L.* 4. *L.* 20. §. 1. *Cod. eod tit.*). Cette regle eft le fondement de l'article 7. du titre 6. ci-après, & de l'article 15. du préfent titre.

3°. Que le tireur n'eft point libéré de cette obligation de garantie, lorfque celui fur qui la Lettre eft tirée vient à l'accepter : car cette acceptation n'eft pas un nouveau contrat entre le tireur & celui fur qui la Lettre eft fournie. Ainfi fi celui qui a accepté devient infolvable, le porteur de la Lettre peut toujours agir contre le tireur ; parce qu'il ne feroit pas jufte que la condition de ce porteur fût devenue moins favorable par l'acceptation. Cette regle eft le fondement de l'article 12. ci-après.

Du fecond principe il réfulte,

1°. Que celui à qui la Lettre eft fournie, ou plutôt le porteur qui le repréfente, au moyen du confentement qu'il donne de recevoir la Lettre pour la fomme qu'il a payée à cet effet, s'oblige à toutes les diligences néceffaires pour s'en procurer le paiement. (*L.* 22. §. *ult. ff. mandat*). Cette maxime eft le fondement de ce qui eft établi ci-après en l'art. 4 & les fuiv.

2°. Que le porteur qui a ainfi fait fes diligences peut répéter fon rembourfement de la Lettre proteftée faute de paiement, tant contre le tireur, les endoffeurs & prometteurs, que contre ceux qui ont mis leur aval fur les Lettres, lefquels étant tous garants les uns des autres, (fuivant le premier principe ci-deffus, p. 60. n. 2.) font tous folidairement obligés à lui en rembourfer le montant ; & même contre celui fur qui la Lettre eft tirée, au cas qu'il l'ait acceptée, parce qu'ils font tous garants les uns des autres ; à moins que ce porteur n'ait par fon fait perdu cette folidité, v. g. dans le cas où il a négligé de faire protefter. Cette regle eft le fondement des articles 11, 12, & 33, ci-après.

3°. Que le porteur qui a reçu le montant d'une Lettre de Change négociée de celui fur qui elle eft tirée, eft garant de la vérité des ordres, & de la Lettre de Change en vertu de laquelle il reçoit : en forte que fi cette Lettre étoit paffée fous un faux ordre, & qu'elle ne libérât point le payeur envers le tireur du montant de la fomme, ce payeur aura fon recours contre celui à qui la Lettre a été payée, qui devient refponfable envers lui de la fomme, & de fes dommages & intérêts, fauf fon recours contre les véritables tireurs & endoffeurs.

4°. Que celui fur qui une Lettre eft tirée n'eft point obligé de l'accepter, ni de la payer ; parce que n'étant point engagé par la convention qui s'eft faite entre le tireur & celui à qui la Lettre a été fournie, ou bien entre ce dernier, (ou ceux qui le repréfentent), & le porteur de la Lettre, il eft toujours à tems de refufer de la payer : à moins qu'il ne foit débiteur de pareille fomme envers le tireur, auquel cas s'il réfufoit de payer, il feroit tenu de tous les dommages & intérêts envers ce tireur, ou ceux qui le repréfentent & ont droit de lui. (V. infrà, art. 17).

5°. Que fi celui fur qui la Lettre eft tirée l'a une fois acceptée, il devient dès le moment obligé envers le tireur ou ceux qui le repréfentent ; parce qu'au moyen de cette acceptation il fe fait un engagement entre ce mandataire & celui qui l'a conſtitué, à l'effet de faire le paiement de la Lettre. (L. 1. ff. mandati.)

6°. Que celui ſur qui on tire une Lettre & qui en veut payer le montant, ne peut la payer avant l'échéance, à moins que le porteur n'y conſente; parce que le contrat qui ſe fait dans les Lettres de Change entre le tireur & celui à qui la Lettre eſt fournie, étant pour l'utilité réciproque des deux contractants, toutes les conditions du tems & du lieu ſont en faveur de l'un & de l'autre. Ainſi le porteur qui eſt aux droits de celui à qui la Lettre a été fournie, ne peut être contraint d'en recevoir le paiement avant le terme porté par ſa Lettre. (V. Godefroi ſur la Loi 122. ff de verbor. oblig. Cujas ſur la L. 38. §. inter incertam, ff. eod. tit. & le Code Fabr. Liv. 8. tit. 30. définit. 14.)

Si cependant la Lettre de Change n'étoit point à ordre, elle pourroit être acquittée avant ſon échéance par celui ſur qui elle a été tirée, pourvû que le porteur de la Lettre convienne qu'elle eſt entre ſes mains. Ainſi jugé par Arrêt du 17. Février 1666, rapporté par Soefve, en ſon recueil d'Arrêts, tome 2, Centurie 3, ch. 36.

7°. Que celui qui paye la valeur d'une Lettre de Change doit connoître celui à qui il paye: car s'il paye mal-à-propos à celui qui préſente la Lettre, & qu'elle ne ſoit point paſſée au profit de ce dernier par celui qui en eſt propriétaire, ce payeur ne ſera pas libéré par ce paiement envers le tireur ou ceux qui auront droit de lui, & il aura ſeulement ſon recours contre celui à qui il a payé, pour la répétition de la ſomme qu'il a reçue mal-à-propos. (V. la L. 39. ff. de negotiis geſtis.)

Ordonnance de 1673.
Des Billets de Change, & autres.

On entend par *Billets de Change*, ceux qui se font pour Lettres de Change fournies, ou qui portent promesse d'en fournir. S'ils ne sont faits pour l'une ou pour l'autre de ces causes ils cessent d'être Billets de Change. (*infrà* art. 27.) Ces Billets different des Lettres de Change, en ce que les Lettres de Change sont ordinairement payables en un autre endroit que celui d'où elles sont tirées, & par un autre que celui qui les a tirées, au lieu que le Billets de Change est payable par celui qui le fait, & ordinairement dans le lieu où il est fait. Ces Billets peuvent se faire ou au profit d'un particulier y nommé, ou à son ordre, ou au porteur. (*infrà* art. 30.)

Il faut bien prendre garde de confondre les Billets de Change avec ceux qui ne sont pas de Change, tels que sont les Billets dont la valeur a été payée en deniers ou en marchandises. Ceux-ci ne sont que de simples promesses ; ils peuvent néanmoins être négociés ainsi que les Billets de Change, quand ils sont payables à ordre, ou au porteur.

Les Billets de Change & autres Billets à ordre, peuvent être considérés entre celui qui fournit le Billet & celui à qui il est fourni ; & alors c'est un véritable contrat qui se passe entre l'un & l'autre. Il en est de même entre celui à qui le Billet est fourni & celui à qui ce dernier en passe l'ordre, & ainsi de suite pour les autres ordres.

Néanmoins ces derniers peuvent aussi être considérés comme mandataires de ceux qu'ils représentent & aux droits desquels ils sont, pour faire les diligences nécessaires envers celui qui doit payer le montant du Billet.

Des Lettres, &c. Tit. IV.   65

De ces deux principes émanent toutes les regles qui concernent les Billets de Change, & tous les autres Billets en général payables à ordre ou au porteur ; sur quoi il faut observer, que tout ce qui a été dit ci-devant des Lettres de Change, à l'égard du tireur, de celui à qui la Lettre a été fournie, & de celui qui en est le porteur, doit recevoir ici son application : d'où il suit,

1°. Que le contrat ou la convention par laquelle une personne fournit un Billet de Change, ou autre Billet, à une autre personne qui lui en paye le montant en deniers, ou marchandises, ou autres effets, étant pour l'utilité réciproque des deux contractants, ne peut se résoudre sans un consentement réciproque. (*Suprà*, pag. 60, n. 1.)

2°. Que celui qui fournit le Billet, soit qu'il l'ait souscrit ou non, est tenu d'en garantir le paiement à celui à qui il est fourni, ou à celui qui le représente, à moins que ce dernier par sa négligence n'ait donné lieu au défaut de paiement. (V. pag. 60, n. 2.)

3°. Que celui à qui le Billet a été fourni, ou le porteur qui le représente, s'oblige à toutes les diligences nécessaires pour s'en procurer le paiement. (V. page 61, n. 1.)

4°. Que le porteur du Billet qui a fait toutes les diligences nécessaires, peut répéter le remboursement du Billet protesté faute de paiement, tant contre celui qui l'a souscrit, que contre les endosseurs, & ceux qui ont mis leur aval, lesquels sont tous solidairement obligés à lui rembourser le montant de ce Billet, à moins que ce porteur n'ait perdu cette solidité par son fait. (*Suprà*, page 61, n. 2.)

5°. Que celui qui a ainsi fourni un Billet à ordre & qui en doit le montant, ne peut payer avant l'échéance, à moins que le porteur n'y consente. (*Suprà*, page 63, n. 6.)

6°. Que celui qui paye un Billet à celui qui le présente, doit connoître celui à qui il paye ; & que s'il paye mal à-propos, soit parce que l'ordre n'est point passé au profit de celui qui présente le Billet, ou autrement, le payeur ne sera pas libéré par ce paiement envers celui à qui il l'a fourni, ou ceux qui ont droit de lui, & il aura seulement son recours contre celui à qui le paiement a été fait, pour lui faire rendre la somme qu'il a reçue mal-à-propos. (V. ce qui a été dit ci-dessus, page 63, note 7.)

Des Lettres de Crédit.

Outre les Lettres de Change & les Billets dont on vient de parler, il y a encore une autre espece de Lettres qu'on appelle *Lettre de Crédit*. C'est une Lettre qu'un Banquier ou Négociant donne à un ami, ou a un autre personne qui a besoin d'argent dans une Ville où il desire aller, & que ce Banquier ou Négociant adresse à son correspondant, par laquelle il lui mande de compter à son ami, ou à cette personne, une telle somme d'argent, ou toutes celles dont il aura besoin.

Ces sortes de Lettres ne se confient ordinairement qu'à des personnes dont on connoît la bone conduite & la solvabilité. C'est pourquoi lorsqu'elles sont fournies, v. g. à un jeune homme qui voyage, les Négociants & Banquiers qui les donnent prennent ordinairement pour leur sûreté un billet du pere de celui à qui la Lettre de crédit est donnée, ou de quelque proche parent ou ami, portant reconnoissance que cette Lettre a été fournie, avec promesse de rendre les sommes qui auront été payées sur la Lettre de crédit. Il est aussi de la prudence de ceux qui fournissent ces Lettres, & en donnent avis à leurs correspondants à qui elles sont adressées, de désigner par leurs Lettres d'avis les personnes qui doivent présenter ces Lettres, soit par la taille, l'âge & autre signalement, soit en prenant la précaution d'envoyer par avance la signature de ces personnes, pour pouvoir la comparer à celle qu'elles donneront en recevant les sommes portées par la Lettre de crédit ; & cela afin d'éviter les accidents qui peuvent arriver, & que le correspondant qui paye puisse le faire avec sûreté.

Tout ceci supposé, il sera facile d'entendre ce qui va être dit dans les notes sur les différents articles de ce titre.

Article I.

Les Lettres de Change *contiendront sommairement* (1) le nom de ceux auxquels le contenu devra estre payé, *le temps du payement* (2), le nom de celui qui en a donné la valeur ; *& si elle a esté receue en deniers, marchandises, ou autres effets* (3).

1. *Contiendront sommairement.*] Tout ce qui concerne la forme des Lettres de Change regarde : 1°. Le nom des personnes, sçavoir de celui qui fournit la Lettre, de celui qui la doit payer, & de celui à qui elle doit être payée. 2°. Le tems du paiement. 3°. Ce que l'on doit payer. 4°. De quelle maniere la valeur en a été payée.

2°. *Le tems du paiement.*] Les Lettres de

Change se payent ordinairement en quatre manieres.

La premiere est quand la Lettre est payable *à jour nommé*, par exemple, au 10 Mai, ou autre jour fixe. Le tems pour pouvoir exiger le paiement de ces sortes de Lettres, ne court que du lendemain de leur échéance.

La seconde est quand la Lettre est payable *à une ou plusieurs usances* ; c'est à dire, à un ou plusieurs mois de sa date, chaque usance étant d'un mois, & le mois de trente jours. (V. *infrà*, art. 5, avec les notes.) Les Lettres qui se tirent d'un Royaume à un autre, se tirent ordinairement de cette maniere.

La troisieme maniere dont les Lettres de Change sont payables, est *à vue*. Dès le moment que ces Lettres sont présentées à celui sur qui elles sont tirées, il doit les payer, sinon elles doivent être protestées faute de paiement, parce que dans ces sortes de Lettres il n'y a point de jours de grâce pour faire le protêt ; ce qui résulte des termes de l'article 4. ci-après, qui ne parle que des Lettres acceptées, ou qui échéent à jour certain.

Il faut observer en général, à l'égard des tems fixés pour le paiement des Lettres de Change, que ces tems doivent être francs, c'est-à-dire, que pour les Lettres à vûe, le jour de la date de la Lettre, & pour les autres le jour de l'échéance & celui de l'acceptation, ou du protêt faute d'acceptation, ne doivent point être compris. Ainsi celui sur qui une Lettre de Change est tirée, payable, v. g. le 10. Mai, a tout le jour pour payer, & elle n'est exigible que le lendemain 11, parce que le jour de l'échéance n'est point compté, ce jour ne finissant qu'à minuit, suivant la maniere de compter le jour en France ; & par conséquent le porteur de la Lettre ne peut avant le 11, en demander le paiement, ni intenter aucune action contre celui qui a accepté la Lettre, ou contre celui sur qui elle est tirée : il en est de même des Billets. (*Infrà*, art. 31.) La raison en est qu'en matiere de paiement, le jour du terme n'est point compris dans le délai accordé, suivant cette maxime de Droit, que *dies termini non computantur in termino*, L. *qui hoc anno* 52. *ff. de verbor. obligat.* (Ainsi jugé par Arrêt du 23 Mars 1656, rapporté par addition au livre 8 du Journal des Audiences.)

Au reste cette regle n'a pas lieu à l'égard des dix jours de grâce accordés pour le paiement des Lettres de Change acceptées, ou qui échéent à jour certain : car les dix jours passés, il n'est plus tems d'agir. (V. *infrà*, art. 4, avec les notes.)

La quatrieme maniere dont se payent les Lettres de Change, est *à tant de jours de vûe*, v. g. à 4, 8, 10, ou 15 jours de vue, plus ou moins. Le tems pour pouvoir exiger le paiement de ces sortes de Lettres, ne court que du lendemain du jour qu'elles ont été présentées & acceptées.

Enfin il y a encore une cinquieme maniere dont on se sert pour le paiement des Lettres de Change ; c'est quand elles sont payables à Lyon en tems de Foires, que l'on appelle *paiements*, qui se tiennent quatre fois l'année de trois mois en trois mois, sçavoir aux Rois, à Pâques, au mois d'Août, & à la Toussaint. Ces paiements doivent être faits le premier jour non férié de chacun de ces quatre paiements, suivant l'article 1 du Réglement fait pour la Ville de Lyon, en date du 2 Juin 1667. (V. ce Réglement ci-après, en l'art. 7 de ce titre, note 1.)

Ordonnance de 1673.

Lorsqu'il arrive du changement dans les monnoies, les paiements qui se font dans le Royaume en vertu des Lettres de Change tirées sur des particuliers, doivent se faire en espèces au cours du jour auquel se fait le paiement, à moins que par la Lettre de Change ou Billet il n'ait été stipulé qu'elle seroit payable en espèces au cours du jour où elles ont été tirées; ou du moins il faut, si l'on veut payer en nouvelles espèces, y ajouter le plus ou le moins de value, eu égard au changement arrivé par l'augmentation ou diminution de la monnoie. (Ainsi réglé par un Arrêt du Conseil du 19 Février 1729. V. au recueil tome 3, page 308.)

Mais il faut observer qu'il est défendu aujourd'hui dans le Royaume de trafiquer, vendre & acheter des Lettres de Change ou autres papiers, qu'en espèces de celles qui ont cours au tems de la négociation. (Edit du mois de Février 1756. art. 10. Arrêt du Conseil du 27 dud. mois. V. au recueil t. 3, p. 307 & 310).

3. *Et si elle a été reçue en deniers, marchandises, ou autres effets.*] La valeur des Lettres de Change peut se payer de plusieurs manières.

La première est *en deniers*, ce qu'on exprime aussi par ces mots, *valeur reçue comptant*: car il n'y a aucune différence entre ces deux manières de s'exprimer, ainsi qu'il a été jugé par Arrêt du 15 Juin 1684, rendu sur l'appel d'une Sentence des Juges-Consuls de Paris en date du 12 Mai 1681.

La seconde manière de stipuler la valeur payée des Lettres de Change, est *en marchandises ou autres effets.*

La troisième manière est *valeur en compte*, qui est à-peu-près la même que celle reçue comptant. Quoique l'Ordonnance ne parle point de cette troifieme maniere d'exprimer la valeur reçue pour les Lettres de Change, néanmoins elle eſt d'un uſage fréquent dans le Commerce.

Comme les Etrangers ne ſont pas ſoumis à l'Ordonnance, on voit ſouvent de leurs Lettres de Change, qui n'expriment que *valeur reçue*, ſans dire en quelle nature d'effets, ou même *valeur d'un tel*, ſans dire reçue.

Article II.

Toutes Lettres de Change *ſeront acceptées* (1) *par écrit* (2) *purement & ſimplement*. Abrogeons l'uſage de les accepter verbalement, ou par ces mots : *Veu ſans accepter ; ou, Accepté pour répondre à temps* (3), & toutes autres acceptations ſous condition, leſquelles paſſeront pour refus : *& pourront les Lettres eſtre proteſtées* (4).

1. *Seront acceptées, &c.*] Ces mots ne veulent pas dire que toutes les Lettres de Change feront acceptés ; mais ſeulement que toutes les Lettres de Change qui feront acceptées le ſeront par écrit. *Accepter* une Lettre de Change, c'eſt l'agréer & s'obliger d'en payer la valeur.

1°. Il n'eſt pas néceſſaire que celui ſur qui la Lettre de Change eſt tirée ſoit débiteur de celui qui la tire, pour pouvoir accepter ; on peut, pour faire plaiſir au tireur, accepter par honneur, quoiqu'on ne lui doive rien. Il n'eſt pas même néceſſaire que celui qui accepte ainſi, mette ſur la Lettre ces mots, *accepté par honneur*, pour avoir son recours contre le tireur; la Loi lui donne de plein droit ce recours & cette action, ainsi qu'il résulte de l'article ci-après.

2°. On n'est pas obligé de faire accepter les Lettres payables à jour nommé, ou à usances, non plus que celles payables en foires; parceque le temps de ces Lettres court toujours jusqu'au jour de l'échéance: néanmoins il est de la prudence de les faire accepter, parcequ'au moyen de cette acceptation, celui à qui la Lettre est fournie, ou celui qui le représente & est à ses droits, a un débiteur de plus, savoir celui qui a accepté.

Mais à l'égard des Lettres à tant de jours de vue, il est nécessaire de les faire accepter ou protester; parceque le délai pour le paiement d'une Lettre de cette espece ne court que du lendemain du jour qu'elle a été présentée ou acceptée, & que celui qui est porteur de cette Lettre ne peut justifier qu'elle a été présentée que par l'un ou l'autre de ces deux actes.

3°. Celui sur qui une Lettre de Change est tirée, n'est pas obligé de l'accepter, dans le cas du moins où il ne doit rien au tireur; mais cette acceptation, qui dans son principe est volontaire, est, comme les autres contrats, nécessaire dans sa fin: en sorte que celui qui a une fois accepté, soit qu'il doive ou non au tireur, ne peut se dispenser de payer; sinon il peut y être contraint par le porteur de la Lettre. (*infrà*, art. 11).

La faillite même qui peut survenir de la part du tireur pendant l'intervalle qui s'est écoulé entre l'acceptation & l'échéance de la Lettre, ne libere pas celui qui l'a acceptée, sauf son recours contre le tireur; parceque cet

accepteur

accepteur par son acceptation devient caution solidaire du tireur. (*Infrà*, art. 33.)

Au reste il faut observer, que l'acceptation faite de la Lettre de Change par celui sur qui elle est tirée, ne libere pas le tireur, qui demeure toujours garant du paiement de la Lettre, ainsi qu'il a été dit ci-dessus, pag. 61, note 3.

Quant à la question de savoir, si celui qui a accepté & qui s'est obligé de payer une Lettre ou Billet, peut se libérer, & en payer le montant avant l'échéance. V. ce qui a été dit ci-dessus, page 63, note 6.

2. *Par écrit.*] Celui qui accepte une Lettre de Change, écrit simplement au bas de la Lettre le mot *accepté*, avec sa signature. La date de cette acceptation est inutile, parceque les dix jours pour le protêt courent du jour de l'échéance du terme fixé pour le paiement, qui est marqué par la Lettre. Mais si la Lettre est à dix ou quinze jours, ou autres jours de vûe, il faut nécessairement dater l'acceptation, afin de constater le jour qu'elle a été présentée & vûe par celui qui l'a acceptée, & pour savoir de quand commencent à courir les dix jours requis pour pouvoir la protester.

Lorsque celui sur qui une Lettre de Change est tirée, la retient sous prétexte de l'avoir égarée ou autrement, & qu'il la rend ensuite au porteur, cette rétention équivaut à une acceptation; ensorte que si pendant cet intervalle de tems le tireur vient à tomber en faillite, celui qui a ainsi retenu la Lettre, en demeure garant. *Acceptatio enim fit tacitè per receptionem & retentionem litterarum.* (Scaccia, *in tractatu de commercio & cambio*, §. 2. *Gloss.* 4, *num.* 335.)

3. *Vû sans accepter, ou accepté pour répondre à tems.*] Parceque non-seulement ces sortes d'acceptations sont dangereuses & troublent le com-

merce des Lettres de Change ; mais encore parce-qu'elles sont inutiles, & ne servent qu'à tromper & à surprendre ceux qui n'ont aucune connoissance des inconvénients qui en peuvent arriver.

4. *Et pourront les Lettres êtres protestées*] Le Protêt est une sommation que l'on fait à celui sur qui une Lettre de Change est tirée, pour l'obliger à l'accepter, ou à la payer, avec protestation de tous dommages & intérêts, & de renvoyer la Lettre au tireur. (*Infrà*, titre 6, article 7.)

Il y a deux sortes de Protêts ; l'un qui se fait faute d'acceptation, & l'autre faute de paiement.

1°. Le Protêt faute d'acceptation doit être fait dans le même tems qu'on présente la Lettre, lorsque celui sur qui elle est tirée refuse de l'accepter en tout ou en partie. Ce Protêt a lieu, tant pour les Lettres de Change payables à jour nommé, que pour celles à usance ou à tant de jours de vûe. Il faut cependant observer que dans les endroits où l'on est dans l'usage de ne pas faire accepter, ou de ne le faire qu'après un certain tems, comme à Lyon, suivant l'article 1 du Réglement du 2 Juin 1667, rendu pour cette Ville, (*infrà*, article 7, note 1,) on doit s'en tenir exactement à ce qui s'observe dans ces places ; autrement un Protêt fait au préjudice de cet usage seroit nul, & ne produiroit aucun effet.

L'effet du Protêt faute d'acceptation est, que le porteur de la Lettre de Change peut revenir contre le tireur, non pour lui faire rendre le montant de la Lettre, parcequ'il ne peut l'obliger à faire cette restitution, que lorsqu'il aura fait protester la Lettre faute de paiement ; mais seulement pour l'obliger à faire accepter cette Lettre, ou à donner caution qu'en cas qu'elle ne soit point payée à son échéance, il lui rendra la somme, avec les changes & rechanges & frais de Protêts ; ce qui ne peut lui être refusé en Justice. (V. la *L*. 41, *ff. de Judiciis* ; *la L*. 31, *ff. de reb. aut de jud. possid.* & *la L. si ab arbitrio in fine*, *ff. qui satisdare coguntur*.)

Mais quoique le porteur d'une Lettre puisse la faire protester faute d'acceptation dès l'instant que celui sur qui elle est tirée refuse de l'accepter ; néanmoins il est assez d'usage, pour l'avantage du commerce & pour faciliter l'acceptation & le paiement des Lettres à leur échéance, de ne point faire protester faute d'acceptation, si ce n'est celles qui sont tirées à vûe, ou à tant de jours de vûe, mais d'attendre que le tems du paiement de la Lettre soit échu, parceque pendant ce tems celui sur qui la Lettre est tirée, pourra recevoir du tireur un ordre ou provision pour acquitter la Lettre.

2°. Le Protêt faute de paiement doit se faire dans les dix jours de l'échéance, ainsi qu'il est dit ci-après, art. 4 ; & alors il donne un recours de garantie contre les tireurs & endosseurs, & même contre celui qui a accepté la Lettre, comme il est porté *infrà*, articles 11 & 12.

ARTICLE III.

En cas de Protest (1) *de la Lettre de Change, elle pourra estre acquitée par tout autre* (2) *que celui sur qui elle aura esté tirée ; & au moyen du payement* (3) *il demeurera subrogé en tous les droits du porteur* (4) *de la Lettre*, quoiqu'il

D ij

n'en ait point de transport, subrogation ni ordre.

1. *En cas de Protêt.*] Ainsi il faut que la Lettre soit protestée, avant qu'un tiers qui veut être subrogé au droit du porteur, puisse l'acquitter.

2. *Etre acquittée par tout autre.*] Comme dans le cas où le Protêt se fait contre un Négociant ou Banquier, qui seroit absent lors de ce Protêt, ou pour quelque autre cas semblable. Alors un parent ou un ami de ce Négociant ou Banquier, pour empêcher que ce défaut de paiement ne puisse causer quelque préjudice à l'honneur de son ami, ou faire tort à son crédit, si la Lettre retournoit à Protêt, peut acquitter cette Lettre, & en payer la valeur au porteur ; & cela se fait même quelquefois pour l'honneur du tireur, ce qu'on appelle *acquitter par honneur*, (V. ce qui a été dit ci-dessus, page 71 des acceptations par honneur.)

3. *Et au moyen du paiement.*] C'est-à-dire, du paiement justifié par quittance.

Il n'est pas inutile d'observer, que ceux qui acquittent des Lettres de Change ou des Billets à ordre, doivent avoir attention, lorsqu'ils en paient le montant, de retirer la Lettre ou le Billet qu'ils acquittent ; autrement ils courent risque de payer une seconde fois entre les mains de celui qui s'en trouveroit porteur, & au profit de qui l'ordre en auroit été passé de nouveau, quand même celui sur qui la Lettre est tirée rapporteroit la quittance de celui entre les mains de qui il l'a acquittée ; ce qui suppose néanmoins que le nouveau porteur de la Lettre seroit encore dans le tems de le pouvoir faire. (Ainsi jugé par Arrêt du 28 Mai 1660, rapporté au Journal des Audiences.)

4. *Il demeurera subrogé en tous les droits du porteur, &c.*] V. la Loi Solvendo, ff. de negotiis gestis.

Comme les droits du porteur avant l'acceptation ne sont que contre les tireurs & les endosseurs, parce qu'avant ce tems-là une Lettre de Change n'oblige point celui sur lequel elle est tirée, il s'ensuit que celui qui a acquité par honneur une Lettre de Change non acceptée, n'a recours que contre le tireur & les endosseurs, parcequ'il n'a pas plus de droit que le porteur lui-même.

Si la Lettre a été acceptée, celui qui l'acquitte ainsi par honneur a son recours aussi contre l'accepteur; c'est une suite de ce qui est porté en l'art. 11 ci-après: mais il n'a aucun droit contre celui à qui il paie, pour répéter de lui la somme payée, si ce n'est dans le cas où celui sur qui la Lettre étoit tirée, auroit eu des moyens pour se dispenser de payer au porteur; comme s'il étoit son créancier de somme pareille, ou plus grande que celle portée en la Lettre; auquel cas celui qui a ainsi acquitté une Lettre par honneur, peut exercer les mêmes droits que celui sur qui la Lettre est tirée, & agir contre le porteur, pour lui faire rendre la somme qu'il a reçue mal-à-propos.

ARTICLE IV.

Les porteurs (1) *de Lettres qui auront esté acceptées* (2), *ou dont le payement échet à jour certain* (3), *seront tenus* (4)

Ordonnance de 1673.
de le faire payer ou protester (5) dans dix jours (6) après celui de l'échéance (7).

1. *Les porteurs*] Quoiqu'il soit vrai en général de dire que toute Lettre de Change doit être payée à celui qui la présente, (à moins qu'on n'ait auparavant fait signifier à celui qui doit acquitter cette Lettre, qu'elle est égarée ou perdue, avec défenses de l'acquitter entre les mains d'autres personnes qu'à celui à qui elle appartient, & au profit de qui le dernier ordre a été passé, néanmoins il faut observer,) qu'il ne suffit pas d'être porteur d'une Lettre pour pouvoir en exiger le paiement, ainsi qu'on le peut à l'égard de Billets payables au porteur, mais qu'il faut être légitime porteur de cette Lettre, c'est-à-dire qu'il faut qu'elle soit payable à celui qui en demande le paiement, soit par le texte de la Lettre, soit par ordre de celui à qui elle est payable, ou successivement, de ceux au profit de qui les ordres précédents ont été passés; ou bien il faut qu'il y ait transport au profit de celui qui en vient demander le paiement, soit par les termes de la Lettre, soit par procuration.

Lorsque celui à qui la Lettre de Change est payable est en faillite, ses créanciers peuvent par autorité du Juge en exiger le paiement.

Celui qui paie la Lettre doit savoir que la personne à qui il paie est véritablement celle à qui la Lettre de Change est payable, soit par transport, procuration ou autrement : car s'il payoit, ou sur un faux ordre, ou à quelqu'un qui eût pris faussement le nom de celui à qui l'ordre est passé, il paieroit mal-à-propos, & seroit obligé de payer une seconde fois au véritable porteur de la Lettre de Change, ainsi qu'il a été jugé par plusieurs Arrêts. (V. ce qui a été dit ci-deſſus, page 61, note 3. V. auſſi ce qui eſt dit *infrà*, en la note derniere ſur l'article 33, touchant les Lettres de Change falſifiées.)

2. *Qui auront été acceptées.*] Si la Lettre n'eſt point acceptée, il faut ſuivre ce qui eſt dit ci-deſſus, page 74.

3. *Ou dont le paiement échet à jour certain.*] Quand même le mot de *préfix* ſeroit ajouté au jour de l'échéance ; comme s'il étoit dit que la Lettre eſt payable v. g. au vingt Février préfix, ce mot n'empêcheroit pas qu'il n'y eût également les dix jours de faveur pour en exiger le paiement.

Mais ſi on ajoutoit au jour préfix ces mots, *ſans aucun jour de grâce*, il faudroit recevoir le paiement au jour marqué ; ces mots n'étant ordinairement ajoutés dans la Lettre, que parce-que celui ſur qui elle eſt tirée ne ſera plus après le jour marqué dans le lieu où elle doit être acquittée.

Les Lettres payables à vue ſans terme peuvent être proteſtées, quand il plaît au porteur, & il n'a aucun terme fixe pour le faire. Mais il faut qu'il faſſe ce Protêt dans les cinq ans de la date de la Lettre, à cauſe de l'article 21 ci après. (V. cet article avec les notes.) Quelques-uns même prétendent que le Protêt de ces Lettres peut être fait dans les trente ans.

4. *Seront tenus.*] Si le porteur de la Lettre néglige de faire ſes diligences dans le tems preſ-crit par l'Ordonnance, ou s'il accorde quelque délai au débiteur de la Lettre, le tireur n'en peut ſouffrir, & tous les riſques qui peuvent ſurvenir enſuite pendant ce délai, v. g, la failli-te de celui ſur qui la Lettre eſt tirée tombent alors ſur le porteur. (V. la Loi, *dolus* 44, *ff*. *mandati*.)

D iv

5 *De les faire payer, ou protester.*] Lorsque le porteur de la Lettre de Change vient à l'égarer, il n'est pas moins obligé de la faire protester; & il ne suffiroit pas qu'il fît une sommation à celui sur qui la Lettre est tirée, par laquelle il lui déclareroit que cette Lettre est perdue, & offriroit de lui donner caution de l'événement de cette Lettre; mais il faut encore qu'il la fasse protester, quoiqu'il ne puisse cependant satisfaire pour cela à toutes les formalités du Protêt en général: autrement, & faute de faire ce Protêt, il perd son recours de garantie contre le tireur & les endosseurs.

6. *Dans dix jours.*] Ces dix jours sont avantageux au Commerce, & favorables, 1°. Aux porteurs; parceque ceux-ci ne courent le risque de l'insolvabilité des personnes sur qui les Lettres de Change sont tirées, qu'après les dix jours. 2°. Au tireur; parce que pendant ce tems-là il peut donner avis ou remettre des fonds à celui sur qui il tire. 3°. A l'accepteur ou débiteur de la Lettre; parceque ce délai peut lui donner le tems de chercher de l'argent, ou de recevoir provision du tireur.

Quelques-uns ont prétendu que ce délai de dix jours n'étoit accordé par l'Ordonnance qu'en faveur du porteur, & que par conséquent le lendemain de l'échéance d'une Lettre, on en pouvoit exiger le paiement, ou la faire protester. C'est ainsi que le pense Savary, (tom. 1, liv. 3, ch. 6, de son Parfait Négociant, page 161, de l'édition de 1749,) ce qui paroît aussi résulter du texte même de l'Ordonnance. Néanmoins, par une Déclaration du Roi du 28 Novembre 1713, il est porté « que tous porteurs de Lettres & » Billets de Change, ou de Billets payables

» aux porteurs ou à ordre, seront tenus d'en
» faire demande aux débiteurs, le dixieme
» jour préfix après l'échéance, par une som-
» mation qui doit contenir les noms, qua-
» lités & demeures desdits porteurs, avec of-
» fres d'en recevoir le paiement en especes lors
» courantes, sinon, & à faute de ce, que les
» porteurs desdites Lettres & Billets seront
» obligés d'en recevoir le paiement, suivant
» le cours & la valeur qu'avoient ces especes
» ce même dixieme jour; & réciproquement
» que les débiteurs desdites Lettres & Billets
» ne pourront obliger les porteurs d'en rece-
» voir le paiement avant ce même dixieme
» jour. Qu'à l'égard des Billets & promesses
» valeur en marchandises, qui suivant l'usage
» ordinaire ne se payent qu'un mois après
» l'échéance, les porteurs seront tenus d'en
» faire la demande par une sommation le
» dernier dudit mois après l'échéance, sinon,
» & à faute de ce, qu'ils seront obligés d'en re-
» cevoir le paiement suivant le cours & la va-
» leur que les especes avoient le même jour
» dernier dudit mois après l'échéance; & ré-
» ciproquement que les débiteurs desdits bil-
» lets & promesses ne pourront obliger les
» porteurs d'en recevoir les paiemens avant
» le même jour dernier dudit mois. Cette Dé-
» claration veut néanmoins que ceux qui au-
» ront fait des promesses pour marchandises
» dont l'escompte aura été stipulé, puissent
» se libérer & acquitter les sommes contenues
» en leurs promesses, pourvû qu'ils en fassent
» les paiements trente jours francs avant le
» jour marqué pour la diminution des especes,
» faute de quoi ils ne pourront faire lesdits paie-
» ments que dans les tems portés par lesdites
» promesses.

Depuis cette Déclaration, le Roi ayant été informé qu'il y avoit plusieurs Provinces & Villes dans le Royaume, où les Lettres & billets de Change, les billets payables au porteur ou à ordre, & les billets ou promesses valeur en marchandises, étoient, suivant les usages qui y ont lieu, exigibles aux termes de leur échéance, sans que les Débiteurs eussent la faculté de jouir desdits délais de dix jours & d'un mois, a rendu une autre Déclaration en date du 20 Février 1714, par laquelle il déclare « que par la précédente Déclaration du 28 Novembre 1713, il n'a entendu rien innover aux usages ordinaires des Provinces & Villes du Royaume sur le paiement desdits billets, lettres ou promesses; & en conséquence veut que cette précédente Déclaration soit exécutée seulement dans les Provinces où le délai de dix jours pour le paiement des Lettres ou billets de Change & des billets payables au porteur ou à ordre, & d'un mois pour les billets & promesses valeur en marchandise sont en usage: & à l'égard des Provinces & Villes où lesdits billets, Lettres de Change & promesses sont exigibles à leur échéance, S. M. ordonne que les porteurs desdits billets, lettres ou promesses seront tenus de les présenter aux Débiteurs dans les termes de leur échéance, & au refus du paiement, de leur en faire la demande par une sommation, sinon, & à faute de ce, qu'ils seront obligés d'en recevoir le paiement suivant le cours & la valeur que les especes avoient au jour desdites échéances; & réciproquement que faute par les Débiteurs desdites Lettres, billets & promesses de satisfaire auxdites sommations, ils seront tenus des diminutions des especes. (V. le rec. » tome 2, page 317.)

L'ufage qui s'obferve à Orléans à l'égard des billets valeur en marchandife, eft de pouvoir en exiger le paiement le dixieme jour après leur échéance, comme pour les Lettres de Change; mais c'eft une faculté qui eft accordée au porteur du billet, dont il peut ne pas ufer s'il le juge à propos, & il fuffit qu'il faffe fes diligences dans les trois mois, fuivant qu'il eft dit en l'article 31 ci-après.

Quand il fe rencontre un jour de Dimanche, ou une Fête même folennelle, le jour auquel fe doit faire le Protêt, cela n'empêche pas qu'il ne puiffe fe faire ce jour-là; il ne feroit même plus tems d'attendre au lendemain. (V. *infrà*, page 90, art. 6.)

La ville de Lyon a un ufage particulier pour les Lettres de Change payables en l'un de fes quatre paiements, qui eft que les Lettres qui n'auront point été payées en tout ou en partie pendant le tems du paiement, & jufqu'au dernier jour du mois inclufivement, doivent être proteftées dans les trois jours fuivants non fériés, à compter du dernier jour des mois de chaque paiement; ce qui eft établi par l'article 9 du Réglement du 2 Juin 1667, dont la difpofition a été confervée par l'article 7 du préfent titre. (V. cet article 7, *infrà*, page 91, note 1.)

Les Lettres payables *en foire* doivent être payées ou proteftées au lieu & au tems de la foire, fans que les porteurs defdites Lettres de Change ou billets à ordre puiffent être obligés d'accorder dix jours d'échéance après le dernier jour de la franchife defdites foires; (Déclaration du Roi du 15 Janvier 1737, rendue pour les foires de Rheims) en forte que le Protêt d'une Lettre ou Billet payable en foire feroit nul s'il étoit fait le lendemain de l'expiration de la foire, ou s'il étoit fait ailleurs, même au domicile de celui qui devoit payer la Lettre de Change, ou qui avoit subi le Billet.

Les Lettres sur Lyon qui ne sont pas tirées *en paiement*, les Lettres sur l'Artois, la Flandre & la Franche-Comté, sont exigibles le jour même de l'échéance, & les dix jours de grâce ne sont qu'en faveur du porteur. (Ainsi jugé pour Lyon par un Arrêt du Parlement du 26 Janvier 1726.)

A Lille en Flandre, les Protêts doivent être faits dans les six jours après celui de l'échéance, pour les Lettres de Change valeur reçue en argent avec remise de place en place; & pour les Lettres valeur en marchandise, dans dix jours.

Dans les autres Royaumes, les délais qui s'observent à l'égard des Lettres de Change varient suivant les différentes Villes & Places de Commerce. Voici l'usage qui s'observe là-dessus dans les principales Villes de l'Europe (a).

1°. A Londres, l'usage est de faire le Protêt dans les trois jours après l'échéance, à peine de répondre de la négligence; & il faut observer que si le dernier des trois jours est férié, il faut faire le Protêt la veille.

2°. A Hambourg, il en est de même pour les Lettres de Change tirées de Paris & de Rouen; mais pour les Lettres de Change tirées de toutes les autres places, il y a dix jours, c'est-à-dire qu'il faut faire le Protêt le dixieme jour au plus tard.

3°. A Venise on ne peut payer les Lettres de

(a) Ceci est tiré du Traité de M. Dupuis de la Serra, qui a pour titre, *l'Art des Lettres de Change*, chapitre 14, page 4°. Ce Traité se trouve à la fin du premier tome du Parfait Négociant de Savary, édition de 1749.

Des Lettres, &c. Tit. V.   85

Change qu'en Banque, & le Protêt faute de paiement de ces Lettres doit être fait six jours après l'échéance ; mais il faut que la Banque soit ouverte, parceque quand la Banque est fermée, on ne peut contraindre l'accepteur à payer argent comptant, ni faire le Protêt. Ainsi lorsque les six jours arrivent, il faut attendre l'ouverture de la Banque pour demander les paiements & faire les Protêts, sans que le porteur puisse être réputé en fraude.

La Banque se ferme ordinairement quatre fois l'année pour 15 ou 20 jours, ce qui arrive vers le 20 Mars, le 20 Juin, le 20 Septembre & le 20 Décembre : outre cela elle est fermée dans le Carnaval pour 8 ou dix jours, & dans la semaine Sainte, quand elle n'est point à la fin de Mars.

4°. A Milan il n'y a pas de terme réglé pour protester faute de paiement ; mais la coutume est de différer peu de jours.

5°. A Bergame les Protêts faute de paiement se font dans les trois jours après l'échéance des Lettres de Change.

6°. A Rome on fait les Protêts faute de paiement dans les quinze jours après l'échéance.

7°. A Ancone les Protêts faute de paiement se font dans la huitaine après l'échéance.

8°. A Boulogne & à Livourne il n'y a rien de réglé à cet égard : on fait ordinairement les Protêts faute de paiement peu de jours après l'échéance.

9°. A Amsterdam les Protêts faute de paiement se font le cinquieme jour après l'échéance.

10°. A Nuremberg c'est la même chose qu'à Amsterdam.

11°. A Vienne en Autriche, la coutume est de faire les Protêts faute de paiement le troisieme jour après l'échéance.

12°. Dans les places qui font Foires d'échange, comme Noue, Francfort, Bolzan, & Lintz, les Protêts faute de paiement se font le dernier jour de la Foire.

13°. Il n'y a point de place où le délai de faire le Protêt des Lettres de Change soit si long qu'à Gênes, où il est de trente jours, suivant le Chapitre 14 du quatrieme livre de ses Statuts.

Le Protêt pour être valable doit être fait suivant l'usage du lieu où la Lettre de Change est payable, & non suivant l'usage du lieu d'où la Lettre a été tirée. Ainsi si une Lettre de Change est tirée de Londres, & payable à Paris, le Protêt faute de paiement ne peut être fait que suivant l'usage de Paris, & non suivant celui de Londres; & ainsi des autres.

Lorsqu'il arrive une augmentation ou diminution d'especes dans l'intervalle qui s'écoule entre le tems où la Lettre est tirée, & celui de son échéance, le paiement de la Lettre doit se faire en especes qui ont cours au jour que le paiement de cette Lettre est exigible; (Déclaration du 28 Novembre 1713,) & si le porteur de la Lettre néglige d'en faire la demande au débiteur dans le dixieme jour préfix après l'échéance, il peut être obligé ensuite d'en recevoir le paiement sur le pied que valoient les especes ce même dixieme jour; & réciproquement le débiteur de la Lettre ne peut obliger le porteur d'en recevoir le paiement avant ce même dixieme jour. La même regle s'observe à l'égard des paiements des Billets de Change, à ordre, ou au porteur, & aussi pour les Billets valeur en marchandise, avec cette différence seulement, que le délai de ces derniers Billets est de trente jours au lieu de dix jours, du moins dans les endroits où le paiement de ces Billets ne peut être exigé avant ce tems. (Déclarations du 28 Novembre 1713, & 20 Février 1714. V. ci deſſus, pages 81 & 82.)

7. *Après celui de l'échéance.*] La diſpoſition de cet article à l'égard des dix jours paroît contraire à celle de l'article 6 ci-après, en ce qu'il eſt dit dans cet article 4, *que les porteurs des Lettres aſceptées, &c. ſeront tenus de les faire proteſter dans les dix jours après l'échéance*; & que l'article 6 porte au contraire, que *dans les dix jours requis pour le tems du Protêt, doivent être compris celui de l'échéance & du Protêt*. Cette contrariété avoit même depuis l'Ordonnance du Commerce fait naître ſouvent des difficultés entre les Marchands & Banquiers, dans le tems des faillites ſurvenues de la part des accepteurs des Lettres, les uns voulant tirer avantage de la diſpoſition de l'article 4, & les autres de celle de l'article 6, ce qui troubloit entiérement le Commerce: mais par une Déclaration du 10 Mai 1686, le Roi a remédié à cet inconvénient, en ordonnant ″ que ″ l'article 4 du titre 5 de l'Ordonnance du ″ Commerce du mois de Mars 1673, feroit ″ obſervé ſelon ſa forme & teneur, ce faiſant que les dix jours accordés pour les Lettres & Billets de Change ne ſeront comptés ″ que du jour du lendemain de l'échéance des ″ Lettres & Billets, ſans que le jour de l'échéance y puiſſe être compris, mais ſeulement celui du Protêt, des Dimanches & ″ des Fêtes, même des ſolennelles, qui ſeront ″ compris; & ce nonobſtant toutes autres diſpo-″ ſitions & uſages, même l'article 6, du même titre 5, en ce qui ſeroit contraire, auquel ″ S. M. a dérogé & déroge par la préſente Déclaration. (V. le recueil, tom. 1, pag. 605.)

Il ſuit des diſpoſitions de cette Déclaration,

que si le dixieme & dernier jour de l'échéance est un jour de Fête, même solennelle, cela n'empêche pas qu'on ne puisse faire le Protêt ce jour-là.

Article V.

Les usances pour le payement des Lettres *seront de trente jours*, encore que les mois ayent plus ou moins de jours.

1. *Seront de trente jours.*] Ces trente jours se comptent depuis, & non compris le jour de la date de la Lettre, parce qu'elle n'est exigible que le lendemain de l'échéance. (V. ce qui a été dit sur l'article 1, en la note 2, pages 68 & 69.)

Il faut observer, que le terme de trente jours fixé par cet article pour les usances, n'a lieu que pour la France, & non pour les autres Royaumes. Il faut suivre pour ces derniers les différentes Coutumes qui y sont en usage pour le tems des usances, ces Royaumes n'étant point assujettis à nos loix.

Il en est de même des Villes réunies à la France depuis l'Ordonnance du Commerce, qui ont été conservées dans leurs anciens usages, comme à Lille, où l'usance est d'un mois & un jour.

Voici les différents usages qui s'observent à l'égard des usances dans les principales Villes de l'Europe (*a*).

1°. A Londres l'usance des Lettres de Change de France est d'un mois de la date; d'Espagne,

---

(*a*) Ceci est tiré du même Traité déjà cité, intitulé *L'Art des Lettres de Change*, par M. Dupuis de la Serra, chapitre 4.

Des Lettres, *&c.* Tit. V.   89

de deux mois ; de Venise, Gêne & Livourne, de trois mois.

2°. A Hambourg l'usance des Lettres de Change de France, d'Angleterre & de Venise est de deux mois de date ; d'Anvers & de Nuremberg, de quinze jours de vûe.

3°. A Venise l'usance des Lettres de Change de Ferrare, Boulogne, Florence, Lucques & Livourne, est de cinq jours de vûe : de Rome & Ancone, de dix jours de vûe : de Naples, Bary, le Cée, Gêne, Ausbourg, Vienne, Nuremberg, & San Gal, de quinze jours de vûe : de Mantoue, Modêne, Bergame & Milan, de vingt jours de date : d'Amsterdam, Anvers & Hambourg, de deux mois de date ; & de Londres, de trois mois de date.

4°. A Milan l'usance des Lettres de Change de Gênes est de huit jours de vûe ; de Rome, de dix jours de vûe ; & de Venise, de vingt jours de date.

5°. A Florence l'usance des Lettres de Change de Boulogne est de trois jours de vûe ; de Rome & d'Ancone, de dix jours de vûe ; de Venise & Naples, de vingt jours de date.

6°. A Bergame l'usance des Lettres de Change de Venise est de vingt-quatre jours de date.

7°. A Rome l'usance des Lettres de Change d'Italie étoit de dix jours ; mais par abus on l'a étendue à quinze jours de vûe.

8°. A Ancone l'usance est de quinze jours de vûe.

9°. A Boulogne l'usance est de huit jours de vûe.

10°. A Livourne l'usance des Lettres de Change de Gênes est de huit jours de vûe ; de Rome, de dix jours de vûe ; de Naples, de trois semaines de vûe ; de Venise, de vingt jours de date ;

de Londres, de trois mois de date; d'Amsterdam, de quarante jours de date.

11°. A Amsterdam l'ufance des Lettres de Change de France & d'Angleterre eft d'un mois de date; de Venife, Madrid, Cadix & Séville, de deux mois de date.

12°. A Nuremberg l'ufance de toutes les Lettres de Change eft de quinze jours de vûe.

13°. A Vienne en Autriche de même.

14°. A Gênes l'ufance des Lettres de Change de Milan, Florence, Livourne & Lucques, eft de huit jours de vûe : de Venife, Rome & Boulogne, de quinze jours de vûe; de Naples, de vingt-deux jours de vûe; de Sardaigne, d'un mois de vûe; d'Anvers & d'Amfterdam & autres places des Pays-Bas, de trois mois de date.

15°. L'ufance en Efpagne eft de foixante jours.

Le tems prefcrit pour l'ufance fe régle fuivant l'ufage du lieu où la Lettre de Change eft payable, & non fuivant l'ufage de l'endroit d'où la Lettre eft tirée. (V. Savari, Parfait Négociant, partie 1, liv. 3, chap. 5, page 150, de l'édition de 1749.)

Article VI.

Dans les dix jours acquis pour le temps du Proteft, *feront compris ceux de l'échéance* (1) *& du Proteft, des Dimanches, & des Feftes, même des folennelles.*

1. *Seront compris ceux de l'échéance.*] V. ce qui a été dit ci-deffus, art. 4, note 7, page 87, pour expliquer la contradiction qui fe trouve en cet article 6, & le même article 4.

Article VII.

N'entendons rien innover *à noſtre Réglement du ſecond jour de Juin mil ſix cens ſoixante-ſept pour les acceptations* (1), les payements & autres diſpoſitions concernant le Commerce dans noſtre Ville de Lyon.

1. *A notre Réglement du ſecond jour de Juin 1667, pour les acceptations, &c.*] Ce Réglement a été homologué par Arrêt du Conſeil du 7 Juillet 1667, & depuis enregiſtré au Parlement le 18 Mai 1668. Comme les diſpoſitions de ce Réglement ſont importantes, on a cru devoir le rapporter ici en entier.

L'article 1 de ce Réglement porte " que
" l'ouverture de chaque paiement ſe fera le
" premier jour non férié du mois de chacun
" des quatre paiements de l'année, ſur les
" deux heures de relevée, par une aſſemblée
" des principaux Négociants de ladite place,
" tant François qu'Etrangers, en préſence du
" Prévôt des Marchands, ou en ſon abſence,
" du plus ancien Echevin, qui ſeront priés de
" s'y trouver; en laquelle aſſemblée commen-
" ceront les acceptations des Lettres de Change
" payables en icelui, & continueront inceſ-
" ſamment, à meſure que leſdites Lettres ſe-
" ront préſentées, juſqu'au ſixieme jour inclu-
" ſivement, après lequel & icelui paſſé, les
" porteurs deſdites Lettres pourront faire pro-
" teſter, faute d'acceptation, pendant le cou-
" rant du mois, & enſuite les envoyer pour
" en tirer le rembourſement, avec les frais, du
" tireur.

Article 2 : " Que pour faire le compte &
" établir le prix des Changes de ladite place
" de Lyon avec les Etrangers, il sera fait pa-
" reille assemblée le troisieme jour de chacun
" desdits mois non férié, aussi en présence du
" Prévôt des Marchands, ou du plus ancien
" Echevin.

Article 3 : " Que les acceptations desdites
" Lettres de Change se feront par écrit, da-
" tées & signées par ceux sur qui elles au-
" ront été tirées, ou par personnes duement
" fondées de procuration, dont la minute de-
" meurera chez le Notaire. Et que toutes celles
" qui feront faites par facteurs, commis &
" autres non fondés de procuration, feront
" nulles, & de nul effet contre celui fur qui
" elles auront été tirées, sauf le recours con-
" tre l'acceptant.

Article 4 : " Que l'entrée & ouverture du
" Bilan & virement des parties commencera
" le sixieme de chaque mois desdits quatre
" paiements, non férié, & continuera jusqu'au
" dernier jour desdits mois inclusivement,
" après lequel & icelui passé il ne sera fait au-
" cun virement, ni écriture, à peine de nul-
" lité.

Article 5 : " Que l'on entrera pendant lesdits
" quatre paiements en la loge du Change, le
" matin a dix heures, pour en sortir précisé-
" ment à onze heures & demie, passé laquelle
" heure ne se feront aucunes écritures, ni vire-
" ment de parties ; & que pour avertir de ladite
" heure, on sonnera une cloche.

Article 6 : " Que ceux qui en leurs achats
" de marchandises auront réservé la faculté
" de faire escompte, si bon leur semble, se-
" ront tenus de l'offrir dès le sixieme jour du
" mois de chacun desdits paiements, après

» lequel & icelui paſſé, ils ne ſeront plus
» reçus.

Article 7 : » Que toutes parties virées ſeront
» écrites ſur le bilan par les propriétaires, ou
» par leurs facteurs ou Agents qui en ſeront les
» porteurs, ſans qu'ils puiſſent être déſavoués
» par leſdits propriétaires ; & que leſdites écri-
» tures ſeront auſſi bonnes & valables, que ſi
» elles avoient été par eux-mêmes écrites &
» virées.

Article 8 : » Que tous virements de parties
» ſeront faits en préſence de tous ceux qu'on
» fait entrer, ou des porteurs de leurs Bilans,
» à peine d'en répondre par ceux qui auront
» fait écrire pour les abſents, & ce ſur les Bi-
» lans, & non en feuilles volantes : & qu'à l'é-
» gard des autres perſonnes de la Ville qui
» ne portent point de Bilan, ils donneront
» leurs ordres à leurs débiteurs par billets, qui
» leur ſerviront de décharge du paiement qu'ils
» feront des parties au deſir de leurs créanciers ;
» & que pour ceux de dehors pour leſquels les
» Courtiers diſpoſent les parties, ils donneront
» auſdits Courtiers pouvoir ſuffiſant, qui ſera
» remis chez un Notaire pour la ſûreté de ceux
» qui paieront, & pour y avoir recours en cas
» de beſoin.

Article 9 : » Que les Lettres de Change ac-
» ceptées, payables en paiement, qui n'auront
» été payées du tout ou en partie pendant icelui
» & juſqu'au dernier jour du mois incluſive-
» ment, ſeront proteſtées dans les trois jours
» ſuivants non fériés, ſans préjudice de l'ac-
» ceptation, & leſdites lettres, enſemble les
» Protêts envoyés dans un tems ſuffiſant pour
» pouvoir être ſignifiés à tous ceux, & par
» qui il appartiendra : ſavoir pour toutes les
» lettres qui auront été tirées au-dedans du

» Royaume, dans deux mois ; pour celles qui
» auront été tirées d'Italie, Suisse, Allema-
» gne, Hollande, Flandre & Angleterre, dans
« trois mois ; & pour celles d'Espagne, Por-
» tugal, Pologne, Suede & Danemarck, dans
» six mois du jour & date des Protêts, le tout
» à peine d'en répondre par le porteur desdites
» lettres.

Article 10 : » Que toute Lettre de Change
» payable esdits paiements sera censée payée,
» savoir à l'égard des domiciliés porteurs de
» Bilan sur la place du Change de ladite Ville,
» dans un an, & pour les autres dans trois ans
» après l'échéance d'icelles ; & que le paiement
» n'en pourra être répété contre l'acceptant,
» si l'on ne justifie de diligences valables con-
» tre lui faites dans ledit tems.

Article 11 : » Que si les Etrangers remettent
» en comptant ou en Lettres de Change après
» le dernier jour du mois, on ne sera pas obli-
» gé de les recevoir en l'acquittement de leurs
» traites faites durant ledit paiement.

Article 12 : » Que lorsqu'il arrivera une fail-
» lite dans ladite Ville, les Créanciers du failli
» qui se trouveront être de certaines Provin-
» ces du Royaume ou des pays Etrangers,
» dans lesquels sous prétexte de saisie & trans-
» port, & en vertu de leurs prétendus pri-
» vileges & coutumes, ils s'attribuent une
» préférence sur les effets de leurs Débiteurs
» faillis, préjudiciable aux autres Créanciers ab-
» sents & éloignés, ils y seront traités de la
» même maniere, & n'entreront en réparte-
» ment des effets dudit failli, qu'après que
» les autres auront été entièrement satisfaits,
» sans que cette pratique puisse avoir lieu pour
» les autres Regnicoles, ou Etrangers, lesquels
» étant reconnus pour légitimes Créanciers, se-

» ront admis au répartement de bonne foi & avec
» équité, suivant l'usage ordinaire de ladite
» Ville & de la Jurisdiction de la Conservation
» du privilege de ses foires.

Article 13 : » Que toutes cessions & transports
» sur les effets des faillis seront nuls, s'ils ne
» sont faits dix jours au moins avant la faillite
» publiquement connue. Que néanmoins ne se-
» ront compris en cet article les virements de
» parties faites en Bilan, lesquels seront bons
» & valables, tant que le failli ou son facteur
» portera son Bilan.

Article 14 : » Que les Teinturiers & autres
» Manufacturiers n'auront privilege pour les
» dettes sur les effets & biens des faillis que
» des deux dernieres années, & que pour le sur-
» plus ils entreront dans la distribution qui en
» sera faite au sol la livre avec les autres
» Créanciers.

Article 15 : » Que s'il arrive qu'un mandataire
» de diverses Lettres de Change acceptées,
» aussi Créancier de l'acceptant, ne reçoive
» qu'une partie de la somme totale, & fasse
» dans le tems dû le Protêt du surplus, la
» compensation légitime de sa dette étant fai-
» te, il sera obligé de répartir le restant à tous
» ceux qui lui auront fait lesdites remises, au
» sol la livre, & à proportion de la somme
» dont un chacun des remettans sera Créan-
» cier.

Article 16 : » Que tous ceux qui seront por-
» teurs de procuration générale pour recevoir
» le paiement des promesses & Lettres de Chan-
» ge, remettront les Originaux de leur procura-
» tion ès mains d'un Notaire ; & que lesdits
» porteurs de procuration seront obligés d'en
» fournir des expéditions à leurs frais à ceux
» qui paieront les susdites Lettres.

Article 17 : » Que toute procuration pour re-
» cevoir paiement des Lettres de Change, pro-
» messes, obligations & autres dettes n'aura plus
» de force passé une année, si ce n'est que le
» tems qu'elle devra durer soit précisément ex-
» primé, auquel cas elle servira pour tout le
» tems qui sera énoncé en icelle, s'il n'apparoît
» d'une révocation.

Article 18 : » Que les faillis & banquerou-
» tiers ne pourront entrer en la loge du Chan-
» ge, ni écrire & virer parties, si ce n'est après
» qu'ils auront entiérement payé leurs Créan-
» ciers & qu'ils en auront fait apparoir : Et que
» pour donner moyen auxdits faillis de payer
» leurs Créanciers des effets qu'ils auront à re-
» cevoir, ils le pourront faire par transports,
» procurations ou ordres à telles personnes
» qu'ils aviseront, lesquels paieront à leur ac-
» quit ce qu'ils ordonneront, & seront nom-
» més pour eux aux parties qui seront passées
» en écritures.

Article 19 : » Que les Courtiers ou Agents de
» Banque & marchandises de ladite Ville seront
» nommés par lesdits Prévôts des Marchands &
» Echevins, entre les mains desquels ils prête-
» ront le serment de la maniere accoutumée, en
» justifiant par attestation des principaux Né-
» gociants en bonne & due forme de leurs vie
» & mœurs, & capacité au fait & exercice de
» ladite charge; & que lesdits Courtiers seront
» réduits à un certain nombre, & tel qu'il sera
» jugé convenable par lesdits Sieurs Prévôts des
» Marchands & Echevins, sur l'avis desdits Né-
» gociants.

Article 20 : » Que tous Banquiers, porteurs
» de Bilan & Marchands en gros, négociants
» sous le privilege des foires de Lyon, seront
» obligés de tenir leurs livres de raison en

bonne

» bonne & due forme, & tous Marchands Bou-
» tiquiers & vendants en détail, des livres jour-
» naux ; autrément qu'en cas de déroute ils fe-
» ront déclarés banqueroutiers frauduleux, &
» comme tels condamnés aux peines qu'ils de-
» vront encourir en ladite qualité.

Article 21 : » Que très-expreſſes inhibitions
» & défenſes ſeront faites à toutes perſonnes
» de quelque qualité & condition qu'elles
» ſoient, de contrevenir à ce que deſſus, di-
» rectement ou indirectement, à peine de
» trois mille livres d'amende contre chaque
» contrevenant, applicable, ſavoir le quart à
» l'Hôtel-Dieu du Pont du Rhône, le quart à
» l'aumône générale, le quart au dénonciateur,
» & le quart à la réparation de la loge des Chan-
» ges ; pour le paiement de laquelle ils ſeront
» contraints par corps, ſaiſie & vente de leurs
» biens : Et que pour plus exacte obſervation des
» préſentes, il ſera permis à l'un des contreve-
» nants de dénoncer les autres contrevenants
» avec lui, auquel cas il ſera déchargé pour
» la premiere fois de payer ladite peine, &
» aura ſon droit de dénonciation ; & qu'afin
» que perſonne n'en puiſſe ignorer, ſeront les
» préſentes lues & publiées à ſon de trompe &
» cri public, & affichées au-devant de l'Hô-
» tel-de-Ville, en la Place des Changes &
» autres lieux accoutumés, & paſſé outre pour
» le tout, nonobſtant oppoſitions ou appel-
» lations quelconques, & ſans préjudice d'i-
» celles.

Article VIII.

Les Proteſts ne pourront eſtre faits *que par deux Notaires* (1) *ou un Notai-re & deux témoins, ou par un Huiſſier*

E

ou Sergent (2), même de la Justice Consulaire, *avec deux Recors* (3); & contiendront le nom & le domicile des Témoins, *ou Recors* (4).

1. *Que par deux Notaires, &c.*] Les Notaires font rarement ces fortes de Protêts, parceque leurs vacations coûtent plus que celles des Huissiers ou Sergents.

2. *Ou par un Huissier ou Sergent.*] Il n'importe que ce soit un Huissier ou Sergent Royal, ou un Sergent de Justice de Seigneur, pourvu qu'il n'exploite pas hors son ressort.

3. *Avec deux Records.*] Cette formalité des Records pour les Protêts n'est plus aujourd'hui nécessaire depuis l'Edit du mois d'Août 1669, portant établissement du contrôle des exploits. Il n'y a que les exploits de saisies féodales, réelles, criées & appositions d'affiches, qui aient été assujettis comme par le passé à cette formalité, suivant une Déclaration du 21 Mars 1671. (V. au recueil, tom. 1, pag. 277.)

4. *Sur la fin de l'Article.*] Outre les formalités établies par cet article & par le suivant, il faut encore que l'acte de Protêt soit contrôlé, même dans le cas où il a été fait par des Notaires. (Déclaration des 21 Mars 1671, 23 Février 1677, & 23 Avril 1712.)

ARTICLE IX.

Dans l'acte de Protest les Lettres de Change seront transcrites *avec les ordres* (1) *& les réponses* (2), s'il y en a, *& la copie du tout signé* (3) *sera laissée à la partie* (4), à peine de faux, & des dommages & intérests.

1. *Avec les ordres.*] S'il y a quelques signatures au dos de la lettre sans ordre passé, l'Huissier en doit faire mention, afin que celui sur qui la Lettre est tirée, & qui refuse de la payer, puisse justifier son refus au moyen de ce que cette signature ne servant que d'endossement, & non d'ordre, (comme il est dit ci-après, art. 33,) il ne peut payer valablement.

2. *Et les réponses.*] Afin que le tireur ou ceux qui le représentent aient connoissance des raisons qui auront été alléguées par celui qui a refusé d'accepter, ou de payer la Lettre, & qu'ils puissent en conséquence prendre les mesures nécessaires.

3. *Et la copie du tout signé.*] C'est-à-dire, signée du porteur de la Lettre, ou de son fondé de procuration.

4. *Sera laissée à la partie.*] Afin que cette partie ait connoissance de tout ce qui s'est passé lors du Protêt, & qu'elle sache si elle peut payer avec sûreté ou non.

ARTICLE X.

Le Protest ne pourra estre suppléé *par aucun autre acte* (1).

1. *Par aucun autre acte.*] Ainsi une sommation qui seroit faite à celui sur qui la Lettre est tirée, ne seroit pas suffisante pour opérer un recours de garantie contre le tireur & les endosseurs ; il faut nécessairement sur le refus d'accepter ou de payer la Lettre, protester de tous dépens, dommages & intérêts.

Il n'est pas inutile d'observer que celui qui fait protester, même par Notaires, une Lettre de Change faute de paiement, n'acquiert par-

là aucune hypotheque sur les biens de celui sur qui la Lettre est tirée, ni sur ceux des tireurs & des endosseurs ; cela est établi expressément par une Déclaration du Roi, du 2 Janvier 1717. (V. le recueil, tome 3, page 63.) Cette Déclaration ordonne « qu'aucuns porteurs de Bil-
» lets ou Lettres de Change ne pourront à l'a-
» venir & en aucuns cas prétendre avoir ac-
» quis par le Protêt signifié, ou dénoncé, tant
» par des Huissiers & Sergents, que par des
» Notaires, une hypotheque sur les biens des
» tireurs & endosseurs, & des particuliers sur
» qui les Billets ou Lettres de Change ont
» été tirés. Sa Majesté fait entendre dans le préambule de cette Ordonnance, qu'elle ne fait en cela que se conformer aux articles 92 & 93 de l'Ordonnance de 1539, qui ne donnent hypotheque aux écritures privées que du jour de la reconnoissance ou dénégation en jugement, ainsi qu'aux articles 12 & 21 du présent titre, dont le premier ne permet de saisir après le Protêt qu'en vertu d'une permission du Juge, dont le ministere ne seroit pas nécessaire, si le Protêt équipolloit à un contrat ou avoit une exécution parée, & l'autre porte qu'une Lettre de Change, quoique protestée, est prescrite par une discontinuation de poursuites pendant cinq années, qui ne sont pas suffisantes pour éteindre une action hypothécaire.

Cette même Déclaration fait encore un autre changement considérable, & établit un nouveau réglement à l'égard des Billets & promesses subies pour fait de commerce & marchandises, que les porteurs, ou ceux au profit de qui ils sont consentis, font reconnoître avant leur échéance. Elle porte « que toutes per-
» sonnes qui auront obtenu précédemment,

» ou obtiendront ci-après des Sentences, Juge-
» ments, ou Arrêts, sur l'exploit d'assignation
» donné avant l'échéance des Billets ou Let-
» tres de Change ; & de toute autre sorte de
» Billets, promesses de Marchands, Négo-
» ciants, Banquiers, & autres particuliers fai-
» sant trafic & commerce de denrées & mar-
» chandises, ne pourront prétendre avoir ac-
» quis, ni acquérir en vertu desdites Senten-
» ces, Jugements ou Arrêts, aucune hypothe-
» que sur les biens & effets, tant des débi-
» teurs, que des endosseurs ; comme aussi
» qu'aucune hypotheque n'a pû, ni ne pourra
» être à l'avenir valablement acquise par aucun
» acte de reconnoissance fait pardevant Notai-
» res ou autrement, en quelque forme que ce
» soit, desdits Billets, Lettres & promesses,
» avant l'expiration du terme auquel le paie-
» ment en doit être fait ; & que ceux qui au-
» ront obtenu lesdites Sentences, Jugements,
» ou Arrêts, ou Actes de reconnoissances, ne
» pourront être employés que comme créan-
» ciers chirographaires dans les ordres ou ins-
» tances de préférence & distribution de deniers,
» sauf à eux, après l'échéance, d'user des voies
» prescrites par les Ordonnances pour acqué-
» rir une hypotheque sur les biens & effets
» des débiteurs ou endosseurs.

Article XI.

Après le Protest *celui qui aura accepté* (1) la Lettre, *pourra estre poursuivi*
(2) à la requeste *de celui qui en sera le
porteur* (3)

1. *Celui qui aura accepté.*] Car celui qui a ac-

cepté une Lettre tirée sur lui, devient par son acceptation débiteur de celui au profit de qui elle est tirée, ou de ceux qui le représentent, & ausquels les ordres sont passés. (*Suprà*, page 60, note 5.)

A l'égard de celui qui n'a point accepté, il ne peut être poursuivi, parce qu'avant l'acceptation, une Lettre de Change n'oblige point celui sur lequel elle est tirée. (Ci-dessus aux notes, page 62, n. 4.)

2. *Pourra être poursuivi.*] C'est-à-dire, poursuivi par assignation en justice pour obtenir contre lui une Sentence, & le faire contraindre; c'est le sens de cet article: le tout sans préjudice de la saisie dont il est parlé dans l'article suivant.

Il n'est pas nécessaire que cette poursuite soit faite dans la quinzaine, comme à l'égard des tireurs & endosseurs; (V. *infrà*, art. 13, n. 1, pag. 105) il suffit qu'elle se fasse dans les cinq ans. (V. *ibid.* & art. 21, page 115.)

3. *De celui qui en sera porteur.*] Si le porteur de la Lettre n'en est pas propriétaire, & qu'elle lui ait été remise pour le compte d'autrui, il ne peut par lui-même faire aucune poursuite, à moins qu'il n'ait procuration à cet effet; & il doit renvoyer cette Lettre à son auteur, sauf à répéter contre lui les frais du Protêt.

Article XII.

Les porteurs *pourront aussi* (1) *par la permission du Juge* (2) *saisir les effets* (3) de ceux *qui auront tiré ou endossé* (4) les Lettres, encore qu'elles ayent esté acceptées; mesme les effets de ceux sur

Des Lettres, &c. Tit. V.   103
lesquels elles auront esté tirées, *en cas qu'ils les ayent acceptées* (5).

1. *Pourront aussi.*] Après le protêt, & faute de paiement.
Lorsque le porteur de la Lettre a négligé de faire les diligences nécessaires contre celui sur qui elle est tirée, ou qu'il lui accorde quelque délai, il perd tout le recours qu'il avoit contre les tireurs & endosseurs, en cas de faillite de l'accepteur survenue depuis le tems que la Lettre étoit exigible. C'est une suite de la disposition portée en l'art. 4. ci-dessus.

2. *Par la permission du Juge.*] Obtenue sur une simple requête présentée à cet effet, sans autre formalité, c'est à dire sans assignation précédente, & sans qu'il soit besoin d'obtenir une Sentence de condamnation.

3. *Saisir les effets, &c.*] Sans préjudice de la poursuite que les porteurs peuvent faire après le protêt contre les tireurs & endosseurs, pour les faire condamner par corps à payer le montant de la Lettre, ensemble les dommages & intérêts.

Au reste quoique l'esprit de l'Ordonnance soit de favoriser les porteurs des Lettres de Change, afin que ceux-ci ayent leur sûreté pendant le cours des procès qui pourroient survenir, néanmoins cela n'empêche pas les tireurs & endosseurs, ainsi que l'accepteur, de pouvoir exercer sur l'instance de saisie tous les droits qu'ils peuvent avoir contre le saisissant, & de former contre lui leurs demandes incidentes, s'il y a lieu, pour voir déclarer la saisie nulle, soit comme étant créanciers de lui au lieu d'être ses débiteurs, ou autrement, & pour avoir main levée de la saisie avec dépens, si ce saisissant conteste mal-à-propos.

E iv

Il faut cependant obſerver que les droits de l'accepteur & autres qui s'oppoſent à ces ſaiſies, doivent être liquides ; autrement le porteur qui a ainſi ſaiſi doit obtenir la condamnation par proviſion à ſon profit, en donnant caution.

4. *Qui ont tiré ou endoſſé.*] Le porteur d'une Lettre proteſtée peut exercer ſes droits ; our être rembourſé, tant du principal que des dommages & intérêts, contre tous ceux qui ſont compris dans la Lettre de Change, ſoit pour l'avoir acceptée, ſoit pour y avoir mis des ordres, ou leur aval, ſoit pour l'avoir tirée ; parce qu'il a autant de débiteurs, & même de débiteurs ſolidaires, que de perſonnes engagées. (V. *infrà*, article 33, avec les notes.) Celui qui a tiré la lettre, eſt le principal obligé ; ceux qui ont mis ſucceſſivement leurs ordres, ſont auſſi obligés ſolidairement. Il en eſt de même de celui qui a accepté ; il eſt pareillement devenu débiteur par ſon acceptation, & ſujet comme les autres a la pourſuite du porteur qui a le dernier ordre & à qui la valeur de la dette eſt dûe. Toutes ces actions ne préjudicient point les unes aux autres.

5. *En cas qu'ils les ayent acceptées.*] Soit qu'ils fuſſent débiteurs ou non de celui qui a tiré la Lettre.

Lorſque celui ſur qui une Lettre de Change eſt tirée, refuſe de l'accepter pour la payer au tems de ſon échéance, & qu'elle eſt proteſtée faute d'acceptation, le porteur de la Lettre peut retourner ſur le tireur, non pour lui faire rendre la ſomme portée en la Lettre, parce qu'on ne peut l'obliger à cette reſtitution, que lorſque le Proteſt a été fait faute de paiement, mais ſeulement pour lui faire donner caution, qu'en cas qu'à l'échéance de la Lettre celui ſur qui elle est tirée ne paye pas, il en rendra & restituera le montant, avec les changes & rechanges, & frais de Protêts : car il ne seroit pas juste que le tireur eût touché l'argent de celui à qui la Lettre a été fournie, & que ce dernier, ou ceux qui le représentent, risquassent pendant le tems du délai porté par la Lettre, qui souvent est de plusieurs mois.

Article XIII.

Ceux qui auront tiré ou endossé (1) *les Lettres seront poursuivis* (2) *en garantie dans la quinzaine* (3), s'ils sont domiciliés dans la distance de dix lieues & au-delà, *à raison d'un jour pour cinq lieues* (4) sans distinction du ressort des Parlements; sçavoir pour les personnes domiciliées dans nostre Royaume : Et hors icelui les délais seront de deux mois pour les personnes domiciliées en Angleterre, Flandre, ou Hollande; de trois mois pour l'Italie, l'Allemagne & les Cantons Suisses; de quatre mois pour l'Espagne; de six pour le Portugal, la Suéde & le Dannemarc.

1. *Ceux qui ont tiré ou endossé.*] Cet article ne concerne pas ceux qui ont accepté des Lettres de Change : car ils peuvent être poursuivis non-seulement dans la quinzaine, mais encore dans les cinq ans. (V. *infrà*, art. 21, avec les notes, page 115.)

2. *Seront poursuivis.*] Tant par action directe, que sur la saisie, si le porteur de la Let-

tre a fait faisir les effets des tireurs & endoſ-
feurs.

3. *Dans la quinzaine*] Cette difpofition eſt
fagement établie, pour prévenir les abus qui
fe commettoient auparavant par les porteurs
des Lettres, qui fe contentoient feulement de
les faire proteſter dans les dix jours, & enfuite
les gardoient long-tems fans faire aucune demande aux tireurs & endoſſeurs, foit pour fa-
vorifer ceux fur qui les Lettres étoient tirées,
ou pour tirer des intérêts de ceux qui les avoient
acceptées ; & lorfqu'ils n'en pouvoient plus
tirer de ces derniers, foit par leur mort, foit
par leur infolvabilité, ils revenoient enfuite
contre les tireurs & endoſſeurs ; ce qui cauſoit
fouvent de grands défordres dans le commerce,
à quoi cet article a remédié.

Lorfque le porteur de la Lettre néglige de
faire cette pourfuite dans la quinzaine, il eſt
exclus de fon recours en garantie. (V. l'article
15, page fuivante.)

Au reſte il faut obferver que le délai de quinzaine, ou autre, accordé par cet article, eſt
non feulement en faveur du porteur de la Lettre, mais auſſi en faveur de chacun des endoſ-
feurs, pour pouvoir dès l'inſtant qu'un des endoſſeurs eſt pourfuivi, exercer fon recours contre ceux qui le précedent ; enforte que fi, par
exemple, le troifieme en ordre eſt pourfuivi en
garantie par le porteur de la lettre, ce troifieme endoſſeur aura auſſi un délai de quinzaine, ou autre délai accordé par cet article, pour
pouvoir agir en recours contre le tireur & les
précédents endoſſeurs ; & de même le fecond
endoſſeur ainfi mis en caufe aura auſſi un autre
délai de quinzaine, à compter du jour qu'il a
été pourfuivi, pour agir contre le tireur & le
premier endoſſeur ; & ainfi des autres. (V. l'ar-

ticle 15, du tit. 8, de l'Ordonnance de 1667.)

4. *A raison d'un jour pour cinq lieues.*] A la différence de ce qui se pratique pour les délais des garanties établis par l'Ordonnance de 1667, qui sont à raison d'un jour pour dix lieues. (V. l'Ordonnance de 1667, titre 8, article 2.)

Article XIV.

Les délais ci dessus seront comptez *du lendemain des Protests jusques au jour de l'action en garantie inclusivement* (1) sans distinction de Dimanches & jours de Fêtes.

1. *Du lendemain des Protêts jusqu'au jour de l'action en garantie inclusivement.*] C'est-à-dire que si le Protêt, a été fait, v. g. le dix Avril, il faudra que le porteur fasse poser l'exploit de demande en garantie au plus tard le 25 du même mois, lorsque le garant est domicilié dans la distance de dix lieues, & s'il demeûre dans la distance de quinze lieues, il faudra que l'exploit soit posé au plus tard le 26 Avril, & ainsi des autres.

Article XV.

Après les délais cy dessus les porteurs des Lettres *seront non recevables* (1), dans leur action en garantie, & toute autre demande contre les tireurs & endosseurs.

1. *Seront non-recevables, &c.*] Ainsi jugé par Arrêt du 28 Juillet 1711, confirmatif d'une Sentence rendue au Châtelet de Paris le 31 Août 1708.

E vj

Voyez une exception à cette regle en l'article suivant.

Article XVI.

Les tireurs ou endosseurs (1) *des Lettres seront tenus de prouver* (2) *en cas de dénégation, que ceux sur qui elles estoient tirées, leur estoient redevables, ou avoient provision* (3) *au temps qu'elles ont deu estre protestées; sinon ils seront tenus de les garantir* (4).

1. *Les tireurs ou endosseurs.*] Cet article sert d'exception au précédent.

2. *Seront tenus de prouver.*] Cette obligation de prouver est remplie de justice. Il peut arriver qu'une personne tire une Lettre de Change sur un autre qui ne lui doit rien, & qui n'a aucun fonds appartenant à ce tireur pour acquitter la lettre; ainsi le porteur de cette Lettre qui a négligé de la faire protester dans le délai requis, eût fait inutilement ses diligences, puisque celui sur qui cette lettre a été tirée n'auroit vraisemblablement ni accepté ni payé. D'ailleurs, lorsque le tireur n'est pas Créancier de celui sur qui il tire, ou qu'il ne lui a point envoyé de provision, il se trouve dans le cas de celui qui cede une dette active ou une créance qui n'existe point, & par conséquent dont il ne peut résulter aucune action qui puisse imposer au porteur la nécessité de faire aucunes diligences, le cessionnaire n'ayant pas plus de droit que le cédant.

La preuve ici requise par l'Ordonnance est aisée à faire entre Marchands & Banquiers, par le moyen des livres qu'ils sont obligés de tenir. Si la contestation est entre d'autres perfonnes, on s'en rapporte à la Déclaration ou affirmation de celui fur qui la lettre eſt tirée.

3. *Ou avoient provision.*) C'eſt-à-dire, avoient des fonds appartenans au tireur.

4. *Sinon ils feront tenus de les garantir.*] Ainſi jugé par Arrêt de la Cour du 22 Juin 1707. rendu fur l'appel d'une Sentence du Conſulat de Paris du 20 Novembre 1705.

La raiſon de cette diſpoſition eſt, qu'un tireur eſt garant de ſes faits & promeſſes, c'eſt-à-dire qu'il lui eſt dû par celui fur qui il tire, ou qu'il lui a remis proviſion à cet effet avant ou au tems de l'échéance, pour acquitter la lettre par lui tirée; autrement il arriveroit que le porteur d'une Lettre de Change qui auroit négligé de la faire proteſter, quoiqu'inutilement, perdroit dans le cas de faillite ou d'inſolvabilité de celui fur qui la lettre eſt tirée, la ſomme qu'il auroit effectivement payée au tireur, ſoit par lui, ſoit par ceux qu'il repréſente, & aux droits de qui il eſt, & que le tireur ſans avoir rien payé profiteroit de cette ſomme; ce qui ſeroit injuſte.

ARTICLE XVII.

Si depuis le temps réglé pour le Proteſt les tireurs ou endoſſeurs ont receu la valeur en argent ou marchandiſes, par compte, compenſation, ou autrement, *ils feront auſſi tenus de la garantie* (1).

1. *Ils feront auſſi tenus de la garantie.*] Parce qu'au moyen de cette valeur ainſi payée en marchandiſes ou autrement, le tireur ou endoſſeur qui l'a reçue devient débiteur de celui

sur qui la lettre est tirée, & par conséquent il doit la garantir envers celui qui en est porteur, & qui lui a payé la valeur de cette Lettre, soit par lui-même, soit par ceux qu'il représente, & aux droits de qui il est.

Article XVIII.

La Lettre payable à un particulier, & *non au porteur* (1), ou à ordre, *estant adhirée* (1), *le payement en pourra estre poursuivi* (3) & fait *en vertu d'une seconde Lettre* (4) *sans donner caution* (5), & faisant mention que c'est une seconde Lettre, & que la premiere ou autre précédente demeurera nulle.

1. *Et non au porteur.*] C'est-à-dire, & qui n'est payable ni au porteur, ni à ordre. (V. la note 1 sur l'article 19 ci après, page 112.)

2. *Etant adhirée.*] C'est-à-dire, égarée ou perdu.

3. *Le paiement en pourra être poursuivi.*] Sans qu'il soit besoin de prendre à cet effet une permission de justice; ce qui résulte de la comparaison de cet article avec l'article 19.

4 *En vertu d'une seconde lettre.*] La précaution de prendre deux Lettres de Change pour une même somme, a lieu dans plusieurs occasions; ce qui arrive principalement lorsqu'on tire des lettres sur un pays Etranger. Cet usage a été établi pour empêcher & prévenir l'inconvénient de la perte de la lettre, & que le paiement n'en soit point différé. Ces deux lettres n'étant, à proprement parler, que des copies l'une de l'autre, doivent être toutes sem-

blables, de même somme, de même date, &c. à la réserve que l'une est qualifiée de *premiere*, & l'autre de *seconde*. Lorsqu'une de ces lettres a été acquittée, l'autre n'a plus de force & ne peut produire aucun effet.

5. *Sans donner caution.*] Parce qu'une Lettre de Change qui n'est point payable à ordre, ou au porteur, mais seulement à un particulier, n'a point de suite, & que nulle autre personne entre les mains de qui cette lettre viendroit à tomber, ne peut s'en servir qu'en vertu d'un transport que lui en auroit fait celui au profit de qui elle est tirée. Ainsi il n'est pas nécessaire dans ce cas de donner caution pour recevoir la somme en vertu d'une seconde lettre, parce que si après l'acquittement de cette seconde lettre il venoit une personne avec la premiere Lettre de Change, même avec un transport de celui à qui elle appartenoit, elle n'en seroit pas plus avancée, ce transport ne lui donnant pas plus de droit qu'en avoit son cédant, suivant cette maxime de Droit, que *Nemo plus juris potest ad alium transferre quàm ipse habet.* (*L. 54. ff. de Regulis Juris.*) C'est pourquoi celui qui auroit payé sur la seconde lettre, seroit déchargé de payer la premiere, en rapportant cette seconde lettre quittancée de celui à qui elle étoit payable.

Article XIX.

Au cas que la Lettre adhirée soit payable *au porteur* (1), *ou à ordre* (2), *le payement n'en sera fait* (3) *que par ordonnance du Juge* (4), *& en baillant caution de garantir* (5) le payement qui en sera fait.

1. *Au porteur.*] C'eſt-à-dire payable à toute perſonne qui préſentera la lettre, ſans qu'il ſoit néceſſaire qu'elle ait été paſſée à l'ordre du porteur, ni qu'il ait aucune procuration à cet effet.

Par un Edit du mois de Mai 1716, portant établiſſement d'une banque générale dans le Royaume, les Lettres de Change & billets payables au porteur avoient été ſupprimés pour faciliter le commerce des billets de banque; mais ces derniers billets ayant été ſupprimés, les choſes ont été remiſes dans leur ancien état, & l'uſage des Lettres de Change & billets payables au porteur a été rétabli par une Déclaration du 21 Janvier 1721. (V. le recueil tome 3, pages 37 & 100.)

2. *Ou à ordre*] Comme cet article ne regle rien au ſujet de la perſonne à qui le porteur de la Lettre de Change doit s'adreſſer pour en obtenir une ſeconde, lorſqu'il n'y en a eu qu'une de délivrée, & que ce ſilence de l'Ordonnance occaſionnoit ſouvent des différents entre les porteurs des lettres & les endoſſeurs & tireurs, les porteurs prétendant qu'ils n'étoient point obligés de s'adreſſer à d'autres qu'aux derniers endoſſeurs, & ceux-ci ſoutenant au contraire que c'étoit aux tireurs qu'il falloit s'adreſſer, il y a été pourvu par un Arrêt de Réglement du Parlement de Paris, du 30 Août 1714, qui ordonne » que les articles 18, 19 & 33 du titre 5 de
» l'Ordonnance du Commerce du mois de Mars
» 1673, ſeront exécutés ſelon leur forme &
» teneur; ce faiſant, que dans le cas de la perte
» d'une Lettre de Change tirée de place en
» place, payable à ordre & ſur laquelle il y a
» eu pluſieurs endoſſeurs, celui qui étoit porteur de ladits Lettre de Change ſera tenu de

» s'adresser au dernier endosseur de ladite Let-
» tre, pour avoir une seconde Lettre de Change
» de la même valeur & qualité que la premiere;
» lequel dernier endosseur sera pareillement te-
» nu, sur la réquisition qui lui en sera faite par
» écrit, de prêter ses offices audit porteur de la
» Lettre de Change auprès du précédent endos-
» seur, & ainsi en remontant d'endosseur en-
» endosseur jusqu'au tireur de ladite lettre, mê-
» me de prêter son nom audit porteur, en cas
» qu'il faille donner des assignations & faire
» des poursuites judiciaires contre les endos-
» seurs précédents ; que tous les frais qui seront
» faits pour raison de ce, même les ports de
» lettres & autres frais, seront acquittés par
» ledit porteur de la premiere Lettre de Chan-
» ge qui aura été perdue ; & que faute par le
» dernier endosseur de ladite Lettre, & en re-
» montant, par les endosseurs précédents, d'a-
» voir prêté leurs offices & leur nom audit
» porteur, après en avoir été requis par écrit,
» celui des endosseurs qui aura refusé de le
» faire sera tenu de tous les frais & dépens,
» même des faux frais qui pourront être faits
» par toutes les parties depuis son refus ; &
» que le présent Arrêt sera lû & publié à l'Au-
» dience de tous les Bailliages, Sénéchaussées,
» & regiſtré aux Greffes desdits Siéges, & aux
» Greffes de toutes les Jurisdictions Consulaires
» du ressort de ladite Cour. (V. au recueil tome
» 2, page 618.)

3. *Le paiement n'en sera fait.*] En vertu d'une seconde Lettre, comme il est dit en l'article précédent.

4. *Que par Ordonnance du Juge.*] Obtenue sur une Requête présentée à cet effet en la Jurisdiction Consulaire du lieu où la Lettre de Change est payable, ou à défaut présentée au

Juge ordinaire. Le Juge sur cette Requête, doit ordonner qu'elle sera communiquée à celui sur qui la seconde Lettre de Change a été fournie, afin qu'il soit entendu; & s'il n'a point de moyens suffisants pour se dispenser de payer, le Juge rendra sa Sentence, par laquelle il le condamnera à payer la somme mentionnée en la Lettre, en donnant par le porteur de cette seconde Lettre, bonne & suffisante caution de garantir le paiement qui sera fait.

5. *Et en baillant caution de garantie, &c.*] Parce que si la Lettre est payable au porteur, elle peut tomber entre les mains d'un inconnu qui dira en avoir fourni la valeur, & que si elle est à ordre, on peut supposer que celui qui la reçoit a passé son ordre à quelqu'un qui en viendra demander le paiement.

Article XX.

Les cautions (1) baillées pour l'événement des Lettres de Change seront déchargées de plein droit, sans qu'il soit besoin d'aucun Jugement, procédure, ou sommation, *s'il n'en est fait aucune demande* (2) *pendant trois ans* (3), à compter *du jour des dernieres poursuites* (4).

1. *Les cautions.*] Tant celles données pour l'événement des lettres qui auront été perdues & adhirées, que celles subies par les personnes qui y auront mis leur aval; c'est ainsi que le pense Savary en son Parfait Négociant, partie 1, liv. 3, ch. 6, page 205 de l'édition de 1749.

2. *S'il n'en est fait aucune demande.*] C'est à-dire, demande en justice: car il ne suffiroit

pas qu'elle eût été faite verbalement ou par une lettre missive.

3. *Pendant trois ans.*] Cette prescription a lieu contre les mineurs & absens. (*infrà*, art. 22, page 116.)

4. *Du jour des dernieres poursuites.*] Soit par sommations, commandements & saisies, &c.

Article XXI.

Les Lettres ou Billets de Change (1) *seront reputez* (2) *acquitez après cinq ans* (3) *de cessation de demande & poursuites, à compter du lendemain de l'échéance ou du Protest, ou de la derniere poursuite. Néantmoins les prétendus débiteurs seront tenus d'affirmer, s'ils en sont requis, qu'ils ne sont plus redevables; & leurs veuves, héritiers, ou ayans cause, qu'ils estiment de bonne foy qu'il n'est plus rien deu.*

1. *Les Lettres ou Billets de Change.*] La disposition de cet article étant limitée aux lettres & billets de Change, il s'ensuit qu'elle ne doit point être étendue aux autres billets de quelque espece qu'ils soient, soit au porteur ou à ordre. Ainsi l'action pour le paiement de ces derniers dure trente ans, comme celle de toutes les autres promesses, & ne court point contre les mineurs. Cette différence de prescription est fondée sur ce que les paiements des lettres de Change doivent être sommaires, & qu'en cette matiere tout doit être bref & terminé en peu de tems.

La regle établie en cet article a lieu également à l'égard des lettres de change acceptées, comme à l'égard de celles qui ne le font point car l'Ordonnance ne fait ici aucune distinction. (V. Savary, Parfait négociant, partie. 1, liv. 3, ch. 6, page. 206.)

2. *Seront réputés.*] Ces mots font voir que la prescription établie en cet article n'est fondée que sur un paiement présumé ; ainsi on n'est pas obligé de s'y conformer toutes les fois que les circonstances font cesser cette présomption de paiement. (V. Catelan en ses Arrêts, tome 2, liv. 7 & 25.)

1. *Acquittés après cinq ans.*] Tant à l'égard du tireur & des endosseurs, que de celui sur qui la lettre est tirée, & soit que ce dernier l'ait acceptée ou non, ainsi qu'il vient d'être observé.

La prescription établie en cet article court aussi contre les mineurs & contre les absents. (V. l'article qui suit.)

Article XXII.

Le contenu ès deux Articles ci dessus aura lieu *à l'égard des mineurs & des absents* (1).

1. *A l'égard des mineurs & des absents.*] Quand il s'agit de billets autres que des billets de Change, la prescription est de trente ans, & ne court point contre les mineurs. (V. ci-dessus, art. 21, note 1, page 115.)

Article XXIII.

Les signatures au dos des Lettres de

Des Lettres, &c. TIT. V. 117
Change (1) *ne ferviront que d'endoffement,
& non d'ordre* (2) *, s'il n'eft daté* (3)*,
& ne contient le nom de celui qui a payé
la valeur en argent, marchandife, ou
autrement.*

1. *Les signatures au dos des Lettres de Change.*] Il en eft de même des billets de Change & autres billets de commerce, quand ils font à ordre, fuivant l'ufage & la Jurifprudence Confulaire; mais à l'égard des billets payables au porteur, on juge que la fignature en blanc mife au dos par celui qui en a fourni la valeur, fert de garantie au porteur du billet, conformément à l'article 33 de ce titre, parce que cette fignature n'a pu avoir d'autre effet, le porteur d'un billet de cette efpece en étant le propriétaire, & pouvant en exiger le paiement fans aucun tranfport. (Ainfi jugé en la Grand'-Chambre du Parlement par Arrêt du mois de Septembre 1703.)

2. *Ne ferviront que d'endoffement & non d'ordre.*] Ainfi jugé par Arrêt du 1 Septembre 1681.

Quand on met fimplement fa fignature au dos d'une lettre de change, fans rien écrire au-deffus, on n'eft cenfé ne l'avoir mife que pour être remplie d'un reçu par celui qu'on a chargé de recevoir le montant de la lettre, & pour lui tenir lieu de procuration. Mais pour éviter toute difficulté, il faut ou écrire le reçu au-deffus de la fignature, ou mettre ces mots, *pour acquit*; car par ce moyen fi la lettre venoit à tomber entre les mains de quelqu'un, il ne pourroit changer la difpofition de cette fignature en un ordre pour payer à un autre le contenu de la lettre, puifque cette fignature ne pourroit opérer autre chose qu'une quittance.

Si le propriétaire de la lettre a manqué de prendre cette précaution, ceux qui sont chargés par lui d'en recevoir le montant doivent avoir attention avant de se désaisir de cette lettre, de remplir le blanc de leur reçu.

Une autre précaution nécessaire à prendre, quand une Lettre de Change portant au dos un reçu ou une signature en blanc, vient à être perdue, est d'aller trouver celui qui en doit la valeur, & le prier de ne la point payer à celui qui la lui présentera, afin d'éviter la surprise.

3. *S'il n'est daté.*] Un ordre qui n'est point daté, quoique causé pour valeur reçue comptant, ou en marchandises, ou autrement, n'est regardé que comme une simple procuration pour recevoir le montant de la lettre ou du billet. (Ainsi jugé par Arrêt du 21 Mai 1681, rendu en la Grand'Chambre du Parlement de Paris, sur l'appel d'une Sentence du Consulat de Tours du 21 Juillet 1679.)

Article XXIV.

Les Lettres de Change endossées dans les formes prescrites par l'Article précédent, appartiendront à celui du nom duquel l'ordre sera rempli, *sans qu'il ait besoin de transport, ni de signification* (1).

1. *Sans qu'il ait besoin de transport, ni de signification.*] Parce qu'un ordre daté & portant valeur reçue, ainsi qu'il est dit en l'article 23, saisit celui au profit duquel il est passé, le rend

propriétaire de la lettre ou du billet, & opere la même chose qu'un transport signifié.

Article XXV.

Au cas que l'endossement ne soit pas dans les formes ci dessus, les Lettres seront réputées appartenir à celui qui les aura endossées; *& pourront estre saisies par ses créanciers* (1), & compensées par ses redevables.

1. *Et pourront être saisies par ses Créanciers.*] Parce qu'alors il n'y a point d'ordre valable qui en ait transmis la propriété à une autre personne; & par conséquent celui qui a mis sa signature en blanc au dos de la lettre, ou qui a passé un ordre informe, étant demeuré propriétaire de cette lettre, c'est une suite qu'elle puisse être saisie par ses Créanciers, comme un effet à lui appartenant.

Article XXVI.

Deffendons d'antidater les ordres (1), *à peine de faux* (2).

1. *Défendons d'antidater les ordres.*] Cette défense est établie pour prévenir les tromperies qui pourroient se faire dans le commerce en cas de faillite, ou ceux qui ont des lettres de change ou billets avec des ordres en blanc, pourroient antidater ces ordres long-temps avant leur faillite, pour recevoir le montant de ces lettres sous le nom de quelque personne interposée, ou pour les donner à quelqu'un de leurs créanciers

en paiement, au préjudice des autres; sans que ces derniers pussent en demander le rapport à la masse.

2. *A peine de faux.*] C'est au créancier qui veut attaquer ces ordres de faux, à en prouver l'antidate, soit par titres, soit par témoins.

Article XXVII.

Aucun Billet (1) *ne sera réputé Billet de Change* (2), *si ce n'est pour lettres de Change qui auront esté fournies* (3), *ou qui le devront estre.*

1. *Aucun Billet.*] Ainsi les billets à ordre valeur reçue en argent, en marchandises ou autres effets, ne sont point des Billets de Change. (V. *infrà* art. 31 aux notes.)

2. *Ne sera réputé Billet de Change.*] V. ce qui a été dit ci-dessus pag. 64 & suivantes touchant les Billets de Change.

3. *Qui auront été fournies, &c.*] Comme quand un Négociant ou autre a besoin d'argent dans une autre Ville, pour payer des marchandises qu'il y veut acheter, & qu'il voudroit avoir des Lettres de Change pour recevoir de l'argent dans cet endroit; alors il s'adresse à un autre Négociant ou Banquier, qui lui fournit ou s'oblige de lui fournir ces lettres pour les lieux dont il a besoin, au moyen de quoi celui à qui les Lettres de Change sont ainsi fournies ou promises, fait à l'autre un billet de pareille somme, payable dans le tems dont ils conviennent, lequel porte valeur reçue en Lettres de Change, ou contient l'obligation d'en fournir. Ces sortes de billets sont très utiles dans le Commerce.

Art.

Article XXVIII.

Les Billets pour les Lettres de Change fournies feront mention *de celuy sur qui elles auront esté tirées* (1), *qui en aura payé la valeur* (2), *& si le payement a esté fait* (3) en deniers, marchandises, ou autres effets, *à peine de nullité* (4).

1. *De celui sur qui elles auront été tirées.*] Soit qu'elles ayent été tirées par celui qui les a fournies, soit par d'autres personnes dont ce dernier avoit les droits, au moyen de l'ordre qui en a été passé à son profit.

2. *Qui en aura payé la valeur.*] Il ne faut jamais dans les Lettres de Change, ni dans les billets en général, exprimer les sommes en chiffres, parce que ces lettres ou billets peuvent tomber entre les mains de personnes de mauvaise foi, qui pourroient en falsifiant les chiffres en augmenter la valeur.

3. *Et si le paiement en a été fait.*] C'est-à-dire, le paiement des lettres mentionnées dans le Billet de Change.

A peine de nullité.] C'est-à-dire, que le billet ne sera plus regardé comme Billet de Change; mais il n'en sera pas moins un billet ou promesse, pour raison de quoi celui qui l'a signé pourra être contraint à en payer ou rendre la valeur à celui au profit de qui il a été subi, si ce dernier peut prouver qu'il en a compté la valeur à l'autre, soit en Lettre de Change, soit en deniers ou marchandises fournies, & déguisées sous le nom de Lettre de Change.

Article XXIX.

Les Billets pour Lettres de Change à fournir feront mention *du lieu où elles seront tirées* (1), *& si la valeur en a esté reçue* (2), & de quelles personnes, *aussi à peine de nullité* (3).

1. *Du lieu où elles seront tirées.*] C'est-à-dire, de la Ville pour laquelle les Lettres de Change seront fournies, soit qu'elles soient tirées par celui au profit de qui est fait le billet de change, soit qu'il en fournisse qui aient été tirées par d'autres personnes, & qui soient passées à son ordre.

2. *Et si la valeur en a été reçue.*] C'est-à-dire, la valeur des lettres, soit que cette valeur ait été payée en argent, ou en marchandises.

3. *Aussi à peine de nullité.*] V. la note 4. sur l'article précédent, qui reçoit ici son application.

Les formalités de cet article ont été établies pour prévenir & empêcher les usures qui se commettoient autrefois dans ces sortes de billets, lorsqu'on promettoit seulement de fournir des lettres de change en général pour telle somme. Car il arrivoit le plus souvent que ces billets se faisoient sans aucun dessein ni apparence de pouvoir fournir les lettres de change que l'on y promettoit ; & cette clause n'étoit ajoutée que pour colorer l'usure, & pouvoir prendre des intérêts qui sembloient être légitimes, & quelquefois aussi pour avoir une contrainte par corps, suivant l'article 1 du titre 7. ci-après.

Article XXX.

Les Billets de Change (1) payables à un particulier y nommé, *ne feront reputez appartenir* (2) à autre, encore qu'il y eust un transport signifié, s'ils ne font payables au porteur, *ou à ordre* (3).

1. *Les Billets de Change.*] La disposition contenue en cet article ne doit pas s'étendre aux autres billets, parce que suivant le droit commun on peut disposer des billets & promesses par obligation & transport, & que le transport signifié saisit celui au profit de qui il est fait, suivant la disposition de l'article 108 de la Coûtume de Paris. La raison pour laquelle l'Ordonnance déroge ici au droit commun, à l'égard des billets de change payables à un particulier y nommé, est afin d'abolir l'usage des transports & significations en cette matiere qui est proprement de négoce, & où tout doit être sommaire.

Néanmoins en examinant plus particulièrement le sens de cet article, il paroît que l'esprit de l'Ordon. n'est pas d'abolir l'usage des transports des billets de change, qui ne sont point payables au porteur, ou à ordre : car il semble qu'on ne peut empêcher un particulier propriétaire d'un billet de cette espece, de transférer la propriété de ce billet à celui au profit de qui le transport auroit été consenti. En effet, si l'on fait attention que l'esprit de l'Ordonnance est de conserver au débiteur qui a consenti des billets payables à un particulier, les mêmes exceptions contre les cessionnaires de ces billets, que celles que le débiteur lui-même auroit pû opposer au créancier qui en étoit originairement propriétaire, sans distinguer si la cession ou transport a été signifiée ou non, il sera aisé de se convaincre que l'Ordonnance n'a jamais eu intention d'abolir l'usage des cessions & transports en matiere de billets de change qui ne sont point payables au porteur ou à ordre, mais qu'elle a seulement entendu marquer en cet article la différence qu'il y a entre les billets payables à un particulier y nommé, & les billets payables au porteur ou à ordre. Dans les billets payables au porteur ou à ordre, celui qui en est le porteur n'a pas à craindre que le débiteur puisse lui opposer aucune exception du chef de son cédant, le porteur, quel qu'il soit, en étant le véritable propriétaire, ainsi que s'il avoit été originairement consenti en sa faveur; mais dans les billets payables à un particulier y nommé, le cessionaire ne peut jamais avoir plus de droit que ce particulier, & ne peut éviter par conséquent que toutes les exceptions qui auroient pû être opposées à ce particulier, ou cédant, ne puissent lui être opposées à lui-même. C'est dans ce même sens que les articles 18 & 19 de ce titre distinguent au sujet du paiement d'une lettre adhirée, si cette lettre est payable à un particulier y nommé, ou si elle est payable au porteur ou à ordre : le paiement dans le premier cas pouvant être fait sans aucune précaution, en vertu d'une seconde lettre; au lieu que dans le second cas le paiement ne peut être fait que par Ordonnance du Juge, & en donnant caution.

2. *Ne seront réputés appartenir.*] V. ci-dessus l'article 23 avec les notes, page 116.

3. *Ou à ordre.*] Parce qu'un ordre passé au profit d'une autre personne, portant valeur reçue, soit à l'égard d'un billet de change, soit

à l'égard de toute autre espece de billet de commerce, opere la même chose qu'un transport signifié. (Voyez *suprà*, article 24, page 118.)

ARTICLE XXXI.

Le porteur d'un Billet négocié (1) sera tenu de *faire ses diligences* (2), contre le débiteur *dans dix jours* (3), s'il est pour valeur receue en deniers, ou en Lettres de Change qui auront esté fournies, ou qui le devront estre ; *& dans trois mois, s'il est pour marchandise* (4), ou autres effets. Et seront les délais comptez du lendemain de l'échéance, icelui compris.

1. *Le porteur d'un Billet négocié.*] Les Billets dont il est parlé dans cet article, sont tous billets négociés, de quelque espece qu'ils soient, soit billets de change ou autres. A l'égard des autres billets non négociés, ils ne sont point sujets aux délais de dix jours ou de trois mois établis dans cet article, ce que ces mots, *Billet négocié*, font assez entendre. D'ailleurs cela résulte des termes de la Déclaration du 28 Novembre 1713, rapportés ci dessus, page 81 ; mais si la valeur du billet, quoique non négocié, est en marchandises, le délai pour en exiger le paiement est d'un mois, suivant la même Déclaration, si ce n'est dans les Villes & Provinces où il y a des usages contraires (Voyez *ibidem*, page 81.)

Outre les billets de change, voici les autres especes de billets qui sont en usage chez les Négociants.

La premiere sorte de billets est de ceux qui se font au profit d'un particulier y nommé, sans ajouter ces mots, *ou à ordre*. Ces billets ne peuvent se négocier, & ne sont payables qu'à celui au profit de qui ils sont subis, ou à la personne qui a procuration de lui. Il doit y être fait mention, comme dans tous les autres billets en général, si la valeur en a été reçue en deniers, marchandises, ou autres effets, & de quelles personnes elle a été reçue. Ces sortes de billets sont payables à leur échéance sans aucun délai, lorsque la valeur en a été payée en argent, & dans le mois, si cette valeur a été payée en marchandises, ainsi qu'il vient d'être observé, si ce n'est dans les Provinces où il y a d'autres usages, v. g. à Orléans, &c. comme il a été dit ci-dessus, page 81 & 82.

La seconde espece de billets est de ceux qui sont payables à un particulier y nommé, ou à son ordre. Ils sont sujets aux mêmes formalités que les précédents, & ils peuvent se négocier. Le délai pour exiger le paiement de ces billets, quand ils sont négociés, est de dix jours pour ceux dont la valeur a été reçue en argent, & de trois mois, lorsque cette valeur a été reçue en marchandises, comme il est dit ici en cet article, si ce n'est qu'ils peuvent être exigés plutôt dans les Provinces où il y a des usages contraires. (*suprà*, page 82.)

Lorsqu'un billet à ordre n'a pas été négocié, le délai pour en exiger le paiement est de dix jours, si la valeur en a été payée en argent, ou d'un mois, si cette valeur a été payée en marchandises, suivant la Déclaration du 28 Novembre 1713, rapportée ci-dessus, page 81; si ce n'est dans les Villes où il est d'usage de pouvoir exiger le paiement de ces derniers billets à leur échéance. (V. *ibidem*, p. 82.)

La troisieme espece de billets est de ceux appellés *Billets en blanc*, qui se font au profit d'une personne dont le nom est en blanc, & qu'on peut ensuite remplir du nom que l'on veut. Ces billets ont été trouvés d'une conséquence si dangereuse, à cause des inconvénients qui en sont arrivés, particulièrement dans les banqueroutes, qu'ils ont été défendus par plusieurs Arrêts, en sorte qu'on en voit très-peu aujourd'hui.

La quatrieme espece de billets sont ceux *payables au porteur*, & qui sont payables à quelque personne que ce soit, qui s'en trouve porteur. Il faut dans ces billets, comme dans tous les autres, qu'il soit fait mention si la valeur en a été reçue en argent ou en marchandises, & de qui. On ne peut guere mettre cette sorte de billets dans la classe des billets négociés, & par conséquent il n'y a aucun délai pour pouvoir en exiger le paiement, si ce n'est le délai d'un mois, lorsqu'ils sont causés pour valeur en marchandises, à la réserve des endroits où ce délai n'a pas lieu. (Voyez ci-dessus, page 82.)

L'usage des billets payables au porteur est très dangereux dans le commerce, parce que quand un Négociant tombe en faillite, il peut disposer de ces effets en faveur de qui il lui plaît, comme d'un argent comptant, ou en faire recevoir le montant par le premier venu, & par ce moyen tromper ses créanciers. Il peut aussi user de cette même voie sans être en faillite, lorsqu'il appréhende que celui-qui doit payer le montant du billet & à qui il doit d'ailleurs une somme, ne veuille user à son égard de compensation; ce qui est agir contre la bonne foi du commerce. Ces Billets ont été supprimés pendant un tems par des raisons d'Etat; mais depuis ils ont été rétablis comme utiles à certains égards dans le commerce, quoiqu'il arrive assez rarement qu'on en fasse usage. (V. la note 1 sur l'article 19 de ce titre, page 112.)

Quand on donne ces sortes de billets en paiement, on ne met au dos ni garantie, ni signature en blanc, parce que celui qui les donne en transfere la propriété de la main à la main. Néanmoins celui qui prend en paiement un Billet de cette espece, doit prendre la précaution de le faire garantir par celui de qui il le reçoit, & de faire écrire & signer cette garantie au dos du billet.

Il y a un Réglement particulier pour la Ville de Bordeaux, en date du 5 Septembre 1685, établi par Arrêt du Parlement de cette Ville, touchant le paiement des billets payables au porteur. Ce Réglement porte :

» 1°. Que celui qui aura reçu un billet en
» deniers payables au porteur, sans autre reçu,
» & sans qu'il y ait de délai réglé, demeu-
» rera garant de ce billet pendant trente jours,
» à compter de la date dudit billet, ceux de
» la date & échéance compris dans lesdits
» trente jours.

» 2°. Que pendant ces trente jours le porteur
» dudit billet sera obligé de sommer par acte ce-
» lui qui l'aura fait, de le payer.

» 3°. Qu'en cas que ledit billet ne soit pas
» payé, le porteur d'icelui sera obligé de re-
» courir trois jours après contre celui qui aura
» donné le billet, & le sommer de le rem-
» bourser.

» 4°. Que s'il arrive que ce billet ait passé
» en diverses mains, & que le rembourse-
» ment ait été fait au porteur par celui qui
» l'avoit donné en dernier lieu, celui qui l'au-
» ra remboursé sera obligé trois jours après la

» sommation qui lui aura été faite, de le dé-
» noncer à celui des mains duquel il l'avoit pré-
» cédemment reçu.

» 5°. Que cela aura pareillement lieu pour
» les autres garants de ce billet, pourvû que
» les significations de la sommation soient fai-
» tes dans ledit délai de trois jours dont cha-
» cun doit jouir.

» 6°. Que celui qui aura fait ce billet origi-
» nairement, ne pourra prétendre jouir du-
» dit délai de trente jours, étant à l'option
» du porteur de s'en faire payer à toutes
» heures.

» 7°. Qu'à faute de faire lesdites somma-
» tions & significations dans lesdits délais, ce-
» lui qui aura donné le billet ne sera plus ga-
» rant d'icelui; mais que le billet sera pour le
» compte de celui qui aura manqué à faire ses
» diligences.

Les motifs de ce Réglement, (ainsi qu'ils sont rapportés dans la délibération qui y a donné lieu,) sont que depuis quelque tems il s'étoit glissé parmi les Négociants un très grand abus au sujet des billets en deniers, qui se donnoient payables au porteur, sans autre reçu, lesquels passant en diverses mains, il se trouvoit souvent que ces billets n'étoient point acquittés, & qu'après cinq ou six mois écoulés, ceux qui avoient fourni lesdits billets étoient devenus insolvables; ce qui donnoit lieu à diverses garanties contre ceux entre les mains desquels ces billets avoient passé, & par conséquent à diverses contestations entre les Négociants & autres, à qui ces billets avoient été donnés en paiement.

2. *Faire ses diligences.*] Ces diligences ne consistent pas à faire protester le billet, ainsi qu'il est établi à l'égard des lettres de Change,

(*suprà*, article 4, pag. 77 ;) mais à faire assigner le Débiteur du billet, après sommation à lui faite préalablement d'en payer la valeur ou le contenu en Lettres de Change, ou autrement, & à obtenir contre lui une Sentence de condamnation.

3. *Dans dix jours.*] Faute par le porteur du billet d'avoir fait ses diligences dans les dix jours, ou dans les trois mois, si la valeur en a été payée en marchandises, toute la peine qui en résulte est que les Endosseurs cessent d'être garants du billet ; mais à l'égard de celui qui l'a signé, on peut agir contre lui dans les trente ans pour en avoir le paiement : comme à l'égard de toutes les autres promesses.

4. *Et dans trois mois, s'il est pour marchandises.*] Il semble que ces mois devroient être de trente jours : (Argument tiré de l'article 5 de ce titre, page 88 ;) néanmoins pour les billets payables en marchandises, on compte les mois tels qu'ils sont.

Quoique les diligences pour ces sortes de billets valeur en marchandises doivent être faites au plus tard dans les trois mois, cela n'empêche pas que le paiement n'en puisse être exigé plutôt, comme au bout d'un mois, & même au bout de dix jours, suivant les différents usages des lieux. (Voyez ce qui a été dit là dessus, article 4, note 6, page 80 & suivantes.)

Article XXXII.

A faute de payement (1) *du contenu dans un Billet de Change* (2), *le porteur fera signifier ses diligences à celui qui aura signé le Billet ou l'ordre* (3) *; & l'as-*

signation en garantie sera donnée *dans les délais ci-dessus* (4) prescrits pour les Lettres de Change.

1. *A faute de paiement.*] Et après une simple sommation faite à cet effet au débiteur du billet.

2. *Dans un billet de Change.*] Quoiqu'il ne soit fait mention dans cet article que des billets de change, néanmoins il doit être étendu aux autres billets négociés qui portent valeur reçue comptant, en deniers, ou marchandises, ou autres effets, cet article étant relatif à celui qui précede, & les raisons de sa disposition étant les mêmes pour l'une & l'autre espece de billets. (*Ita* Savary, partie 1, liv. 3, chap. 8, de son Parfait Négociant, page 218, de l'édition de 1749.)

3. *A celui qui aura signé le Billet ou l'ordre.*] C'est-à-dire, à ceux qui ont mis leur aval, ou ordre, sur le billet, & ceux qui l'ont souscrit, autres que celui qui l'a subi, & à qui cette signification seroit inutile, étant lui-même débiteur. (V. Savary, *ibid.* pag. 218.)

4. *Dans les délais ci-dessus, &c.*] C'est-à-dire, dans les délais établis par les articles 13 & 14, ci-dessus, page 105 & 107.

Faute par les porteurs des billets d'avoir observé ces délais, ils perdent leur recours contre les endosseurs de ces billets. (V. *suprà*, art. 13, avec les notes, page 105.)

Article XXXIII.

Ceux qui auront mis leur aval (1) *sur des Lettres de Change, sur des promesses d'en fournir, sur des ordres ou des* acceptations, sur des Billets de Change, ou autres actes de pareille qualité concernant le Commerce, *seront tenus solidairement* (2) *avec les tireurs, prometteurs, endosseurs & accepteurs, encore qu'il n'en soit fait mention dans l'aval* (3).

1. *Ceux qui auront mis leur aval.*] Le mot d'*aval* est un terme particulièrement en usage dans le commerce, qui signifie faire valoir. Celui qui met son aval sur une lettre ou sur un billet, s'en rend par-là caution, à l'effet d'en payer la valeur. Cet aval se fait en écrivant simplement au bas de la Lettre ou billet ces mots, *pour aval*, avec la signature de celui qui l'a souscrit.

2. *Seront tenus solidairement.*] Quand même ils n'auroient mis cet aval que par commission, & pour faire plaisir à leur correspondant.

Lorsque l'accepteur & les endosseurs d'une lettre de change, ou d'un billet, viennent tous à faire faillite, cela n'empêche pas le porteur de cette lettre ou billet, d'avoir son action solidaire contre chacun d'eux, & d'entrer dans chaque direction ou contribution pour sa dette, sans pouvoir être obligé d'en choisir ou opter un, & d'abandonner les autres. (Ainsi jugé par un Arrêt célèbre du 18 Mai 1706, rendu au Parlement de Paris, contre le sentiment de Savary. (V. le recueil, tome 2, page 395.)

Il faut cependant observer : 1°. Que si le porteur de la lettre ou du billet vient à signer le contrat d'atermoiement d'un des obligés sans faire aucune réserve, il se rend par-là non-recevable à pouvoir agir contre les autres. C'est pourquoi lorsqu'il signe un contrat de cette espèce de quelqu'un de ses obligés, il doit avoir attention de réserver tous ses droits & actions contre les autres obligés.

2°. Que le porteur qui est entré dans quelque contribution, ne peut entrer dans les contributions suivantes que successivement pour le restant de ce qui lui est dû.

3. *Sur la fin de l'article.*] Ceux qui acquittent des lettres de change doivent bien connoître la signature, tant du tireur que des endosseurs; autrement ils courent risque de payer en pure perte pour eux, & sans aucune espérance de recours, si les signatures de la lettre ou des endossements sont fausses, sauf leur recours contre celui à qui le montant de la lettre a été payé mal-à-propos.

Une Ordonnance du Châtelet de Paris, du 14 Août 1680, ,, fait défenses à toutes person-
,, nes de faire faussement fabriquer des lettres
,, de change, de les faire dater des Villes &
,, lieux où elles n'ont point été faites, & de
,, les faire signer faussement de noms de tireurs
,, & endosseurs; & aux Agents de change de
,, les négocier ou faire négocier, & à toutes
,, personnes de les accepter, sous les peines por-
,, tées par les Ordonnances rendues contre les
,, faussaires: auxquels Agents de change & de
,, banque, elle enjoint de donner avis incessam-
,, ment au Procureur du Roi desdites faussetés,
,, pour être à sa diligence procédé contre les cou-
,, pables suivant la rigueur des Ordonnances.

TITRE VI.

Des intérêts du Change & Rechange.

ON appelle *Change*, le profit qu'un Négociant, Banquier ou autre personne perçoit, soit pour change d'argent, soit pour des lettres ou billets par lui fournis sur un autre lieu que celui d'où ils sont tirés, & dont il reçoit la valeur de celui à qui la lettre est fournie.

Le change differe de l'intérêt, en ce que l'intérêt n'est dû qu'à raison de la rareté de la chose négocié.

Il y a trois especes de change.

Le premier est celui qu'on appelle *Change menu* ou *commun*, & que les Auteurs Latins appellent *Collybus*, donnant aussi le nom de *Collybista* à ceux qui le pratiquent. (V. Cicéron *in Verrem*, act. 5, n°. 181.) Ce change se fait lorsqu'on donne une monnoie pour une autre plus rare dont on a besoin, moyennant quelque profit pour le retour, v. g. de la monnoie de France pour avoir de la monnoie d'Allemagne, ou de vieilles especes pour en avoir de nouvelles, &c. Le profit qui se perçoit dans cette sorte de change, est ordinairement modique, & n'a rien d'illégitime. Cette espece de change se fait principalement en faveur des voyageurs, & de ceux qui ont de l'argent à remettre dans un endroit pour lequel il ne leur est pas facile de trouver des lettres de change, & qui veulent remettre en especes.

La seconde espece de change, qu'on appelle

Change réel, est celui qui se fait de place en place par lettres ou billets de change, en donnant son argent dans une Ville, & recevant en échange une lettre dont la valeur est payable dans une autre Ville, moyennant un certain profit, tantôt plus, & tantôt moins grand, suivant que l'argent est plus ou moins rare dans les lieux où les lettres doivent être payées. Les personnes qui font ce commerce sont communément les Banquiers & Négociants.

On ne peut douter que le profit qui se fait par cette espece de change ne soit très légitime, puisque l'Ordonnance l'autorise, (*Infra*, article 3,.) & que d'ailleurs c'est le prix & la récompense de la peine que se donnent les Banquiers & Négociants, qui est considérable, & qui occasionne beaucoup de dépense dans cette sorte de commerce.

La troisieme espece de change, qu'on appelle *Change sec*, ou *feint*, est celui par lequel on prend un certain droit ou intérêt de l'argent qu'on prête sans aliénation du principal. C'est une imitation, ou plutôt une fiction du change de la seconde espece, ou du change réel ; mais en effet c'est un prêt usuraire défendu par les loix de l'Eglise & de l'Etat. C'est la disposition précise de l'Edit du mois de Décembre 1665, portant réduction des rentes, qui déclare nulles toutes les promesses portant intérêts, si ce n'est à l'égard des marchands fréquentants les foires de la ville de Lyon, pour cause de marchandise, pourvû que ce soit sans fraude ni déguisement. (Voyez Henris, tome 1, livre 4, chapitre 6, question 49.)

Article I.

Deffendons aux Négociants, Marchands, & à tous autres *de comprendre l'intereſt avec le principal* (1), dans les Lettres ou Billets de Change, ou aucun autre acte.

1. *De comprendre l'intérêt avec le principal.*] On ne doit jamais comprendre dans les Lettres & Billets de Change l'intérêt avec le principal, mais ſeulement le profit ou la perte qui ſe fait ſur le changement des deniers d'un lieu à un autre, que l'on appelle change. Le premier de ces profits eſt défendu; mais le ſecond eſt légitime, ainſi qu'il vient d'être dit ci-deſſus. (V. auſſi *infrà*, article 3, aux notes, page 138.)

L'*Eſcompte* eſt une eſpece d'intérêt; c'eſt une diminution du prix, à cauſe de l'anticipation du paiement fait avant l'échéance du billet ou de la lettre, mais qui ne peut être prétendue que par la force de la convention appoſée lors de la vente des marchandiſes payables en pluſieurs paiements & à différents termes, avec faculté de la part de l'acheteur d'eſcompter ces paiements, c'eſt-à-dire de pouvoir rabattre à chaque paiement, v. g. un quart ou un demi pour cent par mois de la ſomme à laquelle monte la marchandiſe vendue. (V. l'art. 6 du réglement du 2 Juin 1667, rendu pour la ville de Lyon, rapporté ci deſſus, tit. 5, article 7, note 1, page 9 & ſuivantes, où il eſt parlé de cette ſorte d'eſcompte.)

Il eſt bon d'obſerver que pour que l'eſcompte ſoit légitime, il faut 1°, qu'il ſoit ſtipulé par la vente même ou marché des marchandises lorsqu'elles sont vendues, parcequ'alors c'est une condition de la vente. 2°. Il faut que le droit d'escompte soit perçu sur le pied où est fixé l'intérêt dans l'endroit où se fait le marché, ou plutôt dans le lieu du domicile de celui qui le stipule à son profit, c'est-à-dire de cinq pour cent par an, si c'est en France, & ainsi des autres Royaumes. Mais si l'escompte est fait par un acte ou convention postérieure au marché, alors il cesse d'être légitime, & tombe dans le cas de l'usure ordinaire.

Quoique le prêt à intérêt soit défendu, même entre Banquiers & Négociants, ainsi qu'il vient d'être observé, il est néanmoins arrivé quelquefois dans les besoins de l'Etat, que le Roi a créé des bureaux d'établissement pour ces sortes de prêt ; comme dans les années 1674 & 1702, où il fut établi un bureau à ce sujet, sous la caution des Fermiers Généraux. Les billets qui étoient faits aux particuliers qui portoient leur argent à ce bureau, étoient payables au porteur, valeur reçue comptant, & comprenoient l'intérêt avec le principal, à raison de huit pour cent, pour le tems que le prêteur jugeoit à propos.

Article II.

Les Négociants, Marchands, & aucun autre, ne pourront *prendre l'intérest d'intérest* (1), sous quelque prétexte que ce soit.

1. *Prendre l'intérêt d'intérêt.*] Même dans le cas où l'intérêt est légitime, comme au cas de l'article 7, ci-après.

Cette disposition est conforme en cela à celle des loix Romaines. (V. la L. *si non fortem* 16, §. 1, *ff. de condict. indeb.* & la L. 20, *Cod. ex quib. causis infam. irrog.* V. aussi la L. 8, *Cod. de usuris.*)

ARTICLE III.

Le prix du Change sera réglé suivant le cours *du lieu où la Lettre sera tirée* (1), *eu égard à celui où la remise sera faite* (2).

1. *Du lieu où la Lettre sera tirée.*] C'est-à-dire du lieu sur lequel la lettre est tirée.

Le prix du change hausse ou diminue selon l'abondance & la disette d'argent, & suivant l'augmentation ou diminution des especes qui arrivent dans les Royaumes, & leurs différentes valeurs. Lorsque le change se fait dans l'intérieur du Royaume d'une place à l'autre, il se regle uniquement sur l'abondance ou la rareté des lettres de change, ou, ce qui revient au même, sur l'abondance ou la rareté de l'argent, la monnoie étant la même dans une Province que dans l'autre.

Ces mots, *suivant le cours du lieu*, &c. font voir: 1° Qu'il n'est pas permis de prendre un change différent de celui qui a lieu suivant le cours de la place, & que ce seroit une espece d'usure d'en prendre un plus considérable. 2°. Que dans les endroits où il n'y a point de place ou de bourse, comme à Orléans, &c. le change ne doit point avoir lieu.

2. *Eu égard à celui où la remise sera faite.*] Ces mots comparés avec ceux qui précedent, font voir que le droit du change, du moins de celui qu'on appelle *Change réel*, ou de la secon-

de espece n'est dû que quand il y a remise de place en place. (Voyez ce qui a été dit ci-dessus page 134.)

ARTICLE IV.

Ne sera deu *aucun Rechange* (1) pour le retour des Lettres, *s'il n'est justifié par pieces valables* (2), qu'il a esté pris de l'argent dans le lieu auquel la Lettre aura esté tirée : sinon le Rechange ne sera que pour la restitution du Change avec l'intérest, les frais du protest, & du voyage, s'il en a esté fait, *après l'affirmation en Justice* (3).

1. *Aucun rechange.*] Le *rechange* est lorsqu'un porteur de lettre de change n'étant pas payé de la somme portée par sa lettre, emprunte de l'argent à intérêt dans l'endroit où il en devoit toucher, en faisant son billet à cet effet ; ou lorsque pour raison de l'argent emprunté il tire une autre lettre de change de ce lieu-là sur celui dont la lettre a été protestée, ce qu'on appelle proprement *rechange*. Dans le premier cas, le rechange est l'intérêt de l'argent emprunté ; dans le second cas, c'est un second change dû pour raison de la seconde lettre de change que le porteur de la lettre protestée a été obligé de tirer.

Si le porteur de la lettre protestée qui a été obligé de prendre de l'argent, au lieu de fournir une lettre de change sur celui dont la lettre a été protestée, ou dans le même lieu, en fournissoit sur une autre place où le change fût plus considérable que celui de l'endroit d'où est venue la lettre protestée, il ne paroît pas que le porteur de la lettre protestée pût exiger le rechange sur le pied du second change : car c'est une maxime prise des premieres regles de l'équité, que toutes les fois que le porteur d'une lettre de change protestée peut prendre son dédommagement à moins de perte & de dommage pour le tireur de cette lettre d'une façon que d'une autre, ce dernier n'est obligé de rembourser le rechange que de la façon qui produit le moins de dommage pour lui. D'où il suit, que toutes les fois qu'il y a un commerce ordinaire & réglé entre la place où la lettre de change devoit être payée, & le lieu d'où elle est tirée, v. g. entre Paris & Lyon, il y a moins de perte pour le tireur que le rechange soit pris à Paris pour Lyon, que s'il étoit pris pour une autre Ville, comme pour Londres, ou Amsterdam ; & par conséquent le tireur d'une lettre de change tirée de Lyon, payable & protestée à Paris, ne doit que le rechange de Paris à Lyon, & ce seroit une injustice de l'obliger à le rembourser d'une autre maniere.

Lorsque celui sur qui la lettre est tirée étoit débiteur du tireur au tems du Protêt, ce dernier a son recours contre lui pour tous les frais de Protêt, voyage & autres, qu'il est obligé de payer ; pourvû néanmoins que celui sur qui la lettre est tirée eût mandé auparavant au tireur qu'il pouvoit tirer sur lui, ou que le tireur lui eût remis provision à cet effet avant l'échéance de la lettre, ou que ce dernier l'eût acceptée ; mais ce recours cesse d'avoir lieu si le tireur avoit tiré sa lettre sur l'autre, quoique son débiteur, sans lui en avoir auparavant donné l'ordre. C'est ainsi que le pense Savary en son Parfait Négociant, partie 1, livre 3, ch. 11, page 266. La raison qu'en donne cet Auteur, c'est que ce seroit donner occasion à des tromperies qui ruineroient entièrement le commerce, parce qu'un Banquier ou Négociant à qui il est dû de l'argent pour prêt, ou vente de marchandises par un autre Négociant, n'a pas droit de tirer une lettre de change sur ce dernier sans son consentement; mais s'il veut être payé de sa dette, il a les voies ordinaires de se pourvoir en justice, pour obtenir une Sentence de condamnation contre son débiteur, en vertu de laquelle il le contraindra au paiement. Ce sentiment de Savary n'est pas sans difficulté.

2. *S'il n'est justifié par pieces valables.*] Comme certificats de Négociants, Banquiers, Agents de change ou autres, qui constatent que l'emprunt a été fait.

3. *Après l'affirmation en justice.*] C'est-à-dire, après l'affirmation de voyage faite en justice.

ARTICLE V.

La Lettre de Change, mesme payable au porteur, ou à ordre, estant protesté, le Rechange ne sera deu par celui qui l'aura tirée *que pour le lieu* (1) où la remise aura esté faite, *& non pour les autres lieux* (2) où elle aura esté négociée : sauf à se pourvoir par le porteur contre les endosseurs, pour le payement du Rechange des lieux où elle aura esté négociée *suivant leur ordre* (3).

1. *Que pour le lieu.*] Ainsi quand même une lettre de change revenue à Protêt auroit été

négociée dans plusieurs Villes du Royaume, ou même hors du Royaume, comme si une Lettre de change tirée de Paris sur Lyon avoit été négociée à Bordeaux, à Amsterdam, &c. néanmoins le tireur ne sera tenu de payer que le rechange de Lyon à Paris, & non les changes & rechanges dûs pour les négociations faites dans les autres Villes ; les autres rechanges seront dûs par les donneurs d'ordre, chacun en droit soi pour les ordres qu'ils auront donnés.

2. *Et non pour les autres lieux.*] Autrement ce seroit une chose désavantageuse au commerce, si une simple lettre de change qui auroit été négociée sans la participation du tireur, & pour le seul avantage du porteur, venant à être protestée, on pouvoit obliger ce tireur à payer autant de rechanges qu'il se trouveroit d'ordres sur sa lettre.

3. *Suivant leur ordre.*] C'est-à-dire, que si la lettre tirée de Paris sur Lyon a été négociée, v. g. de Paris à Bayonne, & ensuite de Bayonne à Amsterdam, & enfin d'Amsterdam à Lyon, le porteur de la lettre payable à Lyon, après le Protêt, n'aura son recours pour le paiement du contenu en la lettre, & pour le rechange, que contre le Négociant ou Banquier d'Amsterdam qui a passé l'ordre à son profit, celui d'Amsterdam contre celui de Bayonne qui lui a passé l'ordre, celui de Bayonne contre celui de Paris, & celui de Paris contre celui de Lyon qui est le tireur & qui lui a fourni la lettre. Ainsi soit que les changes soient plus hauts ou plus bas dans chacune de ces Villes, néanmoins le tireur ne devra que le prix du rechange de Lyon à Paris.

Article VI.

Le Rechange sera deu par le tireur des Lettres négociées, *pour les lieux où le pouvoir de négocier est donné par les Lettres* (1), & pour tous les autres, si le pouvoir de négocier est indéfini, & pour tous les lieux.

1. *Pour les lieux où le pouvoir de négocier est donné par les Lettres.*] Ainsi dans une lettre tirée de Paris sur Lyon, si le tireur donnoit pouvoir par la lettre, ou par un écrit particulier d'en disposer, v. g. pour Amsterdam, & que cette lettre revînt à Protêt, ce tireur seroit tenu envers celui à qui la lettre a été fournie, du rechange de Lyon à Amsterdam, & de celui d'Amsterdam à Paris ; ce qui est une suite de la condition qui s'est faite entre eux. Il en est de même du cas où le pouvoir de négocier est indéfini : car alors il sera dû autant de rechanges par le tireur, qu'il y a de lieux différents sur lesquels la lettre a été négociée.

Article VII.

L'intérêt du principal & du Change (1) sera deu du jour du Protest, encore qu'il n'ait esté demandé en Justice. Celui du Rechange, des frais du Protest & du voyage, ne sera deu *que du jour de la demande* (2).

1. *L'intérêt du principal & du change.*] V. ci-dessus en la note sur le sommaire de ce titre.

page 134, la différence qu'il y a entre change & intérêt.

2. *Que du jour de la demande.*] C'est-à-dire, de la demande faite en justice.

Article VIII.

Aucun prest ne sera fait sous gage, (1) qu'il n'y en ait un Acte pardevant Notaire, dont sera retenu minute, & qui contiendra la somme prestée, & les gages qui auront esté délivrez, à peine de restitution des gages, à laquelle le presteur sera contraint par corps, sans qu'il puisse *prétendre de privilége sur les gages* (2), sauf à exercer ses autres actions.

1. *Aucun prêt ne sera fait sous gage.*] Cet article & le suivant ont été principalement établis, 1°. contre ceux qui prêtent à usure sous des gages. 2°. Pour prévenir les fraudes & recélés qui peuvent arriver fréquemment de la part des Marchands & Négociants, en exigeant de leurs débiteurs des gages ou nantissements, lorsque ceux-ci viennent à faire faillite. 3°. Afin que les débiteurs qui se trouvent en faillite, ne puissent avantager quelques-uns de leurs créanciers au préjudice des autres.

2. *Prétendre de privilege sur les gages.*] Il n'est pas inutile de remarquer sur cet article, que M. le Camus, Lieutenant Civil du Châtelet de Paris, en ses Observations sur l'article 181 de la Coutume de Paris (*a*), avance comme

―――――――――――――――――
(*a*) Ces Observations se trouvent dans le Commentaire de Ferrieres sur la Coutume de Paris, art. 181, seconde Edition, & sont postérieures à l'Ordonnance du Commerce de 1673.

une chose certaine, & qui ne souffre aucune difficulté, que le créancier nanti du gage doit être cru à son affirmation, & que la chose qui lui est donnée en nantissement doit être affectée par privilege au paiement de la somme qu'il demande, *quia in hoc casu debitor secutus est fidem creditoris*; il ajoute qu'on n'observe point dans l'usage d'obliger ce créancier de rapporter la preuve par écrit, que la chose qu'il a en sa possession lui a été donnée en nantissement.

La défense portée en cet article n'est à proprement parler que contre les usuriers, & ceux dont la mauvaise foi est prouvée, ou du moins violemment présumée, & non contre ceux qui prêtent de bonne foi. D'ailleurs la disposition de cet article ne peut avoir lieu que quand il y a d'autres créanciers qui s'opposent au privilege prétendu sur le gage par celui qui en est nanti; mais entre le créancier nanti & le débiteur, on ne peut douter que celui là ne soit bien fondé à retenir le gage jusqu'à ce que le débiteur ait payé ce qu'il a emprunté sur ce même gage; & il a été ainsi jugé par Arrêt du 27 Janvier 1606, rapporté par Cambolas en ses décisions, liv. 4, chap. 4.

Article IX.

Les gages qui ne pourront estre exprimez dans l'obligation, seront énoncez dans une facture ou inventaire, dont sera fait mention dans l'obligation; & la facture ou inventaire contiendront la quantité, qualité, poids & mesure des marchandises ou autres effets donnez en gage, *sous les peines portées par l'Article précédent* (1).

1. *Sur la fin de l'article.*] Quoique cet article

& le précédent aient été mis ici dans l'Ordonnance du Commerce, il n'en faut pas conclure que la connoissance des différents qui peuvent arriver sur cette matiere, soit attribuée aux Juges-Consuls, si ce n'est dans le cas où ces prêts & engagements se font entre Marchands, à raison de leur commerce.

TITRE VII.
Des Contraintes par Corps.

ARTICLE I.

CEUX *qui auront signé* (1) *des Lettres ou Billets de Change* (2), *pourront* (3) *estre contraints par corps* (4); *ensemble ceux qui y auront mis leur aval* (5), *qui auront promis d'en fournir* (6), *avec remise de place en place* (7), *qui auront fait des promesses pour Lettres de Change à eux fournies, ou qui le devront estre* (8), *entre tous négociants ou marchands* (9) *qui auront signé des Billets pour valeur reçue comptant, ou en marchandise, soit qu'ils doivent estre acquittez à un particulier y nommé, ou à son ordre, ou au porteur* (10).

1. *Ceux qui auront signé,* &c.] C'est-à-dire, toutes personnes qui auront signé des lettres ou billets de Change, même ceux qui ne sont ni Banquiers, ni Négociants, ni engagés dans les

Des Contraintes, &c. TIT. VII. 147
affaires du Roi. Ainsi jugé par un Arrêt confirmatif d'une Sentence du Consulat de Paris, du 11 Septembre 1682, portant condamnation par corps contre le Marquis de Choisnel, pour trois lettres de change par lui tirées; & par un autre Arrêt du 28 Avril 1687, rendu contre un Procureur au Parlement de Paris. Autre de l'année 1704, contre M. Tarade, Conseiller au Châtelet de Paris.

Mais les Mineurs qui ne sont point Marchands, ne sont point tenus du paiement des lettres de change qu'ils ont souscrites; & l'on déclare nulles les poursuites faites contre eux à ce sujet. Ainsi jugé par deux Arrêts des 6 Mai 1752, & 7 Juin 1753, rapportés au recueil des Réglements concernant l'ordre judiciaire, imprimé à Toulouse en 1756, to. 1, p. 566 & 568.

2. *Des Lettres ou Billets de Change.*] Soit qu'il y ait remise de place en place, ou non: car l'Ordonnance ne fait ici aucune distinction. Cet article explique la disposition qui est mise à la fin de l'article 4, du titre 33 de l'Ordonnance de 1667, au sujet des lettres de change.

3. *Pourront.*] Ce mot fait voir qu'il dépend de la prudence des Juges de condamner par corps ou non dans les cas portés par cet article; ce qui est aussi conforme à la disposition de l'article 4, du titre 34 de l'Ordonnance de 1667. Mais entre Négociants, Banquiers & gens d'affaires, il semble que les Juges sont dans la nécessité de prononcer cette condamnation par corps, si celui au profit de qui la Sentence est rendue le demande.

4. *Etre contraints par corps.*] Parce que les Lettres & Billets de Change doivent être exactement acquittés à leur échéance, & sans retardement, par ceux qui les ont acceptés; & qu'ils doivent aussi être exactement remboursés par les

G ij

tireurs & endosseurs, lorsqu'ils ne sont pas payés par ceux sur qui ils ont été tirés.

5. *Ensemble ceux qui auront mis leur aval.*] V. ce que c'est qu'aval, *suprà*, titre 5, article 33, aux notes, page 132.

La disposition portée en cet article a lieu à plus forte raison à l'égard de ceux qui ont mis leurs ordres sur les lettres ou billets.

6. *Qui auront promis d'en fournir, &c.*] C'est-à-dire, que ceux qui ont promis par des billets de fournir des Lettres de Change avec remise de place en place, pourront être contraints par corps à remplir leur engagement & à fournir ces lettres.

7. *Avec remise de place en place.*] V. l'explication de ces mots *infrà*, tit. 12, art. 2, note 4.

8. *Qui auront fait des promesses pour Lettres de Change à eux fournies ou qui le devront être.*] Ces mots conviennent à toute promesse en général qui peut être subie pour raison de Lettres de Change fournies & à fournir, & par conséquent ne sont point synonimes avec les Billets de Change. Ainsi v. g. un acte passé devant Notaires, portant reconnoissance qu'une Lettre de Change a été fournie, pourquoi on s'oblige de payer une somme, soit directement, soit en faisant sur un tiers un transport de pareille somme ; ou bien par lequel on s'oblige de fournir une Lettre de Change avec remise de place en place, a autant de force qu'un Billet de Change ordinaire, tant pour opérer le paiement de la somme promise ou cédée par le transport, que pour faire fournir les Lettres de Change promises ; & dans tous ces cas on est sujet à la contrainte par corps.

Les billets portant promesses de payer comme Lettres de Change, ne sont pas payables par corps, si ce n'est entre Marchands & pour fait de leur Commerce. Mais il faut, pour que

Des Contraintes, &c. Tit. VII. 149
cette contrainte ait lieu entre d'autres personnes, que ce soit un Billet de Change, ou une promesse pour Lettre de Change fournie ou qui le doit être, comme il est porté en cet article.

9. *Entre tous Négociants & Marchands.*] Et non autres. Les Banquiers paroissent néanmoins compris sous ce mot de *Négociants*, parcequ'il renferme en général tous ceux qui font négoce, soit de marchandise, soit d'argent, & que la Banque est un négoce d'argent.

Ceux qui, n'étant point Marchands par leur état, font un trafic passager de quelques marchandises, & qui subissent des billets ou promesses à cet effet, sont sujets aux mêmes contraintes que les Marchands. C'est sur ce fondement que, par Arrêt du Grand Conseil du 7 Février 1709, confirmatif d'une Sentence de la Prévôté de l'Hôtel, un particulier Gendarme, Gentilhomme de naissance, que se mêloit de trafiquer des pierreries, fut condamné par corps à payer le contenu en quelques billets par lui subis payables au porteur.

Il a même été jugé par un Arrêt du 7 Juillet 1676, confirmatif d'une Sentence rendue au Consulat de Paris le 16 Mars de la même année, dans une affaire où un Marchand avoit vendu de la marchandise à crédit à un autre Marchand du même commerce, sous la caution d'un autre particulier Bourgeois & non Marchand, que ce dernier étoit sujet à la contrainte par corps comme le principal obligé.

On trouve aussi dans le sixieme tome du Journal des Audiences un Arrêt du 16 Mars 1717, qui a jugé qu'une obligation passée à Lyon devant Notaires, portant soumission aux rigueurs de la Conservation & paiements à faire, indépendamment de savoir si l'obligé étoit Négociant, emportoit la contrainte par corps

G iij

C'étoit contre un Officier de la Monnoie qui étoit Appellant ; la Sentence fut confirmée.

Les mineurs qui font le Commerce publiquement font aussi sujets à cette contrainte, comme s'ils étoient majeurs ; ainsi jugé par plusieurs Arrêts. (V. ci-dessus, tit. 1, art. 6, note 4, page 13.) En effet un mineur est imputé majeur pour le fait de son Commerce. (*Ibidem*, titre 1, art 6, page 12.) La femme ou fille mineure qui est Marchande publique, est aussi sujette à la même contrainte. (Voyez *ibidem*, note 4, page 13.)

Au reste cela n'auroit pas lieu dans le cas où un Mineur Marchand public emprunteroit une somme d'argent, qu'il auroit déclaré vouloir employer dans son Commerce par l'obligation qu'il auroit subie à cet effet ; cette déclaration ne le rendroit pas sujet à la contrainte par corps, parceque ce n'est ici ni une négociation d'argent, ni un prêt de Marchandises.

Ce qui vient d'être dit des Marchands doit aussi recevoir son application à l'égard des Banquiers, même mineurs. (V. ci-dessus, tit. 1, art. 6, avec les notes, pages 11 & 12.)

Par une Déclaration du Roi du 26 Février 1692, il est ordonné " que l'article 1 du tit. " 7 de l'Ordonnance de 1673, sera exécuté " contre les Receveurs, Trésoriers, Fermiers " & Sous-Fermiers des droits de Sa Majesté, " Traitants Généraux & Particuliers, intéres- " sés, & gens chargés du recouvrement des " deniers Royaux, & tous autres comptables : " ce faisant, qu'ils pourront être contraints " par corps, ainsi que les Négociants, au paie- " ment des Billets pour valeur reçue, qu'ils " feront pendant qu'ils seront pourvus des " Charges, ou qu'ils seront chargés du recou- " vrement des deniers de Sa Majesté, soit

» que les Billets doivent être acquittés à un
» particulier y nommé, ou à son ordre, ou
» au porteur. (Voyez le Recueil, tome 2,
page 119.)

Cette disposition a même été étendue à l'égard des mineurs intéressés, & chargés du recouvrement des deniers du Roi. (Ainsi jugé par Arrêt de la Cour du 30 Août 1702, à l'égard du nommé Isaac Lardeau, intéressé dans les affaires de Sa Majesté, sur l'Appel par lui interjetté de deux Sentences de condamnation par corps rendues contre lui au Consulat de Paris les 9 & 11 Janvier précédents. Par cet Arrêt les Sentences sont confirmées, & sur la Requête présentée au Conseil par ledit Lardeau en cassation d'Arrêt, il a été débouté de sa demande par Arrêt du Conseil privé du 12 Août 1704.)

Les Agents de Change, Courtiers, & autres qui s'entremêlent de faire vendre ou acheter des Marchandises moyennant salaire, sont aussi contraignables par corps à rendre & restituer la Marchandise, ou le prix qu'elle a été vendue. (Coutume d'Orléans, article 429.) Il en est de même si on leur a confié des Lettres de Change, Billets & autres papiers.

Cette disposition doit aussi s'entendre des revendeuses publiques, suivant la note de M. de la Lande en son Commentaire sur cet article 429 de la Coutume d'Orléans; & il a été ainsi jugé par Arrêt du 14 Mars 1616.

Au surplus, ces contraintes par corps n'ont lieu qu'à l'égard de ceux qui ont subi les obligations & Contrats, ou qui ont été condamnés, & non à l'égard de leurs héritiers. (Ainsi jugé par plusieurs Arrêts. Voyez *infrà*, tit. 12, article 16, note 1.)

1. *Ou au porteur.*] V. ce qui est dit des Billets payables au porteur, ci-dessus, tit. 5, art. 51, note 1, page 127.)

Outre les cas portés par cet article, Savary prétend que la contrainte par corps, quand il s'agit de Marchandises vendues & achetées dans les Foires, doit être aussi prononcée purement & simplement, de même que pour les Lettres & billets de change (V. Parfait Négociant, partie 1, livre 3, ch. 9, page 225,) ce qui paroît néanmoins devoir être restraint au cas porté par l'art. 5 du titre 34 de l'Ordonnance de 1667.

L'Arrêt de Réglement du Parlement de Paris du 24 Janvier 1733, rendu pour Angoulême, défend aux Juges Consuls de prononcer la contrainte par corps dans les affaires qui sont de leur compétence, sinon dans les cas où elle se trouve expressément réservée par le titre de l'abrogation des contraintes par corps de l'Ordonnance de 1667, sans qu'ils puissent par interprétation étendre ladite contrainte hors les cas mentionnés dans ledit titre, ni faire exécuter ladite contrainte, que selon la forme qui y est prescrite, & conformément à l'Ordonnance de 1673. Ainsi v. g. ce seroit un abus aux Juges-Consuls de condamner par corps au cas de l'article 5, du titre 12, ci-après.

L'Ordonnance de 1667, titre 34, article 4, permet en général aux Juges-Consuls de prononcer la condamnation par corps, *au cas de dettes entre Marchands pour fait de Marchandises dont ils se mêlent.*

Article II.

Les mêmes contraintes auront lieu *pour l'exécution des Contracts maritimes* (1), *grosses avantures* (2), *chartres parties* (3), *ventes & achats de Vaisseaux, pour le fret & le naulage* (4).

1. *Pour l'exécution des Contrats maritimes.*] Les Contrats maritimes sont tous ceux qui concernent le Commerce de mer en général. Le *Contrat d'assurance* est de ce nombre ; c'est un Contrat par lequel un Négociant ou autre personne qui envoie des Marchandises par mer dans un autre pays, trouve une autre personne qui s'oblige de lui garantir la perte & le dommage qui pourroit arriver dans le voyage par un cas fortuit à ces Marchandises, comme par tempête, naufrage, prise, pillage, &c. moyennant une certaine somme qu'on appelle *Prime d'assurance*, qui lui est payée par celui à qui les Marchandises appartiennent, & qui ne veut pas courir les risques de la mer : en sorte que si la perte appréhendée arrive, celui qui s'est obligé de la garantir paie à l'autre le prix des Marchandises perdues ou prises ; & au contraire si elles arrivent à bon port, il reçoit le prix de son assurance du Propriétaire de ces Marchandises. Le particulier qui s'oblige à l'assurance se nomme *Assureur*, celui à qui la Marchandise appartient est l'*Assuré*, & le Contrat ou la convention qui se fait entre eux s'appelle *Police d'assurance*. (V sur ces assurances l'Ordonnance de la Marine du mois d'Août 1681, liv. 3, titre 6.)

2. *Grosses avantures.*] La *grosse avanture* est

G v

un Contrat par lequel celui qui charge un Vaisseau pour un voyage, emprunte de l'argent, qui est employé pour une négociation de marchandises envoyées ou achetées dans un pays éloigné, & chargées dans ce Vaisseau, pour rendre cet argent au tems stipulé après l'arrivée du Vaisseau au port convenu, ou après son retour au lieu d'où il est parti, avec un profit convenu pour cette négociation ; & cela sous la simple garantie, & sans autre assurance que celle du corps du Vaisseau : en sorte que si le Vaisseau vient à périr ou à être pris, celui qui a prêté son argent, perd sa mise ; & au contraire si le Vaisseau revient à bon port, le Prêteur reçoit la somme principale qu'il a prêtée, avec le profit dont il est convenu. (Voyez ce qui est dit sur les Contrats à la grosse avanture, dans l'Ordonnance de la Marine, partie 1, livre 3, titre 5.)

On donne à la grosse, non-seulement au Propriétaire du Vaisseau, mais encore à des particuliers qui y chargent des Marchandises ; & dans ce dernier cas la garantie n'a lieu que sur les marchandises que ces particuliers y ont chargées.

3. *Chartres parties.*] C'est l'acte d'afrettement d'un Vaisseau, ou écrit qui contient la convention pour le louage de ce Vaisseau, ou de quelques ballots. (V. l'Ordonnance de la Marine, partie 1, livre 3, titre 1.)

4. *Pour le fret & naulage.*] Fret, est la somme promise pour le loyer d'un Vaisseau. *Naulage* signifie la même chose que fret ; mais on se sert du mot de *fret* sur l'Océan, & de *naulage*, ou *nolis*, ou *nolissement*, sur la Méditerranée. (V. sur cette matiere l'Ordonnance de la Marine, partie 1, livre 3, titre 1.)

Au reste, il faut observer que toutes les

choses comprises en cet article ne sont plus aujourd'hui de la compétence des Juges-Consuls. (Voyez *infrà*, titre 12, article 7, aux notes.)

TITRE VIII.

Des Séparations de biens.

Article I.

Dans les lieux où la communauté (1) de biens d'entre mari & femme est établie par la Coustume ou par l'Usage, la clause qui y dérogera dans les Contracts de mariage *des Marchands* (2) Grossiers ou Détailleurs, & des Banquiers, *sera publiée à l'Audience* (3) de la Jurisdiction Consulaire, s'il y en a; sinon dans l'assemblée de l'Hostel commun des Villes; *& insérée dans un tableau* (4) exposé en lieu public (5), à peine de nullité (6) : & la clause n'aura lieu que du jour qu'elle aura esté publiée & enregistrée.

1. *Dans les lieux où la Communauté, &c.*] Dans les Coutumes de Paris & d'Orléans, & dans la plupart des pays qui sont régis par le Droit Coutumier, la communauté de biens entre mari & femme a lieu de plein droit, sans qu'il soit nécessaire d'en convenir par le Contrat de ma-

riage : au contraire, elle n'a lieu dans les pays de Droit Écrit, que lorsqu'elle est stipulée en se mariant. Il y a même des Coutumes, comme celle de Normandie, où il n'est pas permis de la stipuler.

Si l'on veut donc empêcher l'effet de la Communauté dans les lieux où elle se fait de plein droit, il est nécessaire d'y déroger expressément par le Contrat de mariage ; il faut de plus que cette clause soit rendue publique par la publication faite à l'Audience, & qu'elle soit enregistrée & exposée dans un tableau.

2. *Des Marchands.*] Il en est de même des Marchandes publiques. En effet, si celui qui épouse une Marchande publique ne veut point être en communauté de biens avec elle, il doit le stipuler par le contrat de mariage, & faire faire un état ou inventaire séparé de ses meubles & de ceux de sa femme, afin qu'ils ne soient pas confondus. Il faut aussi que cette clause soit publiée & enregistrée, & même insérée dans le Tableau destiné pour y inscrire ces sortes de séparations, si celui qui se marie ainsi veut mettre ses biens à couvert, & éviter la condamnation par corps pour les dettes que sa femme aura contractées.

3. *Sera publiée à l'Audience.*] Cette formalité de la publication & enregistrement a été sagement établie, afin que le public ayant connoissance que la femme d'un Négociant n'est point commune en biens avec lui, puisse prendre ses mesures, quand il prêtera de l'argent ou vendra des marchandises à ce Négociant, & que par ce moyen il ne soit point induit en erreur. Car il n'y a pas la même sûreté à prêter à un Négociant qui n'est point en communauté avec sa femme, que lorsque cette communauté a lieu. Quand une femme n'est

pas commune en biens avec son mari, elle devient sa créanciere de la somme qu'elle lui a apportée par contrat de mariage, & de ses autres reprises & conventions matrimoniales, sans entrer en aucune maniere dans les engagemets de la communauté ; & par ce moyen elle préjudicie aux droits des autres créanciers de son mari, dans le cas où il viendroit à tomber en faillite : au lieu que si cette femme est commune en biens, elle entre dans tous les engagements de la communauté, & lorsqu'elle renonce à cette communauté, elle perd tous les droits qu'elle y a.

4. *Et inférée dans un Tableau.*] Il seroit à souhaiter que cette clause fût observée plus exactement qu'elle ne l'est dans l'usage, & que les Greffiers, ou même les Juges ne fussent pas si négligents à en maintenir l'exécution.

5. *Exposé en lieu public.*] Comme en la Salle d'Audience, s'il y a une Jurisdiction Consulaire dans le lieu, sinon en la Chambre commune de l'Hôtel de Ville.

6. *A peine de nullité.*] C'est-à-dire, que faute d'avoir observé les formalités établies dans cet article, la clause qui déroge à la communauté sera nulle, en sorte que les créanciers du mari pourront soutenir contre la femme qu'elle est commune à leur égard, & se venger de la même maniere sur les biens de la communauté, que si cette femme étoit commune avec son mari.

Article II.

Voulons le mesme estre observé (1) entre les Négociants & Marchands, tant en gros qu'en détail, & Banquiers, pour les Séparations de biens d'entre mari & femme, *outre les autres formalitez en tel cas requises* (2).

1. *Voulons le même être observé.*] *Nam ubi eadem est ratio, idem jus esse debet.* Voyez-en la raison en la note 3, sur l'article précédent.

2. *Outre les autres formalités en tel cas requises.*] Ces formalités sont différentes, suivant les Coutumes. A Orléans les séparations de biens doivent être publiées aux Prônes des Messes de Paroisses (*a*) de la demeure de ceux entre lesquels ces séparations auront été prononcées, ensemble dans les Carrefours ordinaires & places publiques de la Ville, à son de trompe, ou tambour, & cri public; & de plus elles doivent être signifiées, à la diligence de ceux qui se trouveront séparés, aux Notaires des lieux, ou leurs Syndics, au cas qu'ils en ayent, auxquels il est enjoint d'inscrire les noms, qualités & demeures de ceux entre lesquels lesdites séparations auront été prononcées, en un tableau qui pour cet effet sera par eux posé en leur étude dans un lieu apparent, à peine de répondre en leurs propres & privés noms, des dommages & intérêts des parties. Il faut encore, à l'égard des séparations prononcées pour la Ville, que, trois jours après la Sentence de séparation, ceux qui l'ont obtenue fassent inscrire dans un Tableau posé en la Salle de l'Auditoire du Châtelet, leurs noms, qualités &

(*a*). Ces publications aux Prônes ont été abolies par l'article 32 de l'Edit du mois d'Avril 1695, & par la Déclaration du 16 Décembre 1698. Au lieu de les faire aux Prônes, il faut les faire aux portes des Eglises, à l'issue de la Messe Paroissiale, ainsi qu'il est porté par ces mêmes Réglements.

demeures, date de la Sentence, & en quelle Jurisdiction elle a été rendue; le tout à peine de nullité des Sentences obtenues Tout éeci est porté par un Réglement rendu au Bailliage d'Orléans le 5 Février 1624, qui est exactement observé.

Lorsqu'après la séparation des biens, le mari & la femme se rassemblent & mettent leurs biens en commun, l'effet de la séparation de biens cesse, & les meubles & conquêts immeubles, même ceux acquis pendant la séparation, entrent en communauté, comme s'il n'y avoit point eu en tout de séparation. (Voyez l'article 199 de la Coutume d'Orléans.)

TITRE IX.

Des Défenses & Lettres de Répi.

Il faut voir sur ce titre l'Ordonnance du mois d'Août 1669 au titre 6 des Répis, avec le Commentaire sur ce titre, l'article 14 de la Déclaration du 23 Décembre 1699, servant de Réglement général pour les Lettres de Répi, ordonne l'exécution de ce titre 6 de l'Ordonnance de 1669, ainsi que celle du présent titre de l'Ordonnance du Commerce.

ARTICLE I.

Aucun Négociant, Marchand, ou Banquier, *ne pourra obtenir* (1) *des Deffenses générales de le contraindre* (2), *ou*

160 *Ordonnance de 1673.*

Lettres de Répi (2), qu'il n'ait mis au Greffe de la Jurisdiction dans laquelle les Deffenses ou l'entérinement des Lettres devront estre poursuivis, *de la Jurisdiction Consulaire* (4), s'il y en a, ou de l'Hostel commun de la Ville, *un état certifié* (5) de tous ses effets, tant meubles qu'immeubles, & de ses dettes; & qu'il n'ait représenté à ses Créanciers, ou à ceux qui seront par eux commis, s'ils le requierent, *ses Livres & Registres*, (6), dont il sera tenu d'attacher le Certificat sous le contrescel des Lettres.

1. *Ne pourra obtenir.*] La Déclaration du 13 Juin 1716, rapportée ci-après, titre 11, article 3, note 1, » déclare nulles & de nul » effet toutes les Lettres de Répi qui pour- » roient être obtenues, si l'état des effets & » dettes de l'impétrant n'est attaché sous le » contrescel desdites Lettres, avec un certifi- » cat du Greffier de la Jurisdiction Consulai- » re, ou du Notaire, entre les mains des- » quels ledit état avec les livres & registres » aura été déposé. (Voyez le recueil tome 3. page 56.)

2. *Des Défenses générales de le contraindre.*] Les *Défenses générales* sont des Lettres, ou un Jugement qui s'accordent à un débiteur pour un tems, afin de le mettre à couvert de ses créanciers, pendant lequel tems il est fait défenses d'attenter à sa personne. (Voyez l'Ordonnance du mois d'Août 1669, titre 6, n. 1.)

3. *Ou Lettres de Répi.*] Les Lettres de répi sont des lettres de surséance, que le Roi ac-

corde à des débiteurs, soit Négocians ou autres, qui par des accidens, ou des pertes considérables qu'ils ont souffertes, se trouvent dans l'impuissance de satisfaire leurs créanciers, & n'ont besoin que de quelque délai pour pouvoir s'acquitter.

4. *De la Jurisdiction Consulaire.*] Il ne faut pas conclure de ces mots, que les Juges-Consuls puissent connoître de l'entérinement des Lettres de répi ; cette connoissance n'appartient qu'aux Juges-Royaux. (Voyez l'Ordonnance du mois d'Août 1669, au titre des répis, article 3.)

5. *Un état certifié, &c.*] Cet état doit contenir la qualité, la quantité, & l'espece de tous les biens meubles & immeubles que les impétrants possedent, même ceux qu'ils ont vendus & aliénés.

L'article 1 de la Déclaration du 23 Décembre 1699, servant de Réglement général pour les lettres de répi, veut « que les Négocians, » Marchands, Banquiers & autres, qui voudront obtenir des Lettres de répi, soient » tenus d'y joindre un état qu'ils certifieront » véritable, de tous leurs effets, tant meubles qu'immeubles, & de leurs dettes, qui » demeurera attaché sous le contrescel.

L'article 2 de cette même Déclaration, porte » qu'ils seront pareillement tenus, aussi-tôt » après le sceau & expédition des Lettres » de répi, de remettre au Greffe, tant du » Juge auquel l'adresse en aura été faite, que » de la Jurisdiction Consulaire la plus prochaine, un double d'eux certifié, du même état » de leurs effets & dettes, d'en retirer des certificats des Greffiers, & de faire donner copie tant dudit état que desdits certificats » à chacun de leurs créanciers, dans le mê-

» me temps qu'ils leur feront signifier les Lettres
» de répi qu'ils auront obtenues ; à peine d'être
» déchus de l'effet de leurs Lettres à l'égard de
» ceux auxquels ils n'auront point fait donner co-
» pie desdits états & certificats.

6. *Ses Livres & Registres.*] L'article 3 de la Déclaration du 23 Décembre 1690, a expliqué cette disposition. Cet article porte » que » si les impétrans (des Lettres de répi) sont Né- » gocians, Marchands, ou Banquiers, ils fe- » ront tenus, outre les formalités contenues en » l'article précédent, & sous les mêmes peines, » de remettre au Greffe du Juge à qui l'adresse » des Lettres aura été faite, leurs Livres & Regis- » tres, d'en retirer un certificat du Greffe, & d'en » faire donner copie à chacun de leurs créanciers » dans le même tems qu'ils leur feront signifier leurs lettres.

Article II.

Au cas que l'Etat *se trouve frauduleux* (1), *ceux qui auront obtenu* (2) *des Lettres ou des Deffenses, en seront décheus* (3), encore qu'elles ayent esté entérinées, ou accordées contradictoirement ; & le Demandeur ne pourra plus en obtenir d'autres, ni estre receu au bénéfice de Cession.

1. *Se trouve frauduleux.*] Un état est frauduleux, lorsqu'il ne contient pas généralement tous les effets du débiteur, ou que le débiteur y suppose de fausses créances. (Voyez *Infrà*, titre 12, article 10.)

De quelque maniere que l'état soit certifié, rien ne peut couvrir la fraude, s'il y en a.

parce que la bonne foi qui doit régner dans le Commerce, ne permet pas qu'un Négociant obtienne par un mauvais artifice ce qui lui seroit refusé, s'il n'avoit pas usé de déguisement & de tromperie.

2. *Ceux qui auront obtenu, &c.*] Soit Négociants ou autres. (Déclaration du 23 Décembre 1699, servant de Réglement pour les Lettres de répi, article 9.)

3. *En seront déchûs.*] L'article 12 de la même Déclaration du 23 Décembre 1699, veut » que les impétrans (des Lettres de répi) ne » puissent s'en servir, s'ils étoient accusés de » banqueroute, & constitués prisonniers, ou » le scellé apposé sur leurs effets pour ce sujet ; » & qu'en cas qu'avant la signification des » Lettres de répi ils eussent été arrêtés prison- » niers pour dettes civiles seulement, ils ne pour- » ront être élargis en vertu desdites Lettres, s'il » n'est ainsi ordonné par le Juge auquel elles au- » ront été adressées, après avoir entendu les créan- » ciers à la requête desquels ils auront été arrêtés » ou recommandés.

Article III.

Les Deffenses générales & les Lettres de Répi *seront signifiées* (1) dans huitaine aux Créanciers, & autres intéressez qui seront sur les lieux ; & n'auront effet qu'à l'égard de ceux ausquels la signification en aura esté faite.

1. *Seront signifiées.*] L'article 4 de la Déclaration du 23 Décembre 1699, en interprétant cet article, ordonne » que les Négociants, » Marchands, Banquiers & autres, qui auront

« obtenu des Lettres de répi, seront tenus de
« les faire signifier dans huitaine, s'ils sont
« domiciliés dans la Ville de Paris, à leurs créan-
« ciers & autres intéressés demeurants dans la
« même Ville; & si les impétrants ou leurs créan-
« ciers ont leur domicile ailleurs, le délai de hui-
« taine sera prorogé, tant pour les uns que pour
« les autres, d'un jour pour cinq lieues de dis-
« tance, sans distinction du ressort des par-
« lements.

Faute par les impétrants d'avoir fait cette signification dans le délai porté par cet article 4, ils ne sont pas pour cela déchûs du bénéfice des Lettres par eux obtenues ; mais ces Lettres n'ont leur effet que du jour que la signification en a été faite.

L'article 5 de la même Déclaration du 23 Décembre 1699, porte « que les créanciers
« ausquels les Lettres de répi auront été signi-
« fiées, pourront s'assembler & nommer entre
« eux des directeurs ou Syndics, pour assister aux
« ventes que l'impétrant pourra faire à l'amiable
« de ses effets, & poursuivre conjointement avec
« lui le recouvrement des sommes qui lui sont
« dues.

L'article 6 porte, « qu'après que les Actes
« de nomination de Directeurs ou Syndics au-
« ront été signifiés aux impétrants & à leurs dé-
« biteurs, les impétrants ne pourront dispo-
« ser de leurs effets, & en recevoir le prix,
« ni leurs débiteurs pour les sommes qu'ils
« doivent, autrement qu'en présence desdits
« Directeurs ou Syndics, ou eux duement
« appellés; à peine contre les impétrants d'ê-
« tre déchûs de l'effet des Lettres de répi,
« & contre les débiteurs, de nullité des paie-
« ments.

L'article 8 porte, « que ceux qui auront ob-

» tenu des Lettres de répi, feront tenus, s'ils
» en font requis par leurs créanciers, de re-
» mettre au lieu & ès mains de celui dont ils
» conviendront, ou qui fera nommé par le Juge
» auquel elles auront été adreffées, les titres &
» pieces juftificatives des effets mentionnés dans
» l'état qu'ils auront certifié véritable, pour y
» demeurer jufqu'à la vente ou recouvrement des-
» dits effets.

Article IV.

Ceux qui auront obtenu (1) *des Deffen-*
fes générales, ou des Lettres de Répi,
ne pourront payer ou préférer aucun Créan-
cier (2) *au préjudice des autres, à peine*
de déchoir des Lettres & Deffenfes.

1. *Ceux qui auront obtenu, &c.*] Soit Négocians ou autres, de quelque profeffion qu'ils
puiffent être. (Déclaration du 23 Décembre
1699, article 7.)

2. *Ne pourront payer ou préférer aucun créan-*
cier.] Quand même ils feroient leurs plus pro-
ches parents; parce qu'il eft jufte que tous les
créanciers foient payés également, foit qu'ils
foient préfents ou abfents, chacun d'eux devant
participer à la mauvaife fortune de leur débiteur,
à proportion de ce qui leur eft dû.

Cet article eft auffi fagement établi pour
ôter à des créanciers qui feroient puiffants, le
moyen de forcer leurs débiteurs par menaces
ou autrement à leur faire une meilleure com-
pofition qu'aux autres.

Article V.

Voulons que ceux qui auront obtenu (1) *des Lettres de Répi, ou des Deffenses générales* (2) *ne puissent estre éleus* (3) *Maires ou Echevins des Villes, Juges ou Consuls des Marchands, ni avoir voix active & passive dans les Corps & Communautez, ni estre administrateurs des Hospitaux, ni parvenir aux autres fonctions publiques; & mesme qu'ils en soient exclus* (4), *en cas qu'ils fussent actuellement en charge* (5).

1. *Voulons que ceux qui auront obtenu, &c.*] La disposition de cet article ne regarde pas seulement les marchands & Négociants; mais elle doit aussi s'étendre à toutes sortes de personnes. (L'article 9 de la Déclaration du 23 Décembre 1699, en a une disposition.)

2. *Des Lettres de Répi ou des Défenses générales.*] A plus forte raison cela doit-il avoir lieu à l'égard de ceux qui ont fait faillite ou cession. L'article 10 de l'Edit du mois de Décembre 1701, touchant le commerce, en a une disposition.

Cependant ceux qui par des malheurs ou des accidents imprévus tombent dans cette disgrâce, & qui abandonnent de bonne foi & sans fraude leurs biens à leurs créanciers, n'encourent pour cela aucune note d'infamie, suivant l'Ordonnance du mois de Janvier 1629, article 144. Voici les termes de cet article. » Dé-
» clarons que ceux, lesquels non par leur faute

» ou débauche, ains par malheur & inconvé-
» nient, seront tombés en pauvreté, & auront
» été contraints à cette cause de faire cession
» de biens, n'encourront pour cela infamie,
» ni aucune marque, sinon la publication ou
» affiche de leur noms ci-dessus mentionnés; &
» en sera fait mention par la Sentence du Juge
» par laquelle ils seront reçus à ladite cession
» de biens.

Il faut bien prendre garde de confondre les Lettres de répi avec les Lettres d'Etat, quoique la surséance ou la suspension de toute poursuite semble être également l'objet des unes & des autres. Les Lettres d'Etat ne s'accordent qu'à des Officiers de guerre, ou à ceux qui sont employés hors de leur résidence ordinaire pour affaires importantes au service du Roi, & elles ne déshonorent en aucune maniere celui qui les obtient.

3. *Ne puissent être élûs*] Parce que si ceux qui ont fait faillite ou qui ont obtenu des Défenses générales ou Lettres de répi, participoient aux dignités qui ne sont déférées qu'aux citoyens qui ont toujours vécu avec honneur, & sans faire tort à personne, ils seroient traités avec la même distinction qu'eux; ce qui ne seroit pas juste.

Lorsque ceux qui ont obtenu des Lettres de répi ou fait faillite, ont payé exactement tous les Créanciers, tant en principal qu'intérêts (dans le cas du moins où ces intérêts sont dûs, comme s'ils avoient été adjugés par Sentence,) & qu'ils se sont fait réhabiliter en obtenant du Roi des Lettres à cet effet, ils rentrent dans tous les droits des autres Citoyens, & peuvent être élus comme eux aux fonctions & charges publiques.

Pour obtenir les Lettres de réhabilitation,

il faut que celui qui les demande attache sous le contre-sceel des Lettres qu'il présentera au Sceau, 1°. Une copie de l'état par lui certifié de ses effets & dettes passives, qu'il aura mis au Greffe avant l'obtention des lettres de répi, ou le jugement portant en sa faveur des défenses générales : 2°. Les quittances en original de ses Créanciers, si elles sont sous seing-privé, ou des copies collationnées, si elles ont été données pardevant Notaire, faisant mention entière des paiements qu'il leur aura faits. 3°. Après que ces Lettres auront été scellées, il faudra les faire homologuer en Justice, soit au Parlement, soit pardevant le Juge Royal auquel elles seront adressées, à l'effet de quoi elles seront communiquées au Procureur Général, ou au Procureur du Roi, pour y donner leurs conclusions. Si ces Lettres sont entérinées, il faudra pour plus grande sûreté demander permission de les faire publier & afficher par-tout où besoin sera ; ce qui s'accorde ordinairement par le même jugement qui entérine les Lettres.

4. *Et même qu'ils en soient exclus.* C'est pourquoi ceux qui ont obtenu des Lettres de répi ou des défenses générales, ou qui ont eu le malheur de tomber en faillite, doivent avoir attention, s'ils sont dans quelque charge publique, comme de Consul, Echevin, Administrateur, Garde ou Syndic de Communauté, Marguillier de Paroisse, &c. de se retirer, & de ne plus paroître dans ces places, pour n'être pas exposés à l'affront d'en être exclus.

5. *En cas qu'ils fussent actuellement en charge.*] Par un Arrêt du Parlement de Bordeaux du 28 Février 1680, il a été fait défenses aux Négociants qui ont fait faillite, ou obtenu des Lettres de répi en fraude & par une mauvaise foi notoire & reconnue, de fréquenter la place

des

des Marchands; & permis aux Juges-Confuls de les en exclure jufqu'à ce qu'ils ayent juftifié de leur bonne foi, & fatisfait leurs Créanciers.

Par l'article 18 du Réglement du 2 Juin 1667, ci-deffus rapporté en la note 1, fur l'article 7 du titre 5, page 96, il eft dit que les faillits & banqueroutiers ne pourront entrer en la loge du Change, ni écrire & virer parties, fi ce n'eft après qu'ils auront entièrement payé leurs Créanciers, & qu'ils en auront fait apparoir.

TITRE X.

Des Ceſſions de biens.

LA *ceſſion de biens* eft un abandonnement qu'un Débiteur fait de fes biens à fes Créanciers pour avoir la liberté de fa perfonne, & pour éviter les pourfuites qui pourroient être faites contre lui, lorfque fa mauvaife fortune le met hors d'état de payer fes dettes.

La ceffion de biens eft de deux fortes, l'une *volontaire* & l'autre *judiciaire*. La *ceſſion volontaire*, eft celle qui fe fait lorfqu'un Négociant ou autre, par des pertes ou des malheurs qui lui font arrivés, fe trouvant hors d'état de payer entièrement fes Créanciers, leur abandonne généralement tous fes biens par un Acte ou Contrat qu'il paffe avec eux à cet effet: cette premiere efpece de ceffion fe fait fans aucune formalité de Juftice. La *ceſſion judiciaire* eft un bénéfice introduit par la loi, au moyen duquel un débiteur prisonnier qui veut avoir la liberté de sa personne abandonne en Justice tous ses biens à ses Créanciers, malgré les oppositions qu'ils peuvent former pour empêcher cette cession, pourvû que ces Créanciers n'ayent point d'exceptions valables à opposer à leur débiteur, & qu'il ne soit pas convaincu de fraude. Ce Bénéfice est tellement fondé sur les premieres regles de l'équité, qu'il n'est pas permis d'y renoncer, ainsi qu'il a été jugé par plusieurs Arrêts, & entre autres par un du 22 Novembre 1456, rapporté par Gui Pape en sa question 211, & par un autre Arrêt du 22 Novembre 1599 : ce qui résulte d'ailleurs de la disposition de l'art. 12 du tit. 6, de l'Ordonnance du mois d'Août 1669, qui déclare nulles toutes les renonciations qu'on pourroit faire à l'obtention des lettres de répi dans les Actes & Contrats passés par un débiteur : car cette disposition doit avoir lieu à plus forte raison à l'égard du bénéfice de cession, qui est plus favorable.

La cession volontaire a lieu indistinctement pour toutes sortes de dettes sans aucune exception, parceque cette espece de cession se faisant de gré à gré & du consentement des Créanciers, il est libre à ceux-ci de renoncer au droit qu'ils pourroient avoir de l'empêcher. Si néanmoins après le Contrat passé avec les Créanciers, il paroissoit de la fraude de la part du débiteur, ces Créanciers seroient bien fondés à demander la résolution du Contrat, & à rentrer dans tous leurs droits, soit pour le faire emprisonner, soit pour le poursuivre comme Banqueroutier frauduleux.

A l'égard de la cession judiciaire, il y a plusieurs cas pour lesquels les Créanciers peuvent empêcher que le débiteur qui veut faire cession, ne soit admis à ce bénéfice. Ainsi,

1°. Tous acheteurs de bétail, vin, bled & autres grains achetés en Marché public, encore que lesdits bled & vin ne fussent achetés que sur le simple témoin, ne sont point admis au bénéfice de cession. (Coûtume d'Orléans, article 429. Voyez aussi l'Ordonnance du mois d'Août 1669, tit. 6, art. 11.)

Les Marchandises achetées sur les Ports sont aussi censées achetées en Marché public. (Ainsi jugé au Présidial d'Orléans, par Sentence du 30 Juillet 1703.)

Il en est de même des Marchandises vendues en foires: (V. Toubeau en ses Institutions Consulaires, liv. 2, tit. 11, ch. 5, page 722,) ce qui résulte aussi de l'article 11, du tit. 6 de l'Ordonnance du mois d'Août 1669.

2°. Tous acheteurs de poisson, tant d'eau douce que de mer; (Coûtume d'Orléans, art. 428, & il a été ainsi jugé par Arrêt du 16 Juillet 1661, rapporté par Jovet.) ce qui ne doit s'entendre cependant que du poisson vendu en lieu public, comme sont des Marchés, les ponts & les chaussées des étangs au tems de la pêche. (Ainsi jugé au Bailliage d'Orléans, par Sentence du 10 Décembre 1737.)

3°. Les Courtiers & autres qui s'entremêlent, moyennant salaire, de faire vendre ou acheter des bleds, vins, chevaux ou autres Marchandises, ne doivent point être admis au bénéfice de cession, pour la restitution desdites Marchandises ou du prix qu'elles ont été vendues. (Coutume d'Orléans, article 429, & il a été ainsi jugé par Arrêt du Parlement de Rouen du 28 Mars 1630.)

4°. Les acheteurs de biens vendus à l'encan, la solemnité de Justice gardée. (Coutume d'Orléans, art. 439.)

5°. Les cautions judiciaires & autres qui contractent en Justice. (Ainsi jugé par Arrêt du 15 Juillet 1571, rapporté par Carondas, liv. 6, réponse 37.)

6°. Les Fermiers des terres & métairies, lorsque la contrainte par corps a été stipulée par le bail; ce qui doit s'entendre non-seulement pour les fermages, moissons & sommes dûes à raison de la Ferme, mais encore pour l'argent avancé par le Propriétaire au Fermier, à l'entrée & dans le cours du bail (Voyez Louet, lettre C, sommaire 17. Coquille sur la Coutume de Nivernois, ch. 32, art. 22. Papon en ses Arrêts, liv. 10, titre 10, n. 5, Carondas en ses Réponses, liv. 3, ch. 6, & le Prêtre en ses Arrêts, centur. 1, ch. 99. Plusieurs Arrêts l'ont ainsi jugé, & entre autres un du 31 Mai 1633, rapporté par Bardet, & un autre du 27 Mars 1648.) Au reste cela ne doit avoir lieu que dans le cas où le Fermier auroit appliqué à son profit, & détourné les fruits provenants des héritages qu'il tient à Ferme, avant que le Propriétaire eût été payé de ses fermages, parce qu'alors ce Fermier commet une espece de vol.

7°. Le bénéfice de cession n'a pas lieu pour les dettes dans lesquelles l'intérêt public ou celui du Roi se trouvent engagés. Ainsi on n'est point admis à ce bénéfice quand on est comptable de deniers publics, & sur-tout de deniers Royaux. (V. le Prêtre centur. 1, ch. 99. C'est aussi la disposition de l'Ordonnance des Fermes du mois de Juillet 1681, au titre commun des Fermes, article 13.) Pareillement les Gardiens, Commissaires, Huissiers, Receveurs des consignations, Commissaires aux saisies réelles & autres dépositaires de Justice, n'y sont point admis, non plus que ceux qui ont eu quelque administration publique, comme d'Hôpitaux de Ville, &c. (Voyez Carondas, liv. 6, réponse 57.) Il en est de même des payeurs des rentes & autres Receveurs publics, & généralement de tous ceux avec qui l'on est dans la nécessité de contracter.

8°. Les Tuteurs pour reliquat de compte de leurs mineurs. (V. Mainard, liv. 4, ch. 17; la Rocheflavin, liv. 6, tit. 20, art. 1; ainsi jugé par Arrêt du 7 Mai 1608.)

9°. La cession n'a pas lieu pour toutes les dettes qui procedent de crime, vol ou fraude. Ainsi les Banqueroutiers frauduleux, les Stellionataires, & tous ceux qui détournent leurs biens en fraude de leurs Créanciers, ne sont point admis à ce bénéfice. (Arrêt du 28 Avril 1598. Voyez Peléus, liv. 8, act. For. 1, page 418, & Tronçon, sur l'art. 111 de la Coutume de Paris.) L'héritier qui n'a pas fait d'inventaire n'y est point admis par cette même raison, à cause de la fraude qui se présume alors. (V. Brodeau sur Louet, lettre C, sommaire 54.)

Il en est de même de ceux qui ont été condamnés en quelques réparations, dommages & intérêts en matiere criminelle. (V. le Prêtre, centur 1, ch. 99, n. 36: plusieurs Coutumes en ont des dispositions.) Les condamnés en l'amende envers le Roi pour raison de délit, sont dans le même cas. (V. Papon en ses Arrêts, liv. 10, tit. 10, n. 1 & 17, & le Prêtre, centur 1, ch. 99.) Mais quand il ne s'agit que de simples dépens, même en matiere criminelle, il est permis de faire cession pour éviter la contrainte par corps. (Ainsi jugé par plusieurs Arrêts, & notamment par un du 14 Janvier 1661.)

Hors les cas ci-deſſus exprimés, la ceſſion eſt admiſe, même pour Lettres de Change, dettes de commerce, &c. & généralement pour toutes les dettes où l'on ne peut prouver qu'il y ait dol ou fraude de la part du débiteur.

Il faut auſſi obſerver que rien n'empêche qu'un débiteur qui a obtenu des Lettres de répi, ne puiſſe faire ceſſion après l'échéance du délai porté par ces Lettres ; (V. Caron ſas en ſes Réponſes, liv. 6, rép. 18 ; ce qui réſulte auſſi de la diſpoſition de l'art. 2, du tit. IX, ci-deſſus, page 162.)

Lorſque le créancier pour une dette du nombre de celles pour leſquelles on n'eſt point admis au bénéfice de ceſſion, a pris un billet ou une obligation de ſon débiteur en paiement, il faut diſtinguer ſi ce créancier par l'obligation a fait réſerve de ſon privilege, ou non. Dans le dernier de ces deux cas il eſt cenſé avoir renoncé à ſon privilege, en ne le réſervant point, & avoir ſuivi la foi de ſon débiteur ; mais dans le premier cas il peut uſer de tous ſes droits. (V. Papon en ſes Arrêts, liv. 10, tit. 9, art. 14.)

Ceux qui ſont admis au bénéfice de ceſſion ne peuvent plus être empriſonnés par leurs créanciers, & s'ils étoient détenus priſonniers, ils obtiennent leur élargiſſement. Dès l'inſtant même que le débiteur a préſenté ſa Requête en juſtice, & aſſigné ſes créanciers pour être admis au bénéfice de ceſſion, il ne peut être empriſonné. (Ordonnance du mois d'Octobre 1535, chap. 8, art. 33.)

Auſſi tôt qu'un débiteur a fait ceſſion, tous ſes biens meubles & immeubles doivent appartenir à ſes créanciers ; & à cet effet il doit donner un état exact de tous ceux qu'il poſſede, & les abandonner tous ſans réſerve Quelques-uns en exceptent seulement un lit, & les autres meubles dont il est parlé dans l'Ordonnance de 1667, tit. 33, art. 14. D'autres y ajoutent les outils & instruments avec lesquels le cessionnaire gagne sa vie ; (V. Mazuer.prat. tit. 29, n. 7,) ce qui dépend des circonstances & de la qualité du cessionnaire.

Il faut même observer que tous les biens que le cessionnaire peut acquérir dans la suite depuis sa cession, sont affectés & obligés à ses créanciers jusqu'à concurrence des sommes qui leur étoient dues au tems de la cession ; ce qui est conforme à la disposition de Droit en la L. 4 & 7, *ff. de cessione bonorum*, & à la L. Cod. *qui bonis cedere possunt*, qui est reçue parmi nous. Ainsi suivant cette maxime, lorsque celui qui a fait cession vient par la suite à gagner du bien, il est tenu de l'abandonner à mesure à ses créanciers, sous la réserve seulement de ce qui lui est nécessaire pour vivre.

Mais si après la cession le cessionnaire a fait avec ses créanciers un contrat d'atermoiement, par lequel ils ont consenti de lui remettre une partie de sa dette, alors ils ne peuvent plus agir contre lui pour se faire payer d'une plus grande somme que celle dont ils sont convenus, à moins qu'ils ne justifient que par la transaction il y a eu dol ou fraude de la part de leur débiteur. (Voyez le Prêtre, Centur. 1, ch. 99.)

Quoique les personnes qui sont admises au bénéfice de cession, soit Marchands, Négocians, Banquiers ou autres, n'encourent aucune infamie de droit, & que cela soit même expressément porté par l'art. 144 de l'Ordonnance du mois de Janvier 1629, (rapporté ci-dessus, page 166,) parce que ce bénéfice n'est accordé qu'à ceux qui sont exempts de dol ou de fraude ; néanmoins ils encourent une infamie de fait.

Le premier effet que produit cette infamie, est que celui qui a fait cession est incapable de posséder aucune Charge ; (V. Boniface, tome 1, liv. 1, tit. 1, n. 24,) ce qui résulte d'ailleurs de l'article 5, du tit. 9 ci-dessus. Le second effet est qu'il ne peut ester en jugement en demandant, sans donner caution de payer le jugé. (Ainsi jugé par Arrêts du Parlement de Paris des 14 Avril & 26 Août 1598, rapportés par Bouchel en sa Bibliotheque, au mot *cession* ; & par deux autres Arrêts des 20 Septembre 1606, & 26 Juillet 1607, rapportés par Papon en ses Arrêts, liv. 8, titre 1, aux additions, note 1.)

Mais si le cessionnaire vient par la suite à acquitter ses dettes & à satisfaire tous ses créanciers, il peut se faire réhabiliter, & rentrer dans tous les droits de Citoyen, en obtenant des Lettres à cet effet. (V. ce qui a été dit ci-dessus, tit. 9, art. 5, note 3, pag. 167, en parlant des répis.)

Article I.

OUtre les *formalitez* (1) ordinairement observées pour recevoir au bénéfice de Cession de biens les Négociants & Marchands en gros & en détail, & les Banquiers, les Impétrants seront tenus *de comparoir en personnes* (2) à l'audience de la Jurisdiction Consulaire, s'il y en a, sinon en l'assemblée de l'Hostel commun des Villes, pour y déclater leur nom, surnom, qualité & demeure, & qu'ils ont esté receus à faire cession de biens : Et sera leur Déclaration leue & publiée par le Greffier, & insérée dans un tableau public (3).

1. *Outre les formalités, &c.*] Les formalités nécessaires pour être reçu au bénéfice de cession, sont que le débiteur qui forme cette demande, doit avant tout présenter sa Requête au Juge, à l'effet d'être admis à ce bénéfice, & conclure par cette Requête à ce qu'il lui soit permis de faire assigner ses créanciers, pour voir dire qu'il lui sera donné acte de l'abandon qu'il leur fait de tous ses biens, tant meubles qu'immeubles, & en conséquence qu'il sera admis au bénéfice de cession, aux offres qu'il fait de se conformer aux formalités prescrites par l'Ordonnance. S'il est prisonnier, il doit conclure en même tems à ce qu'il soit élargi, & mis hors de prison, & à ce faire le geolier contraint.

Il n'est pas nécessaire de se constituer prisonnier pour être reçu au bénéfice de cession, quoique quelques Arrêts ayent jugé le contraire, entre autres un du 19 Décembre 1644, rapporté par Boniface, tome 1, livre 4, tit. 9, ch. 4. Aujourd'hui on n'exige plus cette formalité.

Si le cessionnaire possede quelques biens, soit meubles ou immeubles, il doit en donner un état exact à ses créanciers mentionnés en sa Requête ; sinon il doit déclarer qu'il n'en possede aucun.

Lorsqu'il n'y a point d'opposition à la demande du débiteur, qui veut être admis au bénéfice de cession, le Juge par Sentence qui in-

H v

tervient, doit lui donner acte de l'abandon qu'il fait à ses Créanciers de tous ses biens, tant meubles qu'immeubles, ou de l'affirmation par lui faite qu'il n'en possede aucuns, & qu'il n'en a point détourné, soit directement, soit indirectement, en fraude de ces memes Créanciers; & en conséquence le recevoir au bénéfice de cession, à la charge de se conformer aux formalités prescrites par l'Ordonnance.

La cession, pour être valable, doit non-seulement être faite en Justice, mais elle doit encore être faite en personne l'Audience tenante, & non par Procureur. (Ordonnance de Louis XII, du mois de Juin 1510, art. 70. (V. au recueil, tome 1, page 3.) Il faut aussi que la cession soit faite devant les Juges Royaux ordinaires & non autres; (V. le grand Coutumier,) ce qui doit s'entendre du Juge Royal du domicile du débiteur, qui demande d'être admis à ce bénéfice. Le débiteur doit à cet effet faire assigner pardevant son Juge tous ses Créanciers, du moins ceux à la Requête desquels il est emprisonné ou recommandé; & il est même mieux qu'il les fasse tous assigner, autrement ce qui seroit fait sans ces derniers, seroit nul par rapport à eux, & il faudroit que ce débiteur fit encore la même cérémonie par rapport à ces autres Créanciers, pour éviter l'emprisonnement de leur part, ou pour s'en libérer.

Les Juges Consuls ne sont point compétents pour connoître de ces sortes de matieres, soit pour recevoir au bénéfice de cession, soit pour connoître des contestations qui peuvent naître à ce sujet.

Lorsque le débiteur qui veut être admis à la cession, au lieu de se pourvoir par simple Requête devant le Juge de son domicile, se pourvoit en Chancellerie & obtient des Lettres à cet effet, ces Lettres n'empêchent pas que ses Créanciers qui ont des contraintes par corps contre lui, ne puissent le faire constituer prisonnier jusqu'à ce que les Lettres ayent été entérinées. (Ainsi jugé au Bailliage d'Orléans, par Sentence du 5 Mars 1743.)

Le Cessionnaire qui étant prisonnier, a obtenu Sentence en sa faveur, est obligé de la lever & de la faire signifier au geolier, pour pouvoir sortir de prison, & pour la décharge du geolier.

Anciennement celui qui avoit fait cession étoit obligé de porter sur la tête un bonnet vert, comme par une espece de note d'infamie; sinon il étoit permis aux Créanciers de l'emprisonner: plusieurs Arrêts l'ont ainsi jugé. Mais aujourd'hui cette formalité ne s'observe plus, quoique la Sentence qui reçoit au bénéfice de cession fasse toujours mention que c'est à la charge de porter le bonnet vert; du moins c'est ainsi que nous l'observons à Orléans. Il y a néanmoins des Provinces dans le Royaume, où, suivant l'ancien usage, les Cessionnaires sont obligés encore aujourd'hui de porter sur la tête le bonnet vert en tout tems, comme il a été jugé au Parlement de Bordeaux, par Arrêt du 15 Mars 1706, rapporté par la Peyrere, lettre C. (V. sur cette matiere Louet, lettre C, sommaire 56.)

On observoit aussi autrefois à Paris une autre cérémonie. Le Cessionnaire étoit conduit par un Sergent au bas du Pilori un jour de Marché, les Créanciers bien & duement appellés; & là le Sergent en présence du Cessionnaire publioit à haute voix, que le particulier présent avoit été reçu au bénéfice de cession, afin que personne n'en ignorât, &

n'eût à faire aucun Commerce avec lui, dont il dressoit Procès-verbal signé de deux témoins. Cette formalité ne s'observe plus aujourd'hui; le Sergent se contente de faire un Procès-verbal, où il fait mention qu'il a satisfait à l'Ordonnance.

2. *De comparoir en personnes, &c.*] Cette formalité est établie, afin que le Négociant ou Marchand qui a fait cession soit connu, & que n'ayant plus de crédit, & ayant perdu toute la confiance qu'on pouvoit avoir en lui auparavant, on ne lui prête plus, & qu'on ne lui négocie des Billets que lorsqu'on veut bien courir risque de les perdre.

3. *Et insérée dans un tableau public.*] C'est-à-dire, exposée dans un lieu public, comme est la Salle où se tient l'Audience de la jurisdiction Consulaire, s'il y en a une dans le lieu du domicile du cessionnaire, sinon en la Salle commune où se tiennent les Assemblées de Ville.

Article II.

Les Etrangers (1) *qui n'auront obtenu nos Lettres de Naturalité ou de déclaration de Naturalité, ne seront receues à faire Cession* (2).

1. *Les Etrangers.*] Il en est de même des François bannis à perpétuité du Royaume, ou qui sont condamnés aux Galeres perpétuelles, parcequ'ils ont perdu la vie civile. (Ainsi jugé par Arrêt du dernier Février 1608. V. Brodeau sur Louet, lettre S, sommaire 15, & lettre C, sommaire 53.)

2. *Ne seront reçus à faire cession.*] Parcequ'autrement ils pourroient faire passer leurs effets

dans leur pays, & négocier encore impunément en France, après avoir fruſtré leurs Créanciers, à la faveur du bénéfice de ceſſion

Les François ne ſont point non plus admis au bénéfice de ceſſion contre les Etrangers. C'eſt une aſſurance réciproque pour entretenir le Commerce avec les Etrangers, qui eſt avantageuſe à l'Etat & au Public. (Ainſi jugé par pluſieurs Arrêts, & entre autres par un du 18 Avril 1566, & par deux autres des 5 Décembre 1591 & 17 Août 1598.)

TITRE XI.

Des Faillites & Banqueroutes.

ARTICLE I.

LA Faillite ou Banqueroute (1) ſera réputée ouverte du jour (2) que le débiteur ſe ſera retiré (3), ou que le ſcellé aura eſté appoſé ſur ſes biens (4).

1. *La faillite ou banqueroute.*] Ces mots ne ſont point ſynonimes. *La Faillite* ſe fait lorſqu'un Négociant, Banquier, ou autre, manque à payer ſes dettes : & à ſatisfaire à ſes engagemens, à cauſe de quelque perte ou accident conſidérable qui lui eſt arrivé, ſans qu'il y ait de ſa faute en aucune maniere. *La Banqueroute* au contraire ſe dit, à proprement parler, de ceux qui par leur faute, v. g. par des entrepriſes téméraires & des engagemens indiſcrets, ſe ſont mis dans le cas de déranger leurs

affaires, & de ne point payer leurs Créanciers.

2. *Sera réputée ouverte du jour, &c.*] Ensorte que dès ce jour-là toutes les dettes du failli deviennent exigibles, quand même les termes des Billets, obligations & Lettres de Change ne seroient pas encore expirés; & que les Créanciers peuvent faire mettre le scellé sur ses effets.

3. *Que le débiteur se sera retiré.*] Pourvu que cette retraite soit pour éviter les contraintes, & que ceux qui sont dans sa maison cessent de payer en son nom. Car si elle étoit occasionnée par quelque voyage ou maladie, ou que le débiteur se fût absenté pour ses affaires, ou pour prendre des arrangements à cause de quelque banqueroute où il se trouveroit impliqué, sans avoir eu le tems de laisser quelqu'un chez lui pour répondre sur ses affaires; dans ce cas, si ce débiteur revenoit en sa maison peu de jours après, & qu'il satisfît exactement ses Créanciers, on ne pourroit le regarder comme ayant été en faillite, quand même le scellé auroit été mis sur ses effets.

4. *Ou que le scellé aura été apposé sur ses biens.*] La faillite ou banqueroute est aussi réputée ouverte du jour que le débiteur est devenu insolvable, & a cessé entièrement de payer ses Créanciers, ou qu'il a détourné & changé ses effets de nature, & qu'il y a eu contre lui plusieurs condamnations en différentes Jurisdictions; ce qui dépend le plus souvent des circonstances.

Un Négociant ou autre qui a le malheur de se trouver dans l'impuissance de satisfaire ses Créanciers, doit avant toutes choses prendre des précautions sages pour mettre sa personne & son honneur à couvert.

1°. Il doit faire demander par quelque personne un sauf-conduit à ses Créanciers pour 15 jours ou un mois, plus ou moins, afin de pouvoir venir leur rendre compte de ses actions ; & si quelqu'un des Créanciers refuse d'accorder ce sauf-conduit, & que la plus grande partie y consente, il doit assigner les refusants, pour faire ordonner que ce sauf-conduit demeurera consenti par eux, & que défense leur sera faite d'attenter à sa personne ; ce que les Juges ne peuvent refuser, si les Créanciers des trois quarts de ce qu'il doit y consentent, suivant la disposition de l'article 7, ci-après. Si la Sentence ou l'Arrêt qui intervient sur cette Requête adjuge les conclusions du failli, il doit la signifier aux Créanciers refusants.

2°. Il doit écrire à tous ses Créanciers pour leur faire part de sa déroute, afin qu'ils puissent prendre toutes les mesures nécessaires pour la conservation de leur dû, & qu'ils envoient des procurations ou viennent eux-mêmes pour l'arrangement de leurs affaires.

3°. Il doit donner à ses Créanciers un état certifié de lui de tout ce qu'il possède & de ce qu'il doit (*Infrà*, art. 2.)

4°. Lorsqu'il sera près de rendre compte de sa conduite & de ses affaires, il fera assembler ses Créanciers, & leur présentera son bilan ou l'état de ses biens. Il aura attention de ne pas se trouver dans l'Assemblée sans être accompagné de quelque parent ou ami ; & d'y paroître avec une contenance modeste & humble telle qu'elle convient à sa situation : il est même plus convenable que ce soit la personne qui est avec lui qui porte la parole, si ce n'est lorsqu'il sera interrogé lui-même par quelque Créancier. Il doit aussi supporter avec patience

& sans réplique les mauvais discours ; & même les injures qui pourroient lui être faites, ou du moins y répondre avec douceur, & seulement autant qu'il le croira nécessaire pour sa justification.

5°. Il doit aussi présenter ses livres & registres, s'il est Marchand, Négociant ou Banquier, comme il est porté ci-dessous en l'article 3.

6°. Mais une des principales attentions que doit avoir celui qui tombe en faillite, est de se conduire avec toute la probité possible avant, pendant & après le tems de sa disgrâce. Outre que l'honneur exige de lui qu'il tienne cette conduite, il trouvera aussi par ce moyen ses Créanciers mieux disposés à lui accorder des délais, & à entrer avec lui dans quelque arrangement, soit par des remises ou autrement. Ainsi il doit bien prendre garde d'engager imprudemment ses amis dans son malheur, soit en empruntant d'eux de l'argent peu de jours avant sa faillite, soit en les faisant engager pour lui, afin de sortir d'affaire avec ses autres Créanciers. Outre que c'est une infidélité d'en agir ainsi, c'est qu'il n'y a rien qui déshonore tant un Négociant qu'une pareille conduite. Au contraire rien ne justifie mieux sa bonne foi, que lorsqu'on vient à connoître après sa faillite, qu'il a refusé de l'argent ou des Lettres de Change, que ses amis lui proposoient peu de tems auparavant.

De plus, il doit éviter de faire aucun préjudice à ses Créanciers, soit en détournant de l'argent ou des effets, & en les appliquant à son profit, soit en passant des ordres sur des Lettres de Change au profit de personnes interposées, pour en poursuivre & recevoir le

Des Faillites, &c. Tit. XI.

paiement sous leur nom. Il est même important pour ceux au profit de qui ces ordres sont passés, de ne point accepter ces sortes de transports; autrement ils courent risque d'être poursuivis, comme ayant participé frauduleusement à la banqueroute du failli. (*Infrà*, art. 13.) C'est pourquoi si quelqu'un par surprise, & de bonne foi, avoit accepté un pareil transport d'une personne en faillite, il doit pour se disculper envers les Créanciers, & pour justifier sa probité, venir leur déclarer ce qui s'est passé: par ce moyen il évitera les poursuites qui pourroient être faites contre lui.

Enfin une derniere attention que doit avoir un Négociant qui s'absente en cas de faillite pour éviter les poursuites de ses Créanciers, est d'enfermer tous ses livres, journaux & registres dans son cabinet, afin qu'ils puissent se trouver aisément sous le scellé, s'il étoit apposé chez lui pendant son absence, & pour empêcher par ce moyen que personne ne les détourne, & qu'il puisse par la suite les représenter à ses Créanciers.

Article II.

Ceux qui auront fait Faillite, *seront tenus de donner* (1) *à leurs Créanciers un Estat certifié d'eux, de tout ce qu'ils possedent, & de tout ce qu'ils doivent* (2).

1. *Seront tenus de donner, &c.*] V. ci-après les articles 10 & 11.

2. *Un état certifié d'eux, de tout ce qu'ils possedent, & de ce qu'ils doivent.*] A peine de ne pouvoir être admis à passer avec leurs Créan-

ciers aucun Contrat d'atermoiement, transaction, ou autre Acte, & de ne pouvoir obtenir aucune Sentence ou Arrêt d'homologation, ni se prévaloir d'aucun sauf-conduit qui auroit été accordé par les Créanciers; & aussi à peine d'être poursuivis comme Banqueroutiers frauduleux. (Déclaration du 13 Juin 1716, rapportée ci-après en la note 1, sur l'article 11 de ce titre.)

Ce n'est pas assez de donner cet état; il faut encore en dresser le bilan, tant en débit que crédit, pour la commodité des Créanciers, afin qu'ils puissent voir d'un coup d'œil l'état au vrai des affaires du failli, & ce qu'ils en peuvent espérer. Le failli doit aussi mettre au bas de cet état toutes les pertes qui lui sont arrivées, tant sur mer que par banqueroute ou autrement, afin de justifier aux Créanciers sa conduite, & que par cette connoissance, ils puissent se prêter plus facilement à un accommodement.

Article III.

Les Négociants, Marchands & Banquiers seront encore tenus *de représenter tous leurs Livres & Registres* (1) *cottez & paraphez* (2) en la forme prescrite par les Articles 1, 2, 3, 4, 5, 6 & 7, du Titre III, ci dessus, pour estre remis au Greffe des Juges & Consuls, s'il y en a, sinon de l'Hostel commun des Villes, ou és mains des Créanciers, à leur choix.

1. *De représenter tous leurs Livres & Registres, &c*] Afin de donner par là à leurs créan-

ciers une connoissance exacte de leurs affaires, & qu'ils puissent en conséquence prendre des mesures entre eux, & éviter des procès qui consument le plus souvent les biens du débiteur, & même quelquefois ceux des créanciers.

L'examen de ces Livres & Registres est d'ailleurs nécessaire pour voir si le débiteur n'a pas fait quelque vente de ses immeubles, cession de dettes actives, & autres effets, fourni des Lettres de change, ou passé des ordres au profit de quelques créanciers ou autres personnes en fraude, & au préjudice des autres, peu de jours avant sa faillite ; & qu'ils puissent en conséquence faire déclarer ces actes & transports nuls, suivant qu'il est dit en l'arcle 4 qui suit.

La Déclaration du 13 Juin 1716, ajoutant à la disposition portée en cet article, veut » que tous Marchands, Négociants, Banquiers » & autres qui ont fait faillite, soient tenus » de déposer un état exact & détaillé, certifié » véritable, de tous leurs effets mobiliers & » immobiliers, & de leurs dettes, comme aussi » leurs Livres & Registres, au Greffe de la » Jurisdiction Consulaire dudit lieu, ou la » plus prochaine ; & que faute de ce, ils ne » puissent être reçus à passer avec leurs créan- » ciers aucun contrat d'atermoiement, con- » cordat, transaction, ou autre acte, ni obte- » nir aucune Sentence, ou Arrêt d'homolo- » gation d'iceux, ni se prévaloir d'aucun sauf- » conduit accordé par leurs créanciers ; & » veut qu'à l'avenir lesdits contrats & autres » actes, Sentences & Arrêts d'homologation, » & sauf-conduits, soient nuls & de nul effet, » & que lesdits débiteurs puissent être pour- » suivis extraordinairement comme Banque-

» routiers frauduleux par les Procureurs-Gé-
» néraux ou leurs Substituts, ou par un seul
» créancier, sans le consentement des autres,
» quand même il auroit signé lesdits contrats
» actes ou sauf-conduits, & qu'ils auroient été
» homologués avec lui. Cette Déclaration veut
» aussi que ceux qui ont précédemment passé
» quelques contrats ou actes avec leurs créan-
» ciers, ou qui ont obtenu des sauf-conduits, ne
» puissent s'en aider & prévaloir, ni des Senten-
» ces ou Arrêts d'homologation intervenus en
» conséquence ; défend à tous Juges d'y avoir
» aucun égard, si dans quinzaine pour tout dé-
» lai, à compter du jour de la publication des
» présentes, les débiteurs ne déposent leurs
» états, Livres & Registres en la forme ci-
» dessus ordonnée, & sous les peines y conte-
» nues, au cas qu'ils n'y ayent ci-devant satis-
» fait Et pour faciliter à ceux qui ont fait, ou
» feront faillite, le moyen de dresser leurs états,
» veut S. M. qu'en cas d'apposition de scellé sur
» leurs biens & effets, leurs Livres & Regis-
» tres leur soient remis & délivrés, après néan-
» moins qu'ils auront été paraphés par le Ju-
» ge ou autre Officier commis par le Juge qui
» apposera lesdits scellés, & par un des créan-
» ciers qui y assisteront, & que les feuillets
» blancs, si aucun y a, auront été bâtonnés
» par ledit Juge ou autres Officiers ; à la char-
» ge qu'au plus tard après l'expiration dudit
» délai de quinzaine, lesdits Livres & Regis-
» tres, & l'état des effets actifs & passifs seront
» déposés au Greffe de la Jurisdiction Consu-
» laire, ou chez un Notaire, par celui qui
» aura fait faillite, sinon veut qu'il soit censé
» & réputé Banqueroutier frauduleux, & comme
» tel poursuivi suivant qu'il a été ci devant or-
» donné. Déclare nulles & de nul effet toutes

Des Faillites, &c. T<small>IT</small>. XI. 189
» Lettres de répi qui pourront ci après être
» obtenues, si ledit état des effets & dettes n'est
» attaché sous le contre scel, avec un certificat
» du Greffier de la Jurisdiction Consulaire, ou
» d'un Notaire, entre les mains duquel ledit
» état avec les Livres & Registres aura été
» déposé. (*Idem* par la Déclaration du 5 Août
1721, & autres Déclarations postérieures, qui
ajoutent, » le tout sans déroger aux usages
» & privileges de la Jurisdiction de la conser-
» vation de Lyon, ni à la Déclaration du 30
» Juillet 1715, intervenue pour le Châtelet de
» la ville de Paris. V. cette Déclaration au re-
» cueil, tom. 3, pag. 18.)

2. *Cottés & paraphés.*] Quand les Livres
sont en bon ordre, & qu'il n'y a point de preuve qu'il y en ait eu d'autres que ceux qui paroissent, les créanciers doivent s'en contenter
& y ajouter foi, quoique non cottés & paraphés. (V. la note sur l'article 3, du titre 3,
ci-dessus, page 34.)

A<small>RTICLE</small> IV.

Déclarons nuls tous transports, cessions, ventes & donations de biens meubles ou immeubles, *faits en fraude des
créanciers* (1). Voulons qu'ils soient rap-
portez à la masse commune des effets.

1. *Faits en fraude des Créanciers.*] Comme
sont ceux qui se font sous des noms interposés ou autrement, par des voies obliques &
illégitimes.

L'Edit du mois de Mai 1609, » annulle tous
» transports, cessions, ventes & aliénations
» faites aux enfants & héritiers présomptifs,
» ou amis du débiteur, & veut que s'il pa-

» roit que les transports, cessions, donations &
» ventes, soient faites & acceptées en fraude
» des créanciers, les cessionnaires, donataires,
» & acquéreurs, soient punis comme complices
» des fraudes & banqueroutes.

Lorsque les transports ont été faits dans les dix jours qui précédent la faillite, ils sont présumés faits en fraude des créanciers. C'est la disposition de la Déclaration du 18 Novembre 1702, qui veut » que toutes cessions & trans-
» ports sur les biens des Marchands qui font
» faillite, soient nuls & de nulle valeur, s'ils
» ne sont faits dix jours au moins avant la
» faillite publiquement connue ; comme aussi
» que les actes & obligations qu'ils passeront
» devant Notaires au profit de quelques-uns
» de leurs créanciers, ou pour contracter de
» nouvelles dettes, ensemble les Sentences
» qui seront rendues contre eux, n'acquie-
» rent aucune hypotheque ni préférence sur les
» créanciers chirographaires, si lesdits actes
» & obligations ne sont passés, & si lesdites
» Sentences ne sont rendues pareillement dix
» jours au moins avant la faillite publique-
» ment connue. (V. le recueil, tome 2, page 289.)

Les dispositions de cette Déclaration qui ne concerne que les Marchands, ont été étendues à l'égard des gens d'affaires, au sujet des transports à eux faits en cas de faillite, par Arrêt de la Cour des Aides, du 14 Mars 1710. (V. le recueil, tome 2, page 460.)

Il faut cependant observer que cette Déclaration ne s'entend que des transports faits par le failli sur ses biens au profit de quelques-uns de ses créanciers, ainsi que des hypotheques qui pourroient s'obtenir contre lui; mais un créancier qui de bonne foi & sans fraude auroit reçu de son débiteur le montant de ce qui lui est dû, ne pourroit être recherché par les autres créanciers pour rapporter ce qu'il a reçu, quand même il auroit reçu ce paiement la veille de la faillite : car ce créancier ne reçoit alors que ce qui lui appartient légitimement, & on ne peut présumer aucune fraude de sa part, comme elle est présumée à l'égard des cessions & transports qui se font dans les dix jours avant la faillite. Toubeau en ses Institutions Consulaires, liv. 3, titre 12, ch. 3, pag. 730, est de ce sentiment, & il pense qu'un paiement fait par le débiteur à son créancier dans les dix jours qui précedent la faillite, est bon & valable, & ne peut être attaqué par un autre créancier, pourvû qu'au tems du paiement le Marchand fît encore son commerce, & que la faillite ne fût point encore ouverte. Il cite plusieurs autorités pour appuyer son sentiment, & entre autres un Arrêt du 9 Juin 1578. V. aussi les Conférences de Paris sur l'Usure, tit. 6, Confer. 3, §. 6.

Le Réglement fait pour la Ville de Lyon, du 2 Juin 1667, art. 13, est favorable à cette opinion, puisqu'en déclarant nuls toutes cessions & transports faits dans les dix jours qui précedent la faillite, il en excepte les viremens de parties, qui sont des especes de paiemens. C'est aussi le sentiment de Savary en ses Pareres, (Parere 19, page 311, édition de 1749,) où il établit comme une maxime certaine à l'égard des Lettres & Billets de Change, dont le paiement est échû, qui ont été payées en argent comptant dans le tems qui précede de près la faillite, & même la veille de cette faillite, que ceux qui ont reçu ces paiemens ne sont point tenus de les rapporter, & que ces paiements ne peuvent jamais être réputés frauduleux, soit à l'égard de ceux qui reçoivent, soit de la part de ceux qui payent.

Mais il n'en est pas de même à l'égard de l'argent payé dans le tems qui est proche de la faillite, pour les Lettres, Billets, & autres de tes dont le paiement ne seroit pas encore échû ; parceque le paiement fait en argent avant le tems échu, dans le tems qui avoisine la faillite, est présumé avoir été fait de mauvaise foi & en fraude des autres créanciers, & que le débiteur qui est sur le point de faire faillite, ne peut avantager un créancier au préjudice des autres (*Ita* Savary, *ibid.*)

Il faut aussi observer que les paiements, même des dettes échues, qui se font en argent depuis la faillite ouverte, sont nuls, & doivent être rapportés à la masse, parceque dès l'instant de la faillite, les biens du débiteur deviennent le gage commun de tous les créanciers.

Si le débiteur dans le tems qui est proche de la faillite, c'est à dire dans les dix jours auparavant, avoit, au lieu d'argent, fait à quelques-uns de ses créanciers une cession & transport de dettes actives, ou qu'il leur eût fourni des Lettres de Change ou Billets qu'il auroit passés à leur ordre, ou donné en paiement des marchandises, meubles, vaisselle, &c. ou qu'il leur eût vendu des maisons ou héritages pour demeurer quitte avec eux de ce qu'il leur devoit, il est certain que les créanciers qui auroient reçu ces effets en paiement, doivent rapporter à la masse commune des effets du failli ce qui leur a été ainsi cédé & vendu ; parceque toute cession & transport qui se fait dans les dix jours qui précedent

la

la faillite, est censée extorquée, & faite en fraude des autres créanciers.

Mais toutes les cessions, transports & ventes faites par le failli, qui ont été acceptées de bonne foi & sans fraude de la part des cessionnaires & acquéreurs, sont bons & valables, & les cessionnaires ou acquéreurs ne sont point tenus de les rapporter à la masse commune des effets, quand même ces transports auroient été faits peu de tems avant la faillite.

Les cessions & transports acceptés de bonne foi & sans fraude par les cessionnaires & acquéreurs, sont 1°. toutes ventes d'immeubles & effets mobiliers, dont le prix a été payé par l'acheteur en argent comptant ou autres effets équipollents, sur-tout lorsque la date de ces ventes se trouve constatée par quelque acte authentique. 2°. Toutes Lettres de Change & Billets fournis, soit qu'ils soient payables à ordre ou au porteur, dont les ordres ont été passés, & en général toutes cessions & transports de dettes actives dues au cédant, tant par obligations, promesses, qu'autrement, dont la valeur a été payée en argent comptant, ou en autres effets équivalents, par ceux au profit desquels les Lettres de Change ont été fournies, & les ordres passés, ou auxquels les cessions & transports ont été faits. 3°. Toutes marchandises, vaisselle d'argent, & autres effets donnés en gage ou nantissement, pour argent prêté, ou pour Lettres de Change & Billets fournis à ceux qui ont donné ces effets en gage, quand il y en a un acte passé devant Notaires, suivant l'article 8 du titre 6, ci-dessus. (V. Savary, *ibidem*, page 311.)

Il est constant que toutes ces choses ne sont point sujettes au rapport, parce que ces ventes, cessions, transports & engagements ont été faits de bonne foi & sans fraude de la part des acquéreurs & cessionnaires, & qu'il n'y auroit aucune raison de leur faire rapporter les choses qu'ils ont reçues, & dont ils ont payé la valeur en argent comptant, ou en autres effets équivalants.

Mais à l'égard des cessions, transports & engagements, s'ils ont été faits dans les dix jours qui précedent la faillite, ils doivent être déclarés nuls, aux termes de la Déclaration du Roi du 18 Novembre 1702; & il ne reste plus aux acquéreurs & cessionnaires, qu'une action pour se faire rendre l'argent & autres effets qu'ils peuvent avoir donnés pour acquérir ces cessions, transports & engagements: pour raison de quoi ils deviennent dans la classe des créanciers ordinaires, sans privilege particulier, lorsque les effets par eux donnés ne sont plus en nature.

ARTICLE V.

Les résolutions prises (1) *dans l'assemblée des créanciers à la pluralité des voix* (2) *pour le recouvrement des effets* (3), *ou l'acquit des dettes* (4), seront exécutées par provision, & nonobstant toutes oppositions ou appellations.

1. *Les résolutions prises, &c.*] V. l'art. suivant.

Lorsqu'un débiteur vient à tomber en faillite, la premiere chose que doivent faire les créanciers, est de s'assembler & de nommer à la pluralité des voix quelques uns d'entre eux des plus capables, pour syndics & directeurs des affaires du failli, afin d'examiner l'état de ses affaires, & d'en faire leur rapport dans les assemblées qu'ils indiqueront à cet effet; & lorsque c'est une faillite considérable, il est bon que les jours en soient indiqués une fois par chaque semaine plus ou moins, afin que personne n'en prétende cause d'ignorance, sans préjudice des assemblées extraordinaires, & que les délibérations prises dans ces assemblées soient reçues par un Notaire, chez lequel elles se feront. Si parmi les créanciers, comme il arrive le plus souvent, il y en a quelques uns d'absents, il faut leur écrire, afin qu'ils viennent, ou envoient à quelqu'un une procuration spéciale, pour assister en leur nom aux assemblées, & consentir en tout ce qui y sera résolu. A l'égard des créanciers qui n'ont été ni présents ni appellés aux délibérations prises dans les assemblées, soit pour remise, soit pour attermoiement; ils ne seront point obligés de les exécuter. (Arrêts rapportés par Catelan, en son recueil, liv. 6, ch. 33.)

Le pouvoir que donnent ordinairement les créanciers aux Syndics ou Directeurs, est, 1°. De faire lever les scellés qui ont pû être apposés en la maison du failli. 2°. De faire faire l'inventaire de tous ses biens, registres & papiers. 3°. D'examiner l'état que ce débiteur leur aura fourni, ainsi que ses livres & registres, pour voir s'ils sont bien en regle & conformes à l'Ordonnance. 4°. De bien faire constater l'état des marchandises ou autres effets, qui seront réclamés par des créanciers, afin de savoir si ces effets sont encore en nature, & sujets au privilege de ceux qui les réclament. 5°. De faire vendre les marchandises & autres effets appartenants à ce même débiteur, & non revendiqués par des créanciers, & d'en remettre les deniers entre les mains d'un Notaire, ou autre personne nommée à cet effet par l'assemblée. 6°. De faire le recouvrement de toutes les dettes. 7°. Enfin d'examiner les contrats, transactions, obligations, promesses, billets, lettres de change, & autres pieces juftificatives de ceux qui fe prétendent créanciers du failli, pour du tout faire dans les affemblées un rapport fidele & exact aux créanciers.

Les Syndics, en procédant à l'inventaire des effets du failli, doivent fe comporter avec toute l'intégrité & la droiture due à la confiance qu'on leur a témoignée, fans aucune acception ni faveur de perfonne.

Ils doivent d'abord prendre le nom de tous les créanciers oppofants au fcellé, au cas qu'il y en ait un, & les faire affigner pour en confentir la levée; & pour éviter les frais de la procédure, ils doivent faire ordonner en juftice que tous ces créanciers oppofants comparoîtront à cette levée par l'ancien Procureur des oppofants.

L'inventaire étant achevé, il faut avant de procéder à la vente des effets, que les Syndics examinent avec foin tous les livres & regiftres du failli; qu'ils voient fi ces livres font entièrement conformes à l'état par lui fourni de fes biens, & s'il a été fait quelque vente, ceffion, ou transport, du nombre de ceux dont il a été parlé ci deffus, page 190, dans les dix jours qui précedent la faillite, afin de les faire déclarer nuls. Il faudra enfuite qu'ils faffent leur rapport du tout à la premiere affemblée, afin que les créanciers tous enfemble déliberent fur le parti qu'ils croiront le plus convenable, foit pour laiffer le failli en poffeffion de fes biens aux conditions qu'ils jugeront à propos, foit pour l'en dépoffeder, & partager entre eux les deniers qui proviendront de la vente de fes biens.

Après cela ils doivent examiner les droits de chacun des créanciers en particulier, voir fi les fommes dont ils fe prétendent créanciers leur sont bien & légitimement dues, & considérer la nature, les droits & privileges de ces créanciers. Cet examen fait, les Syndics dresseront un état au vrai, ou bilan en débit & crédit, de tous les effets du failli, tant actifs que passifs, soit immeubles, soit meubles, marchandises, lettres, billets, promesses, argent comptant, & dettes actives, en distinguant les bonnes dettes, des dettes douteuses ou mauvaises ; & ils y joindront ensuite l'état de toutes les dettes passives, tant les hypothéquaires & privilégiées, que les chirographaires ; & si parmi ces dettes il y en a quelques-unes de litigieuses, ils en feront mention. Ce bilan dressé, les Syndics doivent le faire voir aux créanciers dans une assemblée, & en faire leur rapport, en exposant en même tems les doutes ou difficultés qu'il peut y avoir sur la qualité des créanciers ou autrement.

Si le débiteur par cet examen est trouvé de bonne foi, & qu'il ait suffisamment de quoi payer les créanciers, il faudra l'entendre sur les propositions qu'il pourra faire à l'assemblée, soit pour payer ces créanciers, soit pour sortir d'affaire avec eux. Sur quoi il est important d'observer, que les créanciers, dans les délibérations qui se feront à cet effet, doivent se comporter avec beaucoup de prudence & de retenue, sans témoigner aucune passion ni animosité contre le failli, mais en exposant simplement les raisons qu'ils peuvent avoir pour défendre leurs intérêts.

Lorsqu'il y a suffisamment de quoi satisfaire les créanciers, & que le failli ne demande que du tems pour payer ce qu'il doit, v. g. deux ou trois ans, plus ou moins, suivant l'état de ses affaires, les choses sont bientôt terminées, & on ne lui refuse pas ordinairement ce délai ; mais quand il n'y a pas de quoi acquitter les dettes, & qu'il y a le tiers, ou la moitié, ou les trois quarts à perdre, l'accommodement devient beaucoup plus difficile ; & alors il est de la prudence des Syndics & Directeurs d'a...érer les choses, soit pour procurer un arrangement avec le failli, soit pour faire le recouvrement de ses dettes & effets, qui souvent dépérissent de plus en plus, & vont toujours en diminuant, faute de faire promptement toutes les poursuites nécessaires pour les recouvrer.

S'il arrive que le failli abandonne volontairement tous ses biens à ses créanciers pour demeurer quitte envers eux, ceux-ci doivent se servir de lui pour liquider ses affaires, faire le recouvrement de ses dettes, & prendre avec lui tous les arrangements nécessaires. Il est même de leur intérêt de lui donner quelque somme pour le dédommager de ses peines, & l'aider à subsister. Faute de prendre cette précaution, il peut arriver que ce recouvrement ne se fasse qu'avec beaucoup de peine, & que les biens se réduisent à rien dans la suite.

2. *A la pluralité des voix.*] V. les articles suivants, 6 & 7.

3. *Pour le recouvrement des effets, &c.*] Et non pour les remises & contrats d'atermoiement ou autres arrangements, pour lesquels l'exécution provisoire n'a pas lieu, quoique consentis par les trois quarts des créanciers, & dont l'appel suspend l'effet.

4. *Ou l'acquit des dettes.*] La Déclaration du 11 Janvier 1716, veut ,, qu'aucun parti-
,, culier ne se puisse dire & prétendre créan-
,, cier, & en cette qualité assister aux assem-
,, blées, former opposition aux scellés & in-

Des Faillites, &c. Tit. XI. 199

» ventaires, signer aucunes délibérations ni au-
» cun contrat d'atermoiement, qu'après avoir
» affirmé dans l'étendue de la Ville, Prévô-
» té, & Vicomté de Paris pardevant le Pré-
» vôt de Paris ou son Lieutenant, & parde-
» vant les Juges & Consuls dans les autres
» Villes du Royaume, où il y en a d'établis,
» que leurs créances leur sont bien & légiti-
» mement dues en entier, & qu'ils ne prêtent
» leur nom directement ni indirectement au
» débiteur commun, le tout sans frais. (*Idem*
par la Déclaration du 5 Août 1721 ; & autres
Déclarations postérieures. V. au recueil, tome
3, page 205.)

Mais la Déclaration du 13 Septembre 1739,
a fixé entièrement la procédure qui doit s'observer dans ce cas. Cette Déclaration veut » que
» dans toutes les faillites ouvertes ou qui
» s'ouvriront à l'avenir, il ne soit reçu l'affir-
» mation d'aucun créancier, ni procédé à
» l'homologation d'aucun contrat d'atermoie-
» ment, sans qu'au préalable les parties se
» soient retirées pardevers les Juges-Consuls,
» ausquels les bilans, titres & pieces seront
» remis pour être vus & examinés sans frais
» par eux, ou par des anciens Consuls & com-
» merçants qu'ils commettront à cet effet, du
» nombre desquels il y en aura toujours un du
» même commerce que celui qui aura fait fail-
» lite, & devant lesquels les créanciers de
» ceux qui seront en faillite, seront tenus,
» ainsi que le débiteur, de comparoître en per-
» sonne, ou en cas de maladie, absence, ou
» autre légitime empêchement, par un fon-
» dé de procuration spéciale, dont du tout
» sera dressé Procès-verbal par les Juges-Con-
» suls, ou ceux qui seront commis par eux,
» & la minute dudit Procès-verbal déposée

I iv

» au Greffe de la Jurifdiction Confulaire, fui-
» vant l'article 3 du tit. 11 de l'Ordonnan-
» ce de 1673. Cette Déclaration ajoute,
» que la copie de ce Procès-verbal fera remife
» au failli, ou aux créanciers, pour être an-
» nexée à la Requête qui fera préfentée pour
» l'homologation des contrats d'atermoiements,
» & autres actes ; & que faute par les créan-
» ciers & débiteurs de fe conformer à cette
» Déclaration, les créanciers feront déchus de
» leurs créances, & les débiteurs pourfuivis
» extraordinairement comme banqueroutiers
» frauduleux. (V. le recueil, tome 3, page
600.)

ARTICLE VI.

Les voix des Créanciers prévaudront non par le nombre des perfonnes, *mais eu égard à ce qui leur fera deu* (1), s'il monte aux trois quarts du total des dettes.

1. *Mais eu égard à ce qui leur fera dû.*] Cette diftinction eft très-judicieufe, parceque plus il eft dû à un créancier, & plus il a intérêt de veiller à la confervation des biens du failli, & au recouvrement de fes effets.

ARTICLE VII.

En cas d'oppofitions ou de refus (1) de figner les délibérations *par les Créanciers* (2), dont les créances n'excéderont le quart du total des dettes, *Voulons qu'elles foient homologuées* (3) *en Juftice*

(4), & exécutées *comme s'ils avoient tous signé* (5).

1. *En cas d'opposition ou de refus.*] Les Créanciers opposants doivent néanmoins être écoutés en leurs oppositions, si elles sont valables ; comme s'ils mettent en fait que leurs créances sont privilégiées, que le failli a plus de bien qu'il n'en a paru aux Syndics, que ces Syndics se sont trompés dans leur examen, qu'il y a de la fraude dans la conduite du failli, & des créances simulées de sa part, & autres moyens semblables qui peuvent empêcher, ou du moins différer l'homologation de la délibération des créanciers. (*Voyez Boerius question* 215.)

2. *Pour les créanciers.*] Ceux qui sont cautions envers ces créanciers, peuvent les obliger à signer & exécuter ce qui est délibéré par la plus grande partie des autres créanciers, sauf aux créanciers cautionnés, en cas d'insuffisance, & pour le surplus de ce qui leur est dû, d'agir contre leurs cautions. (Ainsi jugé par Arrêt du 22 Mai 1680, rapporté au Journal du Palais, tome 2, p. 155, de l'Edition in-folio de 1701.)

3. *Voulons qu'elles soient homologuées.*] Il a été rendu au Châtelet de Paris sur la réquisition du Procureur du Roi, une Ordonnance en date du 12 Mars 1678, qui regle la maniere dont ces sortes d'homologations doivent être poursuivies en justice. Cette Ordonnance porte que » tous Marchands, Négociants, Ban- » quiers & autres particuliers, qui se mêlent » du Commerce, lesquels sans fraude ne se » trouveront point en état de fournir les som- » mes dont ils sont redevables, soit par Let- » tres de Change ou autrement, à cause des

» pertes qu'ils auront faites, se pourvoiront
» pardevant le Prévôt de Paris, ou son Lieute-
» nant, par une Requête à laquelle ils attache-
» ront le double des deux états qu'ils signe-
» ront & affirmeront véritables, l'un de la va-
» leur de leurs effets, & l'autre de leurs det-
» tes; qu'ensuite, en vertu de l'Ordonnance
» qui sera mise au bas de la Requête, ils as-
» signeront au lendemain, devant ledit Pré-
» vot ou son Lieutenant, tous les créanciers,
» pour convenir entre eux de deux Marchands
» ou autres personnes à ce connoissants, qui
» examineront les registres, & feront l'inven-
» taire sommaire, la prisée & estimation de
» leurs effets à l'amiable, & pour s'accorder
» ensemble des termes & délais des paiements
» & remises, si aucunes sont faites, & ven-
» dre lesdits effets à l'amiable, s'il se peut,
» & après avoir ouï les Marchands qui auront
» été nommés, être procédé à l'homologation
» du contrat qui aura été passé, ainsi qu'il ap-
» partiendra; le tout sans frais ni apposition
» de scellé; sans préjudice aux créanciers qui
» se rendront accusateurs comme de banque-
» route frauduleuse, & au Procureur du Roi
» à poursuivre extraordinairement, & deman-
» der l'apposition du scellé sur les effets de
» ceux qui se seront absentés, ou auront fait
» banqueroute, diverti, caché & recelé leurs
» effets en fraude de leurs créanciers; sur les-
» quelles demandes il sera fait droit. (V. le
recueil tome 1, page 378.)

Quand un contrat portant remise & atermoiement de la part des créanciers, a été passé
en bonne forme, ou homologué en justice,
à cause du refus de quelques-uns d'entre eux,
tous ces créanciers n'ont plus d'action contre
leur débiteur, quand même il deviendroit dans

la suite riche, & en état de payer ses dettes, pour lui faire rendre & restituer les sommes qu'ils lui ont remises par le contrat d'accord, à la différence de celui qui a fait cession, (ainsi qu'il a été observé ci-dessus, tit. 10, en la note sur ce titre page 175.) Mais quoique le débiteur avec lequel on a ainsi passé un contrat de remise, ne puisse être contraint par justice à payer ces dettes en entier, lorsqu'il est en état de le faire, il n'y est pas moins obligé par honneur, non-seulement à l'égard du principal, mais encore à l'égard des intérêts, du moins quand il y a eu des Sentences contre lui; parce qu'il est vrai de dire que ces sortes de remises qui se font à un débiteur en faillite, sont plutôt forcées que volontaires, & ne se font que pour s'accommoder aux circonstances, & parce que les créanciers ne peuvent faire autrement, mais que dans la vérité la condition d'acquitter dans la suite de la part du failli le surplus de ses dettes, s'il se trouve en état de le faire, est toujours sous-entendue.

Il y a même des cas où les créanciers peuvent revenir contre les contrats & transactions qu'ils ont passés avec leur débiteur; comme s'il y a eu de la fraude de la part de ce débiteur, soit en cachant une partie de ses biens ou autrement, ou s'il n'a point exécuté les conditions de la transaction.

4. *En justice.*] Les Juges-Consuls sont incompétents pour connoître de ces sortes d'homologations; mais elles doivent être poursuivies devant les Juges ordinaires. (Ainsi jugé par plusieurs Arrêts, & notamment par un du 7 Août 1698, & un autre du 27 Mars 1702, rapportés au Journal des Audiences, tome 5,) Voyez néanmoins la distinction faite a ce sujet ci-après en l'addition au titre *De la compétence*

des Juges-Consuls, §. 3, n. 17.

Il faut aussi observer à l'égard de ces homologations, & même des faillites & banqueroutes en général, qu'il y a eu un tems où la connoissance en a été attribuée aux Juges Consuls. La premiere Déclaration qui leur a attribué cette connoissance, est du 10 Juin 1715, & elle ne leur accordoit ce droit que jusqu'au premier Janvier 1716. (Voyez le recueil tome 3, pag. 10.)

Une autre Déclaration du 7 Décembre 1715, a prorogé cette connoissance en faveur des Juges-Consuls jusqu'au 1 Juillet 1716, sans préjudice néanmoins des poursuites criminelles contre les banqueroutiers frauduleux ou leurs complices, comme il est porté particulièrement en une autre Déclaration du 11 Janvier 1716.

Depuis cette Déclaration du 7 Décembre 1715, il y en a eu plusieurs autres qui ont prorogé cette attribution d'année en année, jusqu'en l'année 1732, où il y a eu une derniere Déclaration en date du 5 Août de la même année, qui a accordé ce droit aux Consuls jusqu'au 1 Septembre 1733, (V. le recueil tome 3, page 415.) Aux termes de ces Déclarations, il appartenoit aux Juges-Consuls d'apposer le scellé sur les effets du failli, & de commettre telles personnes qu'ils jugeroient à propos pour les apposer sur ceux qui étoient hors la Ville de la demeure de ce failli, de procéder à la confection d'inventaire desdits effets, & de faire rapporter à leur Greffe les Procès-verbaux d'apposition, levée de scellé & d'inventaire, comme aussi d'ordonner la vente & le recouvrement des effets, de connoître des saisies mobiliaires, oppositions, revendications, contributions, & généralement de toutes autres contestations formées en conséquence des faillites & banqueroutes.

Depuis l'année 1733, l'attribution ayant discontinué d'être accordée aux Juges-Consuls, les choses sont rentrées dans le droit commun, & la connoissance des faillites & banqueroutes, ainsi que des différents nés à ce sujet, a continué d'appartenir, comme par le passé, aux Juges ordinaires. Il y a même eu depuis ce tems-là un Arrêt du Parlement du 31, Août 1744, rendu en faveur des Officiers de la Prévôté d'Orléans contre les Juges-Consuls de la même Ville, qui fait défenses à ces derniers d'en connoître.

1. *Comme s'ils avoient tous signé.*] Quoiqu'il soit dur à des créanciers de faire des remises malgré eux, néanmoins rien n'est plus sage que la disposition portée en cet article, parce qu'il arrive souvent qu'il se trouve des créanciers de mauvaise humeur, qui sans aucune raison refusent de se prêter à des accommodements avantageux, & qu'il ne seroit pas juste que les autres en souffrissent.

Article VIII.

N'entendons néantmoins déroger *aux Privileges sur les meubles* (1), ni aux Privileges & hypotheques sur les immeubles, qui seront conservez; sans que ceux qui auront privilege ou hypothéque *puissent estre tenus d'entrer en aucune composition* (2), remise ou atermoyement, à cause des sommes pour lesquelles ils auront privilege ou hypotheque.

1. *Aux privileges sur les meubles.*] Comme dans le cas où il s'agit de marchandises qui

font entore en nature, & qui font reclamées par celui qui les a vendues; de loyers pour lefquels le propriétaire de la maifon eft privilégié fur les effets qui l'exploitent; des effets donnés en gages à des créanciers pour argent prêté par des actes paffés devant Notaires; & ainfi des autres privileges. (V. ce qui a été dit dans les notes fur l'article 443 de la nouvelle édition de la Coûtume d'Orléans, imprimée en 1740, in-12 page 389, & fuivantes.)

L'article 12, du Réglement du 2 Juin 1667, rendu pour la Ville de Lyon, porte » que lorf- » qu'il arrivera une faillite dans ladite Ville, » les créanciers du failli, qui fe trouveront » être de certaines Provinces du Royaume, ou » des Pays étrangers, dans lefquels fous prétex- » te de faifie & tranfport, & en vertu de leurs » prétendus privileges ou coûtumes, ils s'attri- » bueroient une préférence fur les effets de leurs » débiteurs faillis, préjudiciable aux autres créan- » ciers abfents & éloignés, ils y feront traités de » la même maniere, & n'entreront en reparte- » ment des effets du débiteur failli, qu'après que » les autres auront été entièrement fatisfaits, fans » que cette pratique puiffe avoir lieu pour les au- » tres régnicoles & étrangers, lefquels étant re- » connus pour légitimes créanciers feront admis » audit repartement de bonne foi & avec équité, » fuivant l'ufage ordinaire de ladite Ville, de la » Jurifdiction de la Confervation des Privileges » de fes foires.

Ce Réglement rendu pour la Ville de Lyon peut fervir à cet égard de loi pour les autres Villes du Royaume.

Le privilege dont il eft parlé dans cet article 8, regarde certaines Villes qu'on nomme *Villes d'Arrêt*, dont les habitants en vertu de leur coûtume ont le privilege d'arrêter les effets de leurs débiteurs.

1. *Puissent être tenus d'entrer en aucune composition.*] Quoique les créanciers privilégiés ne soient point obligés d'entrer dans aucune composition avec les autres créanciers, aux termes de cet article, néanmoins il leur est quelquefois nécessaire pour leur propre intérêt d'y entrer, & de contribuer à la remise, pour prévenir les frais qui pourroient être faits de la part des créanciers chicaneurs & injustes, qui par de mauvais procédés pourroient consommer la plus grande partie des biens du débiteur.

Article IX.

Les deniers comptans (1) *& ceux qui procéderont de la vente des meubles & des effets mobiliers, seront mis ès mains de ceux qui seront nommez par les Créanciers à la pluralité des voix; & ne pourront estre vendiquez par les Receveurs des Consignations* (2) *Greffiers, Notaires, Huissiers, Sergents ou autres personnes publiques; ni pris sur iceux aucun droit par eux ou les dépositaires, à peine de concussion.*

1. *Les deniers comptants.*] La disposition portée en cet article a lieu à l'égard des faillites, qui ne sont point suivies d'accommodement ni de transaction; car quand les créanciers s'accommodent avec le failli, ils le laissent en possession de ses effets, sans les faire vendre.

2. *Et ne pourront être vendiqués par les Receveurs des Consignations.*] Il ne paroît pas que les nouveaux Réglemens touchant les Receveurs des Consignations, ayent dérogé à cette disposition.

Article X.

Déclarons Banqueroutiers frauduleux (1) ceux qui auront diverti leurs effets (2), supposé des Créanciers (3), ou déclaré plus qu'il n'estoit deu aux véritables Créanciers.

1. *Déclarons banqueroutiers frauduleux.*] V. *infrà*, art. 11, note 4, page 211.

2. *Ceux qui auront diverti leurs effets.*] Ce divertissement d'effets s'entend en général des meubles, marchandises, cédules, promesses, obligations, contrats, lettres & billets de change, billets au porteur ou à ordre; & généralement de tout ce qui appartient à celui qui tombe en faillite, & de tout ce qui pourroit être saisi & adjugé aux créanciers.

3. *Supposé des créanciers.*] Car cette supposition de créanciers induit en erreur les créanciers légitimes, & les engage à consentir à des remises & accommodemens, qu'ils n'auroient pas accordés, s'ils eussent connu que le débiteur devoit moins. Ainsi il est juste que les banqueroutiers qui usent de ces sortes de fraudes soient punis.

Il a été rendu à ce sujet une Déclaration, en date du 11 Janvier 1716, qui ordonne » que tous ceux qui ont fait faillite, ou la feront ci-après, ne puissent tirer aucun avantage d'aucune délibération ou contrat signé

» par la plus grande partie de leurs créan-
» ciers; que S. M. déclare nuls & de nul ef-
» fet, même à l'égard des créanciers qui les
» auront signés, s'ils sont accusés d'avoir
» dans l'état de leurs dettes, ou autrement,
» employé ou fait paroître des créances fein-
» tes ou simulées, ou d'en avoir fait revivre
» d'acquittées, ou d'avoir supposé des trans-
» ports, ventes & donations de leurs effets,
» en fraude de leurs créanciers : Veut qu'ils
» puissent être poursuivis extraordinairement
» comme banqueroutiers frauduleux, parde-
» vant les Juges-Royaux ordinaires, ou autres
» Juges qui en doivent connoître, à la Re-
» quête de leurs créanciers, qui auront affir-
» mé leur créance en la forme ci-dessus ex-
» pliquée, (en la note 4 sur l'article 5 de
» ce titre, page 198,) pourvû que leurs créan-
» ces composent le quart du total des dettes,
» & que lesdits banqueroutiers soient punis de
» mort, suivant l'article 12, du titre 11, de
» l'Ordonnance de 1673 : Défend à toutes
» personnes de prêter leurs noms pour aider
» ou favoriser les banqueroutes fraudule u-
» ses, en divertissant les effets, acceptant des
» transports, ventes ou donations simulées,
» & qu'ils sauront être en fraude des créan-
» ciers, en se déclarant créanciers ne l'étant
» pas, ou pour plus grande somme que celle
» qui leur est dûe, ou en quelque sorte ou
» maniere que ce puisse être : Veut aussi que
» ceux desdits prétendus créanciers qui contre-
» viendront aux défenses portées par ladite
» Déclaration, soient condamnés aux Galeres
» à perpétuité, ou à tems, suivant l'exigence
» des cas, outre les peines pécuniaires conte-
» nues en ladite Ordonnance de 1673 ; & que
» les femmes soient, outre lesdites peines ex-

» primées par ladite Ordonnance, condamnées au banniffement perpétuel, ou à tems. (*Idem*, par la Déclaration du 5 Août 1721, & autres poftérieures.)

Article XI.

Les Négociants & les Marchands tant en gros qu'en détail, & les Banquiers, qui lors de leur Faillite *ne repréfenteront pas leurs Regiftres* (1) *& Journaux fignez & paraphez* (2) comme nous avons ordonné ci-deffus, *pourront eftre réputez* (3) *Banqueroutiers frauduleux* (4).

1. *Ne repréfenteront pas leurs Regiftres, &c.*] V. la Déclaration du 13 Juin 1716, rapportée ci-deffus, page 187, qui explique la difpofition portée en cet article.

Afin de ne pas tomber dans le cas de la peine qui eft ici portée, il faut que ceux qui ont le malheur de tomber en faillite, & qui font obligés de s'abfenter pendant quelque tems pour éviter les pourfuites de leurs créanciers, ayent attention, ainfi qu'on l'a déjà obfervé, de renfermer tous leurs Regiftres dans leur cabinet ou autre endroit de la maifon, afin qu'on ne les détourne point, & qu'ils puiffent fe trouver aifément, fi le fcellé eft appofé fur leurs effets.

2. *Signés & paraphés.*] V. l'article 3 du titre 3 ci-deffus, avec la note, pages 33 & 34.)

3. *Pourront être réputés.*] Ce mot *pourront* fait voir que fi un Marchand ou Banquier, lors de fa faillite, ne repréfente pas fes Regiftres & Journaux fignés & paraphés, il pour-

ra être poursuivi comme banqueroutier frauduleux ; mais l'Ordonnance ne le déclare point tel, comme dans l'article précédent, & elle laisse cela à la prudence des Juges, ce qui dépend des circonstances. C'est pourquoi un Négociant qui auroit été assez négligent pour ne pas tenir des livres, ou du moins qui les auroit tenus sur des feuilles volantes, ne seroit pas réputé banqueroutier frauduleux, dès qu'il représenteroit ces feuilles volantes, sur-tout si le commerce qu'il faisoit étoit peu considérable ; mais s'il étoit prouvé qu'il a eu des livres en forme, & qu'il refuse de les représenter à ses créanciers, alors il est présumé être en fraude, & avoir dessein de tromper ; & il pourra être poursuivi comme banqueroutier frauduleux.

4. *Banqueroutiers frauduleux.*] Les banqueroutiers frauduleux sont ceux qui détournent ou enlevent leurs effets, ou les mettent à couvert sous des noms interposés, par de fausses ventes, ou par des cessions ou transports simulés ; ceux qui emportent ou cachent leurs Registres & Papiers, pour ôter à leurs créanciers la connoissance de leurs effets, & de l'état de leurs affaires ; & aussi ceux qui sont dans le cas de l'article précédent.

Article XII.

Les Banqueroutiers frauduleux (1) *seront poursuivis extraordinairement* (2), *& punis de mort* (3).

1. *Les banqueroutiers frauduleux.*] V. la note 4, sur l'art. précédent.

2. *Seront poursuivis extraordinairement.*] C'est

à-dire, criminellement, par voie de plainte, information, décret, interrogatoire, recolement, & confrontation.

La Déclaration du Roi du 5 Août 1721, regle la maniere dont on doit faire cette poursuite. Cette Déclaration veut » que jusqu'au premier » Juillet suivant, aucune plainte ne puisse être » rendue, ni Requête donnée à fin criminelle » contre ceux qui auront fait faillite, & défend » expressément aux Juges Royaux ordinaires, & » autres Officiers de Justice, de les recevoir, si » elles ne sont accompagnées des délibérations » & du consentement des créanciers, dont les » créances excedent la moitié de la totalité des » dettes. Cette disposition a depuis été continuée d'année en année par des Déclarations postérieures jusqu'en l'année 1732, depuis lequel tems elle a cessé d'être renouvellée.

Il paroît que les conditions requises par ces Déclarations pour pouvoir faire des poursuites criminelles contre les banqueroutiers, n'ont été établies que par rapport aux circonstances du tems, & aux révolutions arrivées par la variation des monnoies, & par les billets de banque qui avoient rendu alors les banqueroutes fréquentes, & quelquefois inévitables; ce qui avoit engagé le Roi à établir des regles sages, pour ne pas rendre trop fréquentes ni faciles les poursuites qui auroient pû être faites contre ceux qui tomboient dans ce tems là en faillite. Mais aujourd'hui que les circonstances sont changées, & que les choses sont revenues dans leur ancien état, on ne peut douter que dans le cas d'une banqueroute frauduleuse, les Procureurs du Roi ou Fiscaux ne puissent rendre plainte, & en poursuivre les auteurs comme de tout autre crime, sans avoir besoin pour cela d'une délibération préalable consentie par plus de la moitié des créanciers du failli.

3. *Et punis de mort.*] Cette peine est conforme aux anciennes Ordonnances. (V. l'art. 143 de l'Ordonnance d'Orléans ; l'art. 203 de celle de Blois ; l'Ordonnance de 1609 & l'art. 135 de l'Ordonnance du mois de Janvier 1629.) Il y a même des exemples de cette espèce de condamnation prononcée par des Jugements, & entre autres par un Arrêt du 3 Septembre 1637 & par une Sentence du Châtelet de Paris du 12 Septembre 1682, rendue par contumace contre le nommé Louis Durand, Banquier de la même Ville.

Mais la Jurisprudence des Arrêts a adouci cette rigueur. La peine ordinaire qui se prononce aujourd'hui, est celle de l'amende honorable, du pilori ou carcan, des galeres ou bannissement, à tems ou à perpétuité suivant les circonstances. Ces peines même ne s'infligent que lorsque l'accusé est atteint & convaincu d'une fraude manifeste, & qui mérite la vengeance publique. Il y a eu de nos jours plusieurs exemples de pareilles condamnations prononcées contre des banqueroutiers frauduleux, & entre autres une condamnation de Galeres à perpétuité prononcée par Arrêt du 30 Mai 1673, contre le nommé le Mercier, Marchand à Paris ; & par un autre Arrêt du 26 Janvier 1702. rendu contre le nommé François Fabre.

Article XIII.

Ceux qui auront *aidé ou favorisé* (1) la Banqueroute frauduleuse, *en divertis-*

fant les effets (2), acceptant des transports, ventes ou donations simulées, & qu'ils sçauront estre en fraude des Créanciers (3), ou se déclarant créanciers ne l'estant pas (4), ou pour plus grande somme que celle qui leur estoit deue; seront condamnez en quinze cens livres d'amende, & au double de ce qu'ils auront diverti ou trop demandé, *au profit des Créanciers* (5).

1. *Aidé ou favorisé.*] Ceux qui favorisent les banqueroutes frauduleuses, sont aussi sévérement punis que les banqueroutiers mêmes. Par l'Arrêt du 30 Mai 1673, cité en la note derniere sur l'article précédent, le nommé Jean Desve, Procureur au Châtelet de Paris, qui avoit favorisé la banqeroute de le Mercier, fut cnodamné comme lui à la même peine du pilori & des Galeres.

2. *En divertissant les effets.*] Les receleurs d'effets, qui ont connoissance de la fraude des banqueroutiers, méritent aussi d'être punis des mêmes peines que ceux qui ont fait une banqueroute frauduleuse.

3. *Et qu'ils sçauront être en fraude des créanciers.*] Car celui qui accepteroit de bonne foi, & sans fraude, un transport qui lui seroit fait par un Négociant, peu de jours avant sa banqueroute, sans savoir sa mauvaise intention, & seulement pour lui faire plaisir, comme à un ami, ne seroit pas dans le cas de cet article, & ne mériteroit aucune peine, même pécuniaire.

4. *Ou se déclarant créanciers ne l'étant pas.*] La Déclaration du 11 Janvier 1716, & les au-

tres rapportées ci dessus, page 208, établissent la peine des Galeres, à perpétuité ou à tems, suivant l'exigence du cas, contre ceux qui se prétendent faussement créanciers des personnes qui tombent en faillite, outre les peines pécuniaires contenues en cet article.

5. *Sur la fin de l'article.*] Outre les quatre cas de complicité présumée en cet article en matiere de banqueroute, on peut encore regarder comme complices de banqueroutes frauduleuses, ceux qui favorisent l'évasion des banqueroutiers, ou qui empêchent qu'ils ne soient arrêtés. Par l'Arrêt du 26 Janvier 1702, cité en l'article précédent, note 3, le nommé Chérubin qui avoit facilité l'évasion de Fabre, qu'il savoit être criminel, fut condamné au bannissement.

TITRE XII.

De la Jurisdiction des Consuls.

LA Jurisdiction des Juges-Consuls a été établie par un motif d'intérêt public, pour abréger & terminer promptement les procès qui surviennent entre les Marchands & Négocians, pour juger sommairement, & à peu de frais, les contestations qui peuvent naître entre eux pour le fait de leur commerce, sans être assujettis aux formalités & aux rigueurs de l'Ordonnance. Les Rois, par cette sage précaution n'ont pas voulu que les Négociants fussent distraits de leur commerce, comme il arriveroit souvent par les longueurs inévitables, qui se rencontrent & s'éprouvent tous les jours en la plupart des autres Jurisdictions dans la poursuite des procès ordinaires.

Comme les Négociants habiles & instruits dans leur art ont acquis par l'habitude & l'usage du commerce une connoissance suffisante pour juger les différends qui concernent le négoce & la marchandise, l'Ordonnance a cru devoir ôter la connoissance de ces différends aux Juges ordinaires, & en confier la décision aux Négociants mêmes, ou du moins aux plus habiles & plus capables d'entre eux, choisis à cet effet dans chaque Ville par le Corps des Négociants; & elle leur a donné la qualité de Juges-Consuls.

La premiere création & institution de ces Juges a été faite pour la Ville de Paris, par Edit du Roi Charles IX, du mois de Novembre 1563; (car on ne parle point ici de la Jurisdiction qui avoit été établie à Lyon dès l'année 1462, sous le titre de Conservation.) Cet Edit établit un Juge & quatre Consuls en la Ville de Paris, & ordonne qu'ils seront élus par un certain nombre de notables Bourgeois Marchands de la même Ville, qui s'assembleront tous les ans à cet effet, & que les Juges ainsi élus prêteront serment au Parlement, comme les autres Juges ordinaires.

Depuis cette création, les Rois ont établi des Consulats en plusieurs Villes du Royaume, par différents Edits rendus en divers tems; jusqu'en l'année 1710, qu'il en fut créé vingt nouveaux, par Edit du mois de Mars de la même année; en sorte qu'il y a aujourd'hui en France soixante-dix-sept Consulats.

Pour le soulagement des Juges-Consuls qui seroient élus dans ces Jurisdictions, Sa Majesté a ordonné par sa Déclaration du 16 Décembre 1566, que dans les Villes où il n'y a point de Parlements, ils prêteront serment devant les Baillis & Sénéchaux des lieux où ils sont établis, ou devant leurs Lieutenants en cas d'absence, sans pouvoir être contraints d'aller prêter serment aux Cours Souveraines.

Au reste, il faut observer que les Juges-Consuls ne doivent point être regardés comme Juges-Royaux. Ils sont électifs, & n'ont point de provisions du Roi; ce qui fait le véritable caractere distinctif entre les Juges Royaux, & ceux qui ne le sont pas. (V. le Procès-verbal des Conférences tenues lors de la rédaction de l'Ordonnance du mois d'Avril 1667, page 292).

ARTICLE I.

Déclarons communs *pour tous les Siéges des Juges & Consuls* (1), l'Edit de leur établissement dans nostre bonne Ville de Paris, *du mois de Novembre 1563* (2), & tous autres Edits & Déclarations touchant la Jurisdiction Consulaire, enregistrez en nos Cours de Parlement.

1. *Pour tous les Siéges des Juges & Consuls.*] Ces Siéges ont été établis dans les principales Villes de commerce du Royaume en différents tems. Celui d'Orléans a été établi en 1563, par Edit du mois de Février. (Voyez ci-après, à la fin de ce titre, la table des différentes Jurisdictions Consulaires du Royaume, par ordre alphabétique, avec les années de leur établissement, & le nom des Parlements où elles ressortissent.)

2. *Du mois de Novembre 1563.*] V. cet Edit ci-après à la fin du présent titre.

L'article 3 de cet Edit établit la compétence des Juges-Consuls. Cet article porte, » qu'ils connoîtront *de tous procès & différends* » *qui sont mus entre Marchands* (a), *pour fait de* » *Marchandises seulement* (b), leurs veuves » Marchandes publiques, leurs Facteurs, Ser- » viteurs & Commettants, tous Marchands, » soit que lesdits différends procédent d'obli- » gations, cédules, récépissés, lettres de chan- » ge ou crédit, réponses, assurances, trans- » ports de dettes, & novations d'icelles, comp- » tes, calculs ou erreur en iceux, compagnies, » sociétés ou associations.

(a) *Entre Marchands.*] On doit mettre de ce nombre tous ceux qui s'immiscent dans le négoce, & qui achetent des Marchandises pour les revendre & y gagner, quand même ils n'auroient été ni apprentifs, ni Maîtres, & quand même ils exerceroient des professions différentes de celle du Commerce. Les Banquiers, les Mineurs, qui font le Commerce, & les Marchandes publiques, sont aussi pour raison de leur négoce justiciables des Juges-Consuls.

Boerius en son Commentaire sur la Coûtume de Bourges, au titre 1, de l'état & qualité des personnes, §. 5, au mot *Marchande publique*, fait une observation qui est très juste, sur la distinction qu'il y a entre Marchand & Artisan. Il dit que le premier achete & revend, sans que la Marchandise change de nature ; au lieu que l'artisan achete les choses, & les revend, après les avoir changées de nature ou de forme, comme celui qui achete du bois & en fait une table, &c.

Par cette raison quoique les Manufacturiers, sur-tout les Entrepreneurs de Manufactures, soient par leur état au-dessus des artisans, ils doivent néanmoins être mis plutôt dans la classe de ces derniers, que dans celle des Marchands & Négociants : & au contraire, les Fripiers & Revendeurs de meubles, & autres qui revendent en détail, quoique d'un ordre inférieur à celui des Marchands ordinaires, doivent néanmoins être rangés dans la classe de ces derniers.

Mais ce seroit un abus directement contraire à l'esprit de la Loi, de vouloir mettre les Laboureurs & les Vignerons dans la classe des Artisans ; ce qui résulte clairement de la disposition de l'article 10, ci-après, qui distingue ces sortes de personnes des Marchands & Artisans, & même les met dans la même classe que les Bourgeois, quant à la Jurisdiction où ils peuvent se pourvoir contre un Marchand ou Artisan, à fin de revendre.

On ne doit pas non plus regarder comme un négoce les contrats qui se font entre un Propriétaire de Ferme & son Laboureur ou Vigneron, ni en général entre toutes autres personnes, pour raison des baux à chetel, quoique Toubeau en ses Instit. Consul. liv. 1, tit. 17, chap. 7, pag. 318, soit d'un avis contraire, sur le fondement que c'est une espece de société de commerce. Mais pour faire voir combien cette opinion est peu fondée, il faut observer qu'il y a trois sortes de chetels, le premier qu'on appelle *chetel-vif*, le second appellé *chetel-mort*, & le troisieme auquel on donne improprement le nom de *chetel* : or il est aisé de prouver qu'aucun de ces chetels ne peut jamais être considéré comme une matiere qui soit de la compétence des Juges-Consuls.

1°. On entend par *chetel-vif*, un contrat ou convention qui se fait entre le Propriétaire d'une Ferme & un Laboureur ou Fermier, par le quel le Propriétaire donne à bail à ce Fermier, pour un certain nombre d'années, une certaine quantité de bestiaux destinés à l'exploitation de cette terre, v. g. jusqu'à la concurrence de mille écus, à condition 1°. que les fumiers de ces bestiaux seront employés à l'entretien de la terre ; 2°. que le produit ou croît qui proviendra des mêmes bestiaux, se partagera par moitié entre le Propriétaire & le Fermier ; 3°. que le Fermier ou Laboureur, à la fin de son bail, rendra au maître de la Ferme en bestiaux ou autrement, suivant l'estimation qui en sera faite de concert, les mille écus de bestiaux qui ont été avancés à ce Fermier, avec la moitié du profit, au cas que le troupeau soit augmenté, ou sous la déduction de la moitié de la perte, au cas que le troupeau soit diminué.

Cette première espece de chetel se fait encore d'une autre maniere. C'est lorsque le Maître & le Laboureur fournissent chacun la moitié des bestiaux au commencement du bail ; au lieu que dans l'exemple précédent, c'est le Maître qui fait les avances de la moitié du Fermier, & c'est en cela seul que ce chetel differe du premier. Mais aussi dans cette seconde espece, après le bail fini, le Fermier n'a rien à rendre au maître ; & ils doivent l'un & l'autre partager le troupeau par moitié en l'état qu'il se trouve, soit qu'il y ait du profit ou de la perte. Au surplus, les autres conditions sont ici les mêmes que dans l'autre espece. On appelle le premier de ces chetels, *chetel affranchi*, & l'autre, *chetel non affranchi*.

2°. On entend par *chetel-mort*, un contrat par lequel un Propriétaire de Ferme, en affermant sa terre, donne à bail à un Fermier, une certaine quantité de bestiaux, v. g. jusqu'à la concurrence de mille écus, nécessaires pour l'exploitation de sa Ferme, à la charge 1°. que le Fermier lui rendra, à la fin de son bail, la même somme en argent ou en bestiaux, suivant l'estimation qui en sera faite, entre eux, soit que le troupeau soit augmenté ou diminué; 2°. à condition que le produit ou croît de ces bestiaux appartiendra en entier au Fermier; 3°. que les fumiers seront employés à l'entretien de la terre.

3°. Enfin la troisieme espece de chetel, qu'on appelle improprement de ce nom, est lorsqu'une personne donne à bail à un Laboureur ou à un Vigneron, des vaches, &c. à la charge par ce Laboureur de les nourrir, & d'en donner le produit ou croît au Bailleur, pour laquelle nourriture le Preneur aura le lait provenant de ces bestiaux, qui, venant à périr, périssent pour le compte du Bailleur.

Ceci posé, il est aisé de voir que dans les deux premieres sortes de chetels, les bestiaux étant achetés pour l'exploitation de la terre, sont une suite & un accessoire de cette exploitation; & que par conséquent ils ne peuvent être considérés comme une Société de négoce qui soit de la compétence des Juges-Consuls, ainsi qu'il résulte des termes de l'article 4 de ce titre. (V. *infrà* cet art. avec les not. pag. 228,) & comme il est porté expressément par l'Arrêt du 24 Janv. 1733, rapporté ci-après en la note 4 sur le même article, page 229.

Cependant si un Particulier qui n'auroit point de terres à faire valoir, faisoit une pareille Société avec un Laboureur, telle qu'elle est marquée ci-dessus à l'égard du chetel vif, on pourroit prétendre avec quelque fondement, que l'affaire seroit de la compétence des Juges-Consuls; mais ce cas ne peut guere arriver.

A l'égard de la troisieme espece de chetel, elle est encore moins de la compétence des Juges-Consuls: car ce n'est point ici une société, mais uniquement un bail à nourriture, qui au lieu de se payer en argent par le maître des bestiaux, se paie d'une autre maniere, en abandonnant le lait qui provient de ces bestiaux à celui qui les nourrit.

Les Bourgeois & autres qui ne sont ni Marchands ni Artisans, même les Officiers qui se mêlent d'acheter & revendre, sont réputés Marchands, quoiqu'ils n'aient ni boutique, ni magasin, ni registres, & sont en cette partie sujets à la Jurisdiction Consulaire, quoiqu'ils ne fassent le commerce qu'en passant. Cette question s'étant présentée il y a quelques années au Présidial d'Orléans, au sujet d'un billet subi pour une société passée entre un Huissier-Garde-Forêt & trois autres Particuliers, pour acheter ensemble une partie de bled assez considérable, les Parties ont été renvoyées au Consulat d'Orléans, par Sentence rendue au Présidial le dix Février 1744, quoique le Garde-Forêt s'opposât au renvoi, comme ayant ses causes commises au Présidial, suivant l'Ordonnance des Eaux & Forêts de 1669. Il a été ainsi jugé par plusieurs Arrêts, & entre autres par un Arrêt du Parlement du 16 Juillet 1630, rendu contre un Procureur, par un autre du 5 Février 1664, & par un Arrêt du Grand Conseil du premier Février 1661, rendu contre un Greffier. Une Déclaration du Roi du 28 Avril 1565, rendue pour la ville de Bourdeaux en a une disposition précise. Cette Déclaration veut que les Officiers des Compagnies qui font trafic & commerce de marchandises, soient convenus, appellés & jugés par les Juges-Consuls, nonobstant les fins d'incompétence & de renvoi requis en vertu de leurs privileges, qui en autres choses demeurent en leur entier.

Un Ecclésiastique qui feroit le commerce, seroit même sujet à cette Jurisdiction. (Ainsi jugé par Arrêt du 9 Août 1607, rapporté par Chenu en ses Quest. Cent. 2, Question 13.

Une autre Déclaration rendue en faveur de la Conservation de Lyon, porte que ceux qui dans les cédules, obligations ou contrats qu'ils passent, prennent la qualité de Marchands fréquentants les Foires de Lyon, & qui s'obligent ou promettent de payer auxdites Foires, ne peuvent s'aider de leur *Committimus* pour se soustraire à la Jurisdiction de ladite Conservation, à peine de nullité des procédures. Cette Déclaration est du 18 Février 1578.

Le Réglement du Conseil du 23 Décembre 1578, rendu en faveur de la même Ville, veut aussi que tous ceux qui achetent des Marchandises pour les revendre, ou qui portent bilan, & tiennent livres de Marchandises, ou qui stipulent des paiements en tems de foires, soient justiciables des Juges-Conservateurs des foires de ladite Ville.

Bouvot en ses Arrêts, tome 2, au mot *Juge-Consul*, prétend aussi en général, que les Juges-Consuls peuvent connoître des causes des Marchandises, dès qu'un homme a pris la qualité de Marchand, quoiqu'il ne le soit pas, & qu'il ne peut décliner cette Jurisdiction à cause de son dol : il ajoute que cela a été ainsi jugé par Arrêt du 8 Août 1616.

Enfin l'article premier du Réglement du 3 Août 1669, rendu entre les Juges-Conservateurs des Privileges des foires de la ville de Lyon, & les Officiers du Présidial de la même Ville, porte que lesdits Juges-Conservateurs connoîtront de toutes affaires entre Marchands & Négociants en gros ou en détail, Manufacturiers des choses servant au négoce & autres, de quelque qualité & condition qu'ils soient, pourvu que l'une des Parties soit Marchand ou Négociant, & que ce soit pour fait de négoce, marchandise ou manufacture. Mais il paroît que cette disposition doit être restreinte au cas de l'article 10 du présent titre. (V. cet art. 10 ci-après avec les notes, p. 240.)

On prétend même que ceux qui se rendent cautions de Marchands dans un fait de marchandises, quoiqu'ils ne soient ni Négociants ni Marchands, deviennent pour raison de cet engagement justiciables de la Jurisdiction Consulaire. Une Sentence rendue au Consulat de Paris le 16 Mars 1676, a condamné en pareil cas un Bourgeois de la même Ville, qui s'étoit rendu caution d'une vente faite à crédit par un Marchand à un autre Marchand; & sur l'appel de cette Sentence au Parlement, elle y a été confirmée par Arrêt du 7 Juillet suivant. (V. le Recueil, tom. 1, pag. 366.)

Un Arrêt du Parlement de Toulouse du 27 Juillet 1753, porte que les Juges-Consuls ne peuvent connoître des trocs ou ventes en foires faites entre personnes qui ne sont pas Marchands, ni d'autres Sociétés que pour fait de commerce. (V. le Recueil des Réglements du Parlement de Toulouse, touchant l'ordre judiciaire en 2 vol. *in*-8°. tom. 2, pag. 569.)

(b) *Pour fait de Marchandises seulement.*] Ces mots font voir qu'il ne suffit pas d'être Marchand ou Négociant, pour être justiciable des Juges-Consuls; car cette Jurisdiction est réelle & non personnelle: mais il faut encore qu'il s'agisse de fait de marchandise & revente. Ainsi quand il s'agit de contestations entre Marchands pour ventes de choses qui sont à leur usage, les Juges-Consuls n'en peuvent connoître; (Voyez Toubeau en ses Institutions Consulaires, liv. 1, tit. 17, ch. 2,) ce qui résulte aussi des termes de l'article 6, ci-après, pag. 237.

Par une Déclaration du 2 Octobre 1610. (V.

le Recueil, tom. 1, pag. 29 & suiv.) il est fait défenses aux Juges-Consuls de connoître des différents pour promesses, cédules & obligations en deniers de pur prêt, qui ne seront censées pour ventes de marchandises ; mais par une autre Déclaration du 4 Octobre 1611, rendue en interprétation de la précédente, il est dit qu'ils connoîtront des différents entre Marchands, même pour argent prêté & baillé à recouvrer l'un à l'autre, par obligations, cédules missives, lettres de change, & pour cause de marchandises seulement.

Ces derniers mots, *pour cause de marchandises*, font voir qu'il n'est pas nécessaire à la vérité que dans les billets, cédules, &c. il soit fait mention que ces billets sont pour cause de marchandises, & que cette clause est toujours présumée entre Marchands & Négocians ; mais si par les termes du billet ou de l'obligation il paroît que c'est pour une autre cause que pour fait de marchandises, & même de celles dont l'un & l'autre font commerce, alors l'affaire n'est plus de la compétence des Juges-Consuls. C'est ainsi que les deux Déclarations qu'on vient de rapporter doivent être conciliées.

L'Arrêt de la Cour du 24 Janvier 1733, rendu en forme de Réglement entre les Officiers du Présidial d'Angoulême, & les Juges-Consuls de la même Ville, (R au Recueil tom. 3, pag. 425.) porte « que lesdits Juges-Consuls ne con-
» noîtront d'aucunes obligations entre Marchands
» Négociants, si elles ne sont censées pour fait
» de marchandises. Mais il paroît que cette dis-
» position doit être entendue avec la distinction
» qui vient d'être faite.

Article II.

Les Juges & Consuls connoîtront de

tous Billets de Change (1.) faits entre Négociants & Marchands, *ou dont ils devront la valeur* (2), *& entre toutes personnes* (3), *pour Lettres de Change ou remises d'argent faites de place en place* (4).

1. *De tous Billets de Change.*] V. ce que c'est que billets de Change, ci-dessus tit. 5, art. 27, pag. 120.

2 *Ou dont ils devront la valeur.*] Toubeau en ses Institutions Consulaires, liv. 1, tit. 17, chap. 2, pag. 306, dit que l'esprit de cet article est que les Juges-Consuls connoissent entre Marchands, non-seulement des Billets de Change, mais même de tous autres dont ils devront la valeur. Il paroît plus naturel de rapporter ces termes, *ou dont ils devront la valeur*, aux mots *Négociants & Marchands* qui précédent immédiatement. Ainsi le vrai sens de cet article est que les Juges-Consuls peuvent connoître, non seulement des Billets de Change entre Marchands & Négociants, c'est-à-dire, entre celui qui a fourni le Billet de Change, & celui à qui il a été fourni, mais encore toutes les fois qu'un Négociant doit la valeur du Billet de Change, v. g. quand il l'a endossé.

4. *Et entre toutes personnes.*] Même Nobles, Officiers & Ecclésiastiques ; parce que ces personnes ont dérogé à leur qualité, en subissant un pareil engagement, & que ces Lettres sont une espèce de négoce (Ainsi jugé par un Arrêt confirmatif d'une Sentence du Consulat de Paris du onze Septembre 1682, contre M. le Marquis de Choisnel, & par un autre de l'année 1704, rendu contre un Conseiller au Chatelet de Paris.)

4. *Pour Lettres de Change ou remises d'argent*

faites de place en place.] V. ci-dessus tit. 7, art. 1, note 7, pag. 148.

Ainsi il faut que la Lettre de Change soit tirée d'une place sur une autre place, comme de Paris sur Lyon; autrement si elle étoit tirée d'une place sur la même place, & que ce fût entre autres personnes que Negociants, elle ne seroit plus de la compétence des Juges-Consuls, parce que ce ne seroit point alors une Lettre de Change, à proprement parler, mais un simple mandement. Il y a des exemples de causes de cette espece, qui ont été renvoyées du Consulat de Paris au Châtelet de la même Ville.

Article III.

Leur défendons néantmoins de connoître des *Billets de Change* (1) *entre Particuliers, autres que Négociants* (2) & Marchands, *ou dont ils ne devront point la valeur* (3). Voulons que les parties se pourvoient pardevant les Juges ordinaires, ainsi que pour de simples promesses.

1. *Des Billets de Change.*] A plus forte raison cela a-t-il lieu à l'égard des autres billets.

2. *Autres que Négociants.*] Ainsi jugé au profit de M. le Marquis d'Estaing, par Arrêt du 6 Juillet 1741, qui casse une Sentence des Juges-Consuls de Paris, comme incompétents pour connoître de ces sortes de billets.

L'Arrêt du Parlement de Paris du 24 Janvier 1733, rendu entre les Officiers du Présidial d'Angoulême, & les Juges-Consuls de la même Ville, dont il a déjà été parlé, fait défenses auxdits Juges-consuls de connoître des billets à ordre causés pour valeur reçue, sinon dans le cas où celui qui a souscrit le billet sera Marchand, & que celui qui s'en trouvera porteur, & du nom duquel l'ordre sera rempli, se trouvera aussi Marchand; mais si celui qui a souscrit le billet n'est pas Marchand, ou qu'étant Marchand, celui qui se trouvera porteur dudit billet, ou au nom duquel l'ordre se trouvera rempli, ne soit pas Marchand, la connoissance en appartiendra aux Juges ordinaires.

3. *Ou dont ils ne devront point la valeur.*] C'est-à-dire qu'il est défendu aux Juges-Consuls de connoître des Billets de Change, lorsque ce n'est point un Négociant qui en doit la valeur ; ce qui est conforme à l'Arrêt du Parlement qui vient d'être cité.

Article IV.

Les Juges & Consuls connoîtront *des différends pour ventes* (1) *faites par des Marchands, Artisans & Gens de métier* (2), *afin de revendre* (3) *ou de travailler de leur profession* (4) : comme à Tailleur d'habits, pour étoffes, passements & autres fournitures; Boulangers & Patissiers, pour bled & farine; Maçons, pour pierre, moëllon & plâtre; Charpentiers, Menuisiers, Charrons, Tonneliers & Tourneurs, pour bois; Serruriers, Mareschaux, Taillandiers & Armuriers, pour fer; Plombiers & Fonteniers, pour plomb; *& autres semblables* (5).

1. *Des différends pour ventes.*] Ces termes comprennent généralement toutes les contes-

tations qui peuvent naître au sujet des ventes faites entre Marchands & Artisans, à fin de revendre ou de travailler de leur profession.

2. *Faites par des Marchands, Artisans & Gens de Métier.*] C'est-à-dire, faites par des Marchands à d'autres Marchands, ou Artisans & Gens de Métier; ce qui doit s'entendre aussi des ventes qui seroient faites par des Artisans & Gens de Métier à d'autres Artisans ou marchands, à fin de revendre ou de travailler de leur profession.

3. *A fin de revendre.*] Comme dans le cas de marchandises vendues par des Marchands ou Artisans à des Merciers ou autres, pour les revendre ; v. g. des étoffes vendues par des Manufacturiers à des Marchands de drap ; des ouvrages de bonneterie vendus par des ouvriers en bas à des Marchands Bonnetiers, &c. Il en est de même des marchandises vendues par des Marchands à des Taillandiers, Fripiers & autres.

4. *Ou de travailler de leur profession.*] C'est-à-dire, pour ventes de marchandises qui doivent être converties en ouvrages de leur profession, ainsi que les exemples rapportés dans cet art. 4, le prouvent évidemment. La raison en est que ces ouvrages venant à être vendus par ces ouvriers, c'est une espece de revente qu'ils font des choses qui leur ont été vendues, avec cette différence seulement qu'elles ont changé de nature.

D'où il suit que les ventes faites par des Marchands à des Artisans, de choses qui ne doivent point être employées ou converties en ouvrages de leur profession, ne sont point de la compétence des Juges-Consuls, quand même les choses vendues seroient pour l'usage de sa profession des ouvriers qui les achetent.

Ainsi une vente de pierres ou de bois faite à un Meûnier pour la construction d'un moulin, n'est point de la compétence des Juges-Consuls, parce que ces pierres ou ces bois ne sont point destinés pour être employés aux ouvrages qui sont de la profession de ce Meûnier, quoique ces choses lui soient fournies pour l'usage de son moulin; & il en est de même des meules, & autres fournitures semblables : autrement il faudroit dire que la vente même d'un moulin faite par un Meûnier ou autre personne à un autre Meûnier, ou celle d'un étau faite par un Boucher à un autre Boucher, seroit de la compétence des Juges-Consuls, ce qui est absurde.

Par la même raison, la vente d'un métier à bas faite à un Bonnetier, est une vente ordinaire faite pour l'usage de l'ouvrier seulement, & non à fin de revendre ; & par conséquent, elle n'est point de la compétence des Juges-Consuls, comme le seroient des ventes de laines faites au même ouvrier, parce qu'alors ces laines sont destinées à être converties en ouvrages de sa profession.

De même les ventes d'outils & autres instruments de travail, faites par des Marchands à des Artisans & Gens de métier, ne sont pas de la compétence des Jurisdictions Consulaires.

La regle qu'on vient d'établir a lieu à plus forte raison, lorsque les choses vendues sont pour l'usage particulier de l'acheteur, quand même cet acheteur seroit un Marchand ou un Artisan ; & il faut aussi se pourvoir dans ces cas devant les Juges ordinaires : comme si un Mercier achetoit d'un Fripier ou d'un Tailleur un habit pour son usage, ou si un Epicier

De la Jurisdiction, &c. Tit. XII. 231
achetoit d'un Marchand du drap pour s'habiller, ou pour habiller sa femme & ses enfants. Car le Mercier & l'Epicier ne doivent plus être considérés ici comme Marchands, & c'est la même chose que si le Marchand de drap, le Fripier ou le Tailleur avoient vendu leur étoffe ou habit à un particulier qui ne seroit pas Marchand ; ce qui résulte clairement de la disposition de l'article 6, pag. 237, ci-après.

La disposition rapportée en cet article 4, a depuis été confirmée par plusieurs Arrêts. Celui du 23 Février 1695, rendu pour Chartres, où les Juges-Consuls d'Orléans étoient Parties intervenantes, porte que les Juges-Consuls ne pourront connoître que des causes de Marchand à Marchand, pour fait de marchandises seulement, & entre Marchands, Artisans & Gens de métier, pour ventes faites de marchandises, à fin de revendre ou employer dans le travail, ou aux ouvrages de leur art & profession : leur fait défenses de prendre aucune connoissance des contestations qui seront formées contre des Laboureurs, Vignerons & autres personnes, pour raison de ce qu'ils auront acheté pour leur usage, & non pour revendre.

Par un autre Arrêt du 24 Janvier 1733, rendu pour Angoulême, ci-dessus cité, il est dit que les Juges Consuls ne pourront connoître des ventes de bled, vins, foins, pailles, bestiaux, futailles, marchés de Maçons, Charpentiers, Serruriers & autres Ouvriers, si lesdites ventes & marchés ne sont faits par des Marchands, Négociants & Gens de métier, à fin de revendre ou de travailler de leur profession ; comme aussi il leur est fait defenses de connoître des contestations qui seront formées contre des Marchands, Laboureurs, Vignerons &

toutes autres personnes, pour raison de ventes de fruits, chevaux, bestiaux, & toutes autres choses qu'ils auront achetées, dont ils ne feront trafic, qu'ils ne revendront point en gros ou en détail, & dont ils se servent pour l'exploitation de leurs Fermes seulement.

Ainsi c'est vouloir forcer le sens de la Loi, que de dire que des vaisseaux ou futailles vendus par des Marchands ou Tonneliers à des Vignerons pour y mettre du vin, sont une matiere de la compétence des Juges-Consuls, sur le fondement que le Vigneron en vendant son vin, revend les vaisseaux qui lui ont été vendus : car il est évident que la vente de ces vaisseaux est accessoire à la vente du vin, & que dans cette vente du vin il n'est question en aucune maniere du prix des vaisseaux qui le contiennent. Il en seroit autrement, si ces vaisseaux avoient été vendus à des Tonneliers ou autres, qui font profession de les revendre en nature.

On trouve à la vérité dans un petit Recueil de Réglements touchant la Jurisdiction Consulaire d'Orléans *in 8°*, imprimé sans permission ni nom d'Imprimeur, page 111, une observation de l'Auteur de ce Recueil, par laquelle il prétend que les Juges Consuls sont compétents pour connoître des différents qui naissent touchant la vente qui se fait aux Vignerons des marchandises de poinçons, & où il cite à ce sujet un Arrêt du Grand Conseil du 11 Février 1681, qu'il dit avoir été rendu en faveur des Juges Consuls d'Orléans, pour les autoriser & maintenir dans cette connoissance, sur une espece qu'il cite ; il ajoute ensuite que cela a été ainsi jugé par un Arrêt du Parlement de Paris. Mais outre que le premier de ces Réglements n'est rapporté que par extrait, &

que l'autre n'est pas même daté, on ne peut guere douter que ces Arrêts, s'ils existent, n'aient été rendus par des circonstances particulieres, puisque leur disposition se trouve entièrement opposée aux vrais principes, à la disposition particuliere de l'Ordonnance du Commerce, & à l'Arrêt qu'on vient de rapporter.

D'ailleurs si le sentiment établi par l'Auteur du Recueil dont on vient de parler, avoit lieu pour des poinçons vendus à des vignerons, il en devroit être de même à l'égard des bourgeois, puisque les uns & les autres sont à cet égard dans la même classe, & qu'il n'y a aucune raison de les distinguer : or on n'a jamais prétendu qu'un Bourgeois fût justiciable des Juges-Consuls, pour raison des poinçons qu'il achete pour y mettre la récolte de ses vins qu'il vend ensuite ; ainsi on doit dire la même chose des Vignerons.

Il suit aussi de ce qui vient d'être établi, que les Juges-Consuls ne peuvent connoître des ventes de chevaux faites par des Marchands à des Laboureurs, qui les achetent pour l'exploitation de leurs Fermes, & qui n'en font pas commerce, quand même ces Laboureurs les revendroient par la suite, parceque ces chevaux seroient ou trop vieux ou hors d'état de servir. Car cette revente qui se fait alors, n'est point pour en faire un commerce ordinaire, ni pour y gagner, puisqu'au contraire dans ces sortes de reventes il y a presque toujours de la perte pour celui qui revend ; mais c'est une suite du droit attaché à la possession ; & il en est de même ici, comme quand un Gentilhomme ou un Bourgeois, après avoir eu un cheval à son usage, le revend, ou parcequ'il n'en a plus besoin, ou parceque ce cheval est hors d'état de servir.

On doit dire la même chose à l'égard des bœufs, vaches, moutons, & autres bestiaux qu'un Laboureur achete pour l'exploitation de la Ferme qu'il occupe, quoiqu'il vende par la suite les agneaux & veaux qui en proviennent, & que même il revende les bœufs & les moutons, lorsqu'ils deviennent inutiles & hors d'état de servir ; parceque ces choses sont des suites & des dépendances de l'exploitation de la Ferme occupée par ce Laboureur, & que les bestiaux qu'il achete sont nécessaires pour la faire valoir ; que le produit, ou croît de ces bestiaux, fait partie des fruits de cette Ferme, & que lorsqu'il revend ceux qu'il a achetés, ce n'est point pour en faire commerce, mais parcequ'ils cessent d'être utiles pour l'exploitation de la terre qu'il fait valoir.

A plus forte raison les ventes d'échalas faites par des Marchands à des Vignerons pour l'exploitation de leurs vignes, ne sont point de la compétence des Juges Consuls.

Ni pareillement les ventes de fumier faites à des Vignerons, Laboureurs & Jardiniers, pour engraisser leurs terres.

5. *Et autres semblables.*] Comme entre un Libraire & un Relieur, entre un Mercier & les Ouvriers qui travaillent pour lui dans les choses dont ce Mercier fait commerce. Il en est de même entre un Marchand & un Artisan pour raison des fournitures & matieres qui servent immédiatement à l'état de ce dernier, & qui font l'objet même de sa profession : par exemple, entre un Chârron & un Voiturier, pour charettes à lui vendues & fournies ; ou entre un Charpentier & un Marinier, pour ventes de bateaux, & ainsi des autres. Mais il en seroit autrement des fournitures faites à un Jardinier, Laboureur ou Vigneron, pour raison des terres qu'ils font va-

loir ; parceque ces derniers ne font pas confidérés comme Artifans, & que ces fortes de ventes qui leur font ainfi faites, ne font que pour raifon de l'exploitation des terres qu'ils font valoir C'eft une fuite de ce qui a été établi ci-deffus.

On pourroit demander ici fi les ventes de chevaux faites par un Maquignon à un Loueur de chevaux font de la compétence des Juges-confuls. Il paroît qu'oui, parce qu'un Loueur de chevaux ne les achete point pour fon ufage, mais à raifon de fon état qui confifte à les louer.

On doit dire la même chofe des ventes de meubles, faites par des Marchands à d'autres perfonnes, dont la profeffion eft de louer ces meubles.

ARTICLE V.

Connoîtront auffi des gages, falaires & penfions *des Commiffionnaires* (1), *Facteurs* (2) *ou ferviteurs* (3) *des Marchands* (4), *pour le fait du Trafic feulement* (5).

1. *Des Commiffionnaires.*] Le Commiffionnaire eft celui, qui eft chargé d'une Commiffion qui lui eft donné par un Marchand ou Banquier, foit pour acheter, recevoir, faire charger, ou vendre des Marchandifes pour le compte de ce Marchand, foit pour faire accepter pour lui les lettres de change, recevoir le payement de Billets, payer des fommes en fon nom, & autres cas femblables. Le Marchand qui donne la Commiffion, fe nomme le commettant.

2. *Facteurs.*] C'eft ce que les Latins appelloient *inftitores* ou *exercitatores* ; on les appelle

aussi Commis. Ce sont tous ceux qui sont préposés par un Marchand, Négociant ou Banquier, pour la conduite de son Commerce ou de sa Banque. Les Facteurs sont distingués des Mandataires, en ce que les Facteurs ont des gages, & que les Mandataires n'en ont point. Les Facteurs engagent leurs Maîtres, & s'obligent envers eux pour raison des fonctions auxquelles ils sont préposés, de la même maniere que le maître lui-même pourroit s'obliger envers les autres, ou obliger envers lui.

3. *Ou Serviteurs.*] Il en est de même des Voituriers préposés par les Marchands, mais seulement pour raison des voitures de marchandises & denrées dont ces Marchands font commerce. (Réglement du Conseil du 13 Août 1669, rendu pour les Juges de la Conservation de Lyon, article 3.)

La Déclaration du 24 Avril 1703, rendue touchant le Commerce & la Navigation de la Riviere de Loire, article 24, porte « que les » différents qui naîtront entre les Marchands & » les Voituriers, pour raison de la voiture des » Marchandises, & pour les dommages & inté- » rêts qui peuvent arriver dans l'étendue de la » Riviere de Loire, sont de la compétence des » Juges-Consuls, privativement à tous autres » Juges. (V. le recueil tome 2, pag. 311.)

Mais il n'en est pas de même des Messagers publics & des Fermiers de ces Messageries, au sujet des Marchandises par eux voiturées : par exemple, si un Marchand d'Orléans envoyoit à un autre Marchand de Paris des Marchandises par le Carosse d'Orléans à Paris, les contestations qui pourroient arriver au sujet de ces voitures où le Messager seroit intéressé, ne pourroient être portées devant les Juges-Consuls, mais par-devant les autres Juges à qui la con-

De la Jurisdiction, &c. Tit. XII. 237
noissance en est attribuée par les Réglements.

4. *Des Marchands.*] Il en est de même des Facteurs ou Serviteurs des Manufacturiers & Artisans, qui sont ici sous-entendus.

Mais les Juges-Consuls ne peuvent connoître de gages, salaires & marchés des serviteurs & gens de métier pour raison de leurs ouvrages ; v. g. entre un Architecte ou Entrepreneur, & un Maçon ou Charpentier & autres Ouvriers, pour raison des ouvrages par eux faits, dans le cas même où ces derniers fourniroient les matériaux. (Ainsi jugé par Arrêt du 28 Avril 1575, pour Angers.) La Déclaration du 2 Octobre 1610, le défend expressément aux Juges-Consuls, à peine de nullité, & permet en cas de contravention de les prendre à partie. (V. le recueil tome 1, pag. 29.)

5. *Pour le fait de leur trafic seulement.*] V. ci-dessus art. 4, note 4, pag. 229.

Article VI.

Ne pourront les Juges & Consuls connoître des contestations *pour nourritures, entretiens, & emmeublements* (1), mesme entre marchands, si ce n'est qu'ils en fassent profession.

.1 *Pour nourritures, entretiens, & emmeublements.*] Par exemple si un Aubergiste fournit des nourritures à un Marchand ou Artisan ; un Cabaretier, du vin ; un Fripier, un ameublement, par vente ou louage ; & qu'il survienne à ce sujet quelque contestation, les Juges-Consuls n'en pourront connoître ; parceque ce n'est point un trafic dont le Marchand ou Artisan se mêle. Mais si le Marchand ou

Artisan qui a ainsi acheté du vin, ou loué des meubles, étoit un Aubergiste ou Cabaretier, alors l'affaire seroit Consulaire.

Article VII.

Les Juges & Consuls *connoîtront des différends* (1) *à cause des assurances, grosses aventures* (2), *promesses, obligations, & contracts, concernant le Commerce de la Mer, le fret & le naulage des Vaisseaux.*

1. *Connoîtront des différents, &c.*] Cet Article a été révoqué par l'article 2, du tit. 2, du liv. 1, de l'Ordon. de la Marine du mois d'Août 1681, qui attribue aux Juges des Amirautés la connoissance de toutes les actions qui procédent de Charte-parties, affrétements ou anolissements, connoissements, ou police de chargement, fret ou nolis, engagement & loyer de matelots, & des victuailles qui leur seront fournies pour leur nourriture par ordre du Maître pendant l'équipement des Vaisseaux, ensemble des polices d'assurance, obligations à la grosse aventure ou à retour de voyage, & généralement de tous contrats concernant le commerce de la mer, nonobstant toutes soumissions & privileges à ce contraires. (V. le recueil t. 1, pag 496)

2. *A causes des assurances, grosses aventures.* V. ci-dessus tit. 7, art. 2, aux notes, pag. 153, & suivantes.

Article VIII.

Connoîtront aussi du Commerce fait *pendant les foires* (1) tenuës ès lieux de leur établissement, si l'attribution n'en est faite aux Juges-conservateurs du privilege des foires.

1. *Pendant les Foires.*] Il ne faut pas confondre les affaires du Commerce qui se fait pendant le tems des Foires, avec ce qui regarde les franchises & privileges de ces mêmes Foires. La connoissance & manutention de ces privileges appartient aux Juges qui en sont les Conservateurs; comme à Paris, la conservation des privileges de la Foire St. Germain appartient au Lieutenant Civil. Mais à l'égard des contestations pour raison du Commerce qui se fait pendant le tems de ces mêmes Foires, la connoissance en appartient aux Juges-Consuls des lieux où elles sont établies, à moins que l'attribution n'en ait été faite aux Juges-Conservateurs des Privileges de ces Foires; comme à Lyon, où cette connoissance appartient aux Prevôt des Marchands & Echevins en leur qualité de Juges-Conservateurs des Foires de la même Ville, suivant l'article premier de l'édit du mois de Juillet 1669, (V. le recueil to. 1, pag. 218.)

Article IX.

Connoîtront pareillement de l'exécution de nos Lettres, *lorsqu'elles seront incidentes* (1) aux affaires de leur compétence, pourveu qu'il ne s'agiſſe pas *de l'eſtat ou qualité des perſonne.* (2).

1. *Lorſqu'elles ſeront incidentes.*] Comme ſi un Marchand a fait un marché avec un Voiturier pour une entrepriſe dans lequel ce Voiturier a été ſurpris & léſé, & que celui-ci veuille ſe pourvoir par lettres de reſciſion contre ce marché pour le faire déclarer nul, les Lettres de reſciſion qu'il obtiendra à cet effet, doivent être adreſſées aux Juges Conſuls, qui ſont en droit de connoître incidemment de ces lettres.

2. *De l'état ou qualité des perſonnes.*] Comme s'il s'agiſſoit de Lettres d'émancipation obtenues par un mineur, de Lettres de bénéfice d'inventaires, & autres de cette eſpece.

Article X.

Les gens d'Egliſe, Gentilshommes & Bourgeois, Laboureurs, Vignerons, & autres, *pouront faire aſſigner* (1) pour ventes de bleds, vins, beſtiaux, & autres denrées *procédant de leur cru* (2), ou par devant les Juges ordinaires, ou pardevant les Juges & Conſuls, ſi les ventes ont eſté faites à des Marchands, ou Artiſans faiſant profeſſion de revendre.

1. *Pourront faire aſſigner.*] Mais les Eccléſiaſtiques, Gentilshommes, Bourgeois, Laboureurs, Vignerons, &c. ne peuvent être aſſignés par les Marchands pour raiſon de ces ventes, que pardevant les Juges ordinaires.

2. *Procédant de leur crû.*] Ainſi un particulier qui recueille du bled, du vin, des beſtiaux, ou

autres

De la Jurisdiction, &c. TIT. XII.

autres denrées de son crû, v. g. un Laboureur qui vend des Bœufs ou des Moutons à un Boucher, a le choix d'assigner le Marchand à qui il les a vendus & qui fait profession de revendre, devant le Juge ordinaire du domicile de ce Marchand, ou devant les Juges-Consuls. Mais si la vente a été faite par un particulier qui achete des choses qui ne procedent point de son crû, pour en faire trafic, & qui les vend à un Marchand ou Artisan faisant profession de revendre, les Juges-Consuls alors en connoîtront.

ARTICLE XI.

Ne sera étably dans la Jurisdiction Consulaire *aucun Procureur* (1) *Syndic* (2) *ni autre Officier* (3), s'il n'est ordonné par l'Edit de création du Siege, ou autre Edit deuëment registré.

1. *Aucun Procureur.*] Quoiqu'il n'y ait point de Procureurs en titre d'Office dans les Jurisdictions Consulaires, néanmoins il y a des personnes préposées pour défendre & plaider les Causes des Particuliers qui ne peuvent ou ne veulent pas plaider par eux mêmes ; ces personnes sont choisies par les Juges Consuls, & prêtent serment devant eux.

2. *Syndic.*] Dans plusieurs Jurisdictions Consulaires il y a un Procureur-Syndic, qui doit être gradué, & auquel on renvoie toutes les Causes où il y a des questions de droit, pour être ensuite jugées sur son rapport.

3. *Ni autre officier.*] Les Greffiers ont été

érigés en titre d'office dans différents Consulats du Royaume, dès le mois de Septembre de l'année 1571. Par un Edit du mois de Mars 1710, ces Offices ont été suprimés, & il en a été créé un nouveau en chacune Jurisdiction Consulaire pour expédier, signer & sceller les Sentences, Jugements, Procès-verbaux & autres actes qui peuvent intervenir & être rendus dans ces Jurisdictions, recevoir les présentations & délivrer les actes d'affirmation de voyage aux Parties, avec les mêmes droits qu'ils percevoient auparavant. Ces droits ont été réglés pour tous les Consulats du Royaume par une Déclaration du Roi du 18 Juin 1715. (V. le Recueil tom. 3, pag. 15 & 17.)

Voici la Table des Droits qui doivent se lever aux termes de cette Déclaration.

TABLE des Droits des Greffes des Jurisdictions Consulaires.

Pour la présentation du Demandeur cinq sols.

Pour la présentation du Défendeur cinq sols.

Pour le doit d'appel de Cause attribué à l'Office de premier Huissier, deux sols six deniers.

Pour les Sentences & autres expéditions du Greffe, deux sols du rôle de 15 à 16 lignes à la page & trois mots à la ligne.

Pour le droit de contrôle des dépens taxés par les Sentences ou par exécutoires, six deniers pour livre.

Pour le droit de Garde des Archives réuni à l'Office de Contrôleur des dépens, six deniers pour livre des dépens taxés.

Pour le droit de Syndic des Procureurs pareillement réuni à l'Office de Contrôleur des dépens, un sol pour livre des dépens taxés.

Pour le sceau de chacune Sentence portant

condamnation de cent livres & au-dessus, vingt sols.

Pour le sceel des Sentences au-dessous de cent livres jusqu'à cinquante livres, dix sols.

Pour celles au-dessous de cinquante livres, six sols.

Pour le Contrôleur des Greffes, six deniers pour livre de tous les droits du Greffe.

A l'égard des Huissiers, le Roi Henri IV, par Edit du mois de Mai 1595, avoit créé en titre d'Office en chacunes Jurisdictions Consulaires deux Offices d'Huissiers Audienciers; (V. Confér. des Ordon. tom. 3, liv. 12, tit. 15, §. 41, pag. 722.) & depuis par Edit du mois de Juin 1708, il y en a encore eu de créés dans les mêmes Siéges, qui ont été fixés à deux pour chacun de ces Siéges par une Déclaration postérieure du 20 Décembre 1712, avec le droit de signifier seuls, & à l'exclusion de tous autres Huissiers, dans les Jurisdictions Consulaires de leur établissement, les défauts, Sentences de réception de caution, & autres actes, sentences, ou jugements qui n'ont pas besoin d'être revêtus du sceau; comme aussi avec le droit de pouvoir faire toutes sortes d'exploits en toute matieres concurremment avec les autres Huissiers, sans aucune exception ni réserve.

Cette même Déclaration de 1712, permet à tous Huissiers & Sergents royaux, d'exploiter dans les Jurisdictions Consulaires, à la réserve des cas ci-dessus exceptés.

Article XII.

Les procédures de la Jurisdiction Consulaire seront faites suivant les formes prescrites par le Titre seizieme *de nostre*

Ordonnance du mois d'Avril mil six cens soixante-sept (1).

1. *De notre Ordonnance du mois d'Avril 1667.*] Ces Procédures doivent être sommaires ; & le ministere des Avocats & des Procureurs n'y est pas nécessaire. (Ordonnance de 1667, tit. 16, art. 2.) Voici un abrégé de cette Procédure.

De la Procédure Consulaire.

1°. Lorsqu'on veut faire assigner quelqu'un pardevant les Juges-Consuls, pour avoir le paiement d'un billet ou d'une promesse ordinaire sous seing privé, on doit avant tout faire contrôler ce billet ou cette promesse, ainsi qu'on y est obligé dans les autres Jurisdictions. L'art. 97, du Tarif du Contrôle des actes des Notaires du 29 Septembre 1722, n'excepte de cette nécessité du Contrôle que les Lettres de Change & Billets à ordre ou au porteur entre gens d'affaires, Marchands & Négociants, les Billets de Marchand à Marchand causés pour fournitures de marchandises de leur commerce réciproquement, & les extraits des Livres entre Marchands pour fournitures de marchandises concernant leur négoce seulement. (V. le Recueil tom. 3, pag. 232)

2°. Les Huissiers doivent avoir attention de ne pas donner les assignations aux Marchands, lorsqu'ils sont assemblés en la bourse ou place commune ; cela leur est expressément défendu par l'article 17 de l'Edit du mois de Novembre 1563, portant création de Juges-Consuls dans la Ville de Paris, rendu commun pour tout le Royaume par l'art. 1 du présent Titre. (V. cet Edit à la fin de ce titre, ci-après.)

3°. Lorsqu'on veut assigner pour obtenir sentence contre plusieurs Marchands ou autres débiteurs de billets solidaires, les Huissiers doivent aussi avoir attention de ne donner les assignations qu'à la personne ou au domicile d'un de ceux qui ont signé ces billets, & ce tant pour lui, que pour ceux qui ont signé avec lui ou endossé lesdits billets; & il en est de même pour les autres procédures, sans que pour quelque prétexte que ce soit, il en puisse être usé autrement par les Huissiers ou Sergents qui se trouveront chargés de faire ces poursuites, à peine de concussion & de cinq cents livres d'amende. (Arrêt du Conseil du 13 Juillet 1709.) Ce même Arrêt porte que les Sentences qui seront ainsi prononcées seront exécutées contre tous les particuliers qui auront signé ou endossé lesdits billets, après que commandement leur en aura été fait à chacun en particulier, en conséquence desdites Sentences, & au pied de la copie d'icelles. Le motif de cet Arrêt, ainsi qu'il est dit dans le préambule, est pour éviter la multiplicité des frais de la part des Huissiers, qui auparavant assignoient tous ceux qui avoient signé ou endossé des billets solidaires, par autant d'exploits; ce qui souvent faisoit monter les frais aussi haut que le principal, lorsqu'il y avoit un grand nombre de débiteurs solidaires, & alloit à la charge de ces derniers sans aucune utilité pour le créancier.

4°. Ceux qui sont assignés devant les Juges-Consuls, sont tenus de comparoître en personne à la premiere Audience, pour être entendus par leur bouche, (Ord. du mois d'Avril 1667, tit. 16, art. 1.)

A l'égard des délais requis sur ces assignations, ils doivent être différents, suivant les différents éloignements du domicile du défendeur. Ceux qui demeurent dans la Ville ou dans les Fauxbourgs du lieu où ils sont assignés, doivent comparoître à la premiere Audience; mais à l'égard des autres il faut observer la distance des endroits, à raison de dix lieues par jour. (V. la même Ordon. de 1667, tit. 11, art. 1 ; & tit. 8, art. 2.)

5°. En cas de maladie, absence, ou autre légitime empêchement, les Parties pourront envoyer un mémoire contenant les moyens de leurs demandes ou défenses, signé de leur main, ou par un de leurs parents, voisins, ou amis ayant de ce charge ou procuration spéciale, dont il sera apparoir. (Ordon. de 1667, tit. 16, art. 2.) Il n'est pas nécessaire que cette procuration soit passée devant Notaires.

6°. Lorsqu'on veut obtenir une Sentence de condamnation en vertu d'une cédule, billet ou promesse sous seing-privé, on n'est pas obligé de faire reconnoître d'abord en Justice cette promesse ou billet, ainsi qu'on y est obligé dans les autres Jurisdictions, aux termes de l'Edit du mois de Décembre 1684. (V. le Recueil tom. 1, pag. 548.) La Déclaration du 15 Mai 1703, (au Recueil tom. 2, pag. 316) dispense de cette formalité les Jurisdictions Consulaires, sinon dans le cas où le défendeur dénieroit la vérité de la promesse ou billet, ou soutiendroit qu'ils sont signés d'une autre main que la sienne ; auquel cas les Juges-Consuls seront tenus de renvoyer les Parties pardevant les Juges ordinaires, pour procéder à la vérification de ces pieces & reconnoissance de ces écritures en la maniere portée par le même Edit de 1684.

7°. La cause doit être vuidée sur le champ sans ministere d'Avocat ni de Procureur, (Ord. de 1667, tit. 16, art. 2.) à moins que les Par-

De la Jurisdiction, &c. Tit. XII.

ties ne jugent à propos de se servir de ceux qui sont préposés par les Juges-Consuls pour plaider & défendre les droits des Parties. (V. la note 1, sur l'art. 11, ci-dessus, pag. 241.)

8°. Néanmoins s'il est nécessaire de voir les pieces, les Juges-Consuls peuvent nommer en présence des Parties ou de ceux qui sont chargés de leurs mémoires, un des anciens Consuls, ou autre Marchand non suspect, pour les examiner, & sur son rapport donner sentence, qui sera prononcée en la prochaine audience (Même Ordonnance de 1667, titre 16, article 3.)

9°. Lorsqu'une des Parties ne comparoît point en personnes, les Juges-Consuls peuvent aussi, s'ils jugent qu'il soit nécessaire d'entendre cette Partie, ordonner qu'elle sera ouïe par sa bouche en l'Audience, en lui donnant un délai compétent; ou si elle étoit malade, commettre l'un d'eux pour prendre l'interrogatoire, que le Greffier sera tenu de rédiger par écrit. (*Ibid.* article 4.)

10°. Si l'une des Parties sur l'assignation fait défaut & ne comparoît pas, il doit être donné contre elle défaut ou congé emportant profit. (*Ibidem*, art. 5.) C'est-à-dire, que si c'est le Demandeur qui fait défaut, l'autre Partie obtiendra congé avec dépens; & au contraire si c'est le défendeur qui ne comparoît pas, il sera donné défaut contre lui, & pour le profit les conclusions seront adjugées au demandeur avec dépens, si elles sont trouvées justes. (Même Ordon. de 1667, tit. 5, art. 3. V. aussi la note 3, sur l'art. 14 ci-après, page 252.)

11°. L'article 6, du tit. 16 de la même Ordonnance de 1667, porte, que les défauts & congés ainsi prononcés pourront être rabattus en l'Audience suivante, pourvû que le défaillant

L iv

ait sommé par acte celui qui a obtenu le défaut ou congé, de comparoître en l'Audience, & qu'il ait offert par le même acte de plaider sur le champ.

12°. Lorsque les Parties sont contraires en faits, & que la preuve en est recevable par témoins, les Juges-Consuls doivent leur accorder un délai compétent pour faire comparoître respectivement leurs témoins. (Même Ordonnance de 1667, tit. 6, art. 7.) Sur quoi il est bon d'observer, qu'il n'est pas nécessaire d'assigner ces témoins, & qu'il suffit que les Parties les fassent paroître de gré à gré.

Il ne faut pas croire, comme plusieurs se l'imaginent, que l'Ordonnance admette la preuve par témoins dans les Jurisdictions Consulaires pour toutes sortes de cas indistinctement ; ce qui résulte assez des termes de cet article. Cette preuve ne doit y être admise, que lorsqu'elle est aidée de quelques adminicules, & selon la qualité des affaires & des personnes. (V. le Procès verbal des Conférences tenues lors de la rédaction de l'Ordonnance de 1667, page 267.)

13°. Les témoins doivent être ouis sommairement en l'Audience, après que les Parties auront proposé verbalement leurs reproches, ou qu'elles auront été sommées de le faire, pour ensuite être la cause jugée en la même Audience, ou au Conseil sur la lecture des pieces. (Même Ordonnance de 1667, titre 16, article 7.)

14°. En cas que les témoins de l'une des Parties ne comparoissent point, cette Partie doit demeurer forclose & déchue de les faire ouïr ; si ce n'est que les Juges-Consuls, eu égard à la qualité de l'affaire, trouvent à propos de donner un nouveau délai pour amener les témoins, auquel cas les témoins doivent être ouïs fecrettement en la Chambre du Conseil. (*Ibid.* article 8.)

15°. Les dépofitions des témoins ouïs en l'Audience doivent être rédigées par écrit, & s'ils font ouïs en la Chambre du Confeil, elles doivent être fignées du témoin, finon il doit être fait mention de la caufe pour laquelle il n'a point figné. (*Ibid.* art. 9.)

16°. Les Juges-Confuls, dans leurs Sentences, doivent faire mention des déclinatoires qui feront propofés. (*Ibid.* art. 10.) Cette difpofition eft fagement établie, parceque quand une Partie qui a propofé un déclinatoire en cette Jurifdiction, & qui en a été déboutée, appelle du déni de renvoi, ou comme de Juge incompétent, & qu'elle veut obtenir un Arrêt de défenfes, le Parlement voit par la Sentence fi le déclinatoire étoit bien ou mal fondé, & s'il y a lieu en recevant l'appel d'accorder ces défenfes.

Article XIII.

Les Juges & Confuls dans les matieres de leur compétence, *pourront juger nonobftant tout déclinatoire* (1), appel d'incompétence, prife à partie, renvoy requis & fignifié, *même en vertu de nos Lettres de* Committimus (2) aux Requeftes de noftre Hoftel ou du Palais ; *le privilége des Univerfitez* (3), des Lettres de Garde-gardienne, *& tous autres* (4).

1. *Pourront juger nonobftant tout déclinatoire.*]

Ils peuvent même prononcer, par un seul & même Jugement, sur le déclinatoire & sur le fond. Ainsi jugé par Arrêt du Conseil du 7 Mars 1718, suivi de Lettres-Patentes rendues en conséquence, enregistrées au Parlement de Toulouse, par Arrêt du 2 Avril de la même année. (V. le Recueil, tom. 3, page 143.)

2. *Même en vertu des Lettres de* Committimus, *&c.*] Ceci est conforme à la Déclaration du Roi du 28 Avril 1565, rendue en interprétation de l'Edit de création des Juges-Consuls de Paris, qui porte, » que les Marchands & autres fai- » sant trafic de marchandises, seront assignés » & jugés au Consulat, nonobstant les fins » d'incompétence & de renvoi qu'ils pourroient » acquérir, en vertu de Lettres de *Committi-* » *mus*, pardevant les Requêtes du Palais à Pa- » ris, & autres Privileges. (V. le Recueil, tom. 1, pag. 16.) Ainsi jugé par plusieurs Arrêts, & notamment par deux Arrêts des 5 Avril & 30 Juin 1629, & par un autre du 18 Décembre 1666.

3. *Le privilege des Universités.*] Ainsi jugé par deux Arrêts du Parlement de Paris des 23 Février 1644, & 6 Septembre 1646.

4. *Et tous autres.*] C'est pourquoi ceux qui ont leurs causes commises v. g. en la Prévôté de l'Hôtel, ne peuvent user de leurs Privileges en matiere Consulaire. Ainsi jugé par Arrêt du Conseil du 0 Juin 1644, & par un Arrêt du Grand-Conseil du 4 Juillet 1645.

De même ceux qui, suivant le Privilege de leurs Provinces, ne doivent point être distraits pour être traduits en d'autres Jurisdictions, comme sont ceux de la Province de Franche-

Comté, ne peuvent jouir de ce Privilege, quand ils sont assignés en la Jurisdiction Consulaire. Ainsi jugé par Arrêt du Conseil du 12 Mai 1698, en faveur du nommé François Camusat, Marchand à Troyes, contre le nommé Jacques Fremiot, Marchand à Besançon.

Le Privilége du Scel attributif de Jurisdiction dans les Villes qui jouissent de ce droit, comme Paris & Orléans, cesse aussi d'avoir lieu en matiere Consulaire. (Déclaration du 28 Avril 1565, Arrêt de réglement du 7 Août 1698, rendu entre le Châtelet de Paris, & les Juges-Consuls de la même Ville. V. le Recueil tom. 2, pag. 225.)

Les Marchands, Bourgeois de Paris, jouissent du privilége particulier de ne pouvoir être traduits sur des demandes en garantie concernant le commerce pardevant d'autres Juges que les Juges-Consuls de Paris. Ainsi jugé par Arrêt du Conseil du 18 Août 1704. (V. le Recueil tom. 2, pag. 352.)

ARTICLE XIV.

Seront tenus néantmoins, si la connoissance ne leur appartient pas, *de déférer au déclinatoire*, (1), à l'appel d'incompétence, *à la prise à partie* (2), & *au renvoy* (3).

1. *De déferer au déclinatoire.*] Et à cet effet ils doivent faire mention des déclinatoires dans leurs Sentences. (Ordonnance de 1667, tit. 16, n. 10.)

2. *A la prise à partie.*] Ces prises à partie ne sont plus si fréquentes, depuis qu'il est néces-

faire d'obtenir un Arrêt, pour pouvoir prendre un Juge à partie. (V. le Commentaire nouveau sur l'Ordon. du mois d'Avril 1667, tit. 25, art. 4, note 2, pag. 292, de la 2ᵉ édition.)

3. *Et au renvoi.*] Les Juges Consuls doivent être exacts à renvoyer les affaires, qui ne sont point de leur compétence, pardevant les Juges qui en doivent connoître, à peine d'interdiction de leurs fonctions, & de trois mille livres d'amende.

Ainsi quand un Officier ou Bourgeois est assigné en sommation au Consulat, v. g. au sujet d'un cheval par lui vendu à un Marchand, & revendu par ce dernier à un Maquignon qui a fait assigner ce marchand au même Consulat, l'Officier ou Bourgeois sur la demande en sommation peut demander son renvoi devant son Juge, comme n'étant pas justiciable de la Jurisdiction Consulaire ; les Juges-Consuls ne peuvent alors se dispenser de renvoyer sur la demande en garantie devant le Juge de cet Officier ou Bourgeois qui demande ainsi son renvoi, & ils doivent connoître seulement de la demande originaire entre le Marchand & le Maquignon. On ne peut opposer ici la disposition portée en l'art. 8 du tit. 8 de l'Ordonnance de 1667, ou il est dit, » que ceux qui seront assi-» gnés en garantie, seront tenus de procéder » en la Jurisdiction où la demande originaire » sera pendante : car cet article n'a lieu que pour les Jurisdictions ordinaires, & qui sont de droit commun, mas non pour les Jurisdictions extraordinaires, telle qu'est celle des Juges-Consuls, & ne peut par conséquent préjudicier aux droits de ceux qui ne sont point soumis à leur Jurisdiction, tels que les Officiers, les Ecclésiastiques, les Bourgeois, &c. ce qui résulte d'ailleurs des termes mêmes de l'article où il est dit ensuite : ,, Si ce n'est que le garant soit pri- ,, vilégié.

Il est même défendu aux Juges Consuls de juger par défaut dans ces sortes d'affaires, qui ne sont point de leur compétence. Ainsi jugé par Arrêt du Conseil du premier Juillet 1724, (V. le Recueil tome 3, page 260.) Ce même Arrêt leur enjoint à cet effet de ne prononcer aucun défaut sans avoir examiné la demande, afin de renvoyer devant les Juges qui en doivent connoître, celles qui par la qualité des parties, ou la nature de la demande, ne sont point Consulaires, & débouter le Demandeur sur sa propre Requête, ainsi qu'il se pratique au Châtelet de Paris, lorsque la demande paroît dépourvue de titres, & absolument mal fondée.

Il est même défendu aux Juges-Consuls de connoître des causes qui ne sont pas de leur compétence, dans le cas où les deux Parties consentiroient de procéder devant eux ; & ils doivent alors renvoyer d'office ces Parties pardevant les Juges qui en doivent connoître. Ainsi jugé par Arrêts des 15 Mars 1564, 3 Avril & 29 Juillet 1565, rapportés par Chenu en son Recueil de réglements, t. 1, tit. 2, ch. 122, pag. 394, de l'édition de 1630. Autre Arrêt du 23 Février 1695, rendu pour Orléans, & quelques autres Villes du Royaume. (V. le Recueil tom 2, pag. 165 & 225.) Autre du 7 Août 1698.

Les Juges-Consuls ne peuvent pas non plus évoquer une Instance pendante devant un autre Juge, quoique la Cause portée devant cet autre Juge soit de leur compétence, & dût être portée eu leur Jurisdiction, sauf à eux à la revendiquer, & à en demander le renvoi. Ainsi jugé par Arrêt du 17 Février 1564, rapporté par Chenu en l'endroit qu'on vient de citer: ce qui est une suite de la regle générale, que les Juges, quels qu'ils soient, ne peuvent évoquer les Causes pendantes en d'autres Jurisdictions, à moins que ces Jurisdictions ne leur soient subordonnées.

ARTICLE VV.

Déclarons nulles toutes Ordonnances, Commissions, Mandements pour faire assigner, & les assignations données en conséquence pardevant nos Juges, & ceux des Seigneurs, *en révocation* (1) de celles qui auront esté données pardevant les Juges & Consuls. Défendons, à peine de nullité, *de casser ou surseoir* (2) *les procédures & les poursuites en execution de leurs Sentences* (3), *ni faire défenses de procéder pardevant eux* (4). Voulons qu'en vertu de nostre présente Ordonnance, elles soient exécutées, & que les Parties qui auront présenté leurs Requestes pour faire casser, révoquer, surseoir ou défendre l'exécution de leurs Jugements; les Procureurs qui les auront signées, & les Huissiers ou Sergents qui les auront signifiées, soient condamnez chacun en cinquante livres d'amende, moitié au profit de la Partie, moitié au profit des Pauvres; qui ne pourront estre remises ni modérées: au payement des-

De la Jurisdiction, &c. Tit. XII. 255
quelles la Partie, les Procureurs & les Sergents sont contraints solidairement.

1. *En révocation, &c.*] L'Arrêt de règlement du 7 Août 1698, rendu entre les Juges ordinaires & les Juges-Consuls, rapporté au cinquième tome du Journal des Audiences, » Fait défenses au Prevôt de Paris & à tous » autres Juges de révoquer, même sur la réqui- » sition des Substituts du Procureur Général, les » assignations données devant les Juges Con- » suls, de casser & annuller leurs Sentences, » d'en surseoir, arrêter ou empêcher en quelque » maniere que ce soit l'exécution, de faire élar- » gir les prisonniers arrêtés ou recommandés en » vertu de leurs Jugements, & de prononcer » aucune condamnation d'amende pour distrac- » tion de Jurisdiction, tant contre les Parties, » que contre les Huissiers, Sergents & tous au- » tres qui auront donné ou fait donner des assi- » gnations pardevant lesdits Juges-Consuls, » sans préjudice aux Parties de se pourvoir en » la Cour par appel, pour leur être fait droit » sur le renvoi par elles requis, & au Substitut » du Procureur Général d'y intervenir, pour la » conservation de la Jurisdiction, ainsi qu'il » verra bon être.

2. *De casser ou surseoir.*] La même chose avoit été jugée auparavant par plusieurs Arrêts, & entre autres par ceux du 19 Mars 1610, rendu pour Senlis; du 10 Mai 1653, rendu pour Angers; du 8 Avril 1655, rendu pour Paris; & du 13 Juillet 1665, rendu en faveur des Juges-Consuls d'Orléans.

3. *Et les poursuites en exécution de leurs Sentences.*] Ni pareillement d'élargir les prison-

niers, emprisonnés en vertu des Sentences des Juges-Consuls; (Arrêt du 9 Août 1599, rendu pour Angers. Autre du Parlement de Bretagne du 13 Juillet 1669, rendu pour S. Malo. Autre Arrêt du 7 Août 1698, ci-dessus rapporté.) ce qui se trouve même établi expressément par une Déclaration du Roi du 16 Janvier 1612.

Lorsque les Juges-Consuls ont excédé leur pouvoir, & connu de matieres qui n'étoient pas de leur compétence, il n'y a d'autre voie pour se pourvoir contre leurs Sentences, que celle de l'appel au Parlement, tant comme de Juges incompétents qu'autrement; & on ne peut même empêcher l'exécution provisoire de ces Sentencas, qu'en obtenant un Arrêt de défenses, qui ne doit s'accorder que sur des moyens apparents d'incompétence.

4. *Ni faire défenses de procéder pardevant eux.*] Cette disposition est conforme à celle de la Déclaration du Roi du 4 Octobre 1611.

Les Juges ordinaires ne peuvent pareillement prononcer aucune condamnation d'amende, soit contre les Parties, soit contre les Huissiers, pour distraction de Jurisdiction, & pour avoir assigné devant les Juges-Consuls. (Arrêt du Conseil du 9 Juin 1670, rendu en faveur des Juges Consuls d'Angers, de Poitiers, &c. Arrêt du Parlement du 7 Août 1698, ci-dessus rapporté.)

En général, il est défendu aux Juges ordinaires de former aucunes entreprises sur la Jurisdiction des Juges-Consuls. (Lettres Patentes du 22 Février 1566, rendues pour la Ville de Rouen. Autre du 19 Décembre 1582, & 6 Janvier 1587, pour Reims. Déclaration du Roi du 4 Octobre 1611.

Ainsi ils ne peuvent connoître des affaires

De la Jurisdiction, &c. Tit. XII. 257
Consulaires, dans le cas où la connoissance en appartient aux Juges-Consuls, sous les peines portées par les Ordonnances & Arrêts. (Même Déclaration du 4 Octobre 1611. Arrêt du 17 Juillet 1699, rendu en faveur des Juges Consuls de Compiegne.) Il est même défendu aux Procureurs de se charger de pareilles causes. (Déclaration du 28 Avril 1565. Lettres Patentes du 22 Février 1566, pour Rouen. Autres du 8 Mars 1571, pour Orléans, & quelques autres Villes. Arrêt du 6 Mai 1608, rendu pour Chartres.)

Les Juges ordinaires peuvent encore moins évoquer ces causes, lorsqu'elles sont pendantes pardevant les Juges-Consuls, sauf à les revendiquer, & à se pourvoir par appel au Parlement, en cas de déni de renvoi. (Arrêt du Conseil du 3 Décembre 1618, rendu pour la Ville de Reims.)

Enfin suivant les Lettres Patentes du 8 Mars 1571, données en faveur des Juges-Consuls d'Orléans, d'Angers & de Bourges, il est dit que les Prévôts, Lieutenants & Baillis, à la premiere remontrance qui leur sera faite du fait dont la connoissance appartient aux Juges-Consuls, renverront les Parties pardevant eux pour y procéder, sans en retenir la connoissance, soit par requête ou par appel. La même chose a été jugée par Arrêt du 29 Mars 1575, rapporté par Chenu en ses Réglements au titre des Prévôts, & par un autre du 2 Septembre 1650, rendu en faveur des Juges-Consuls de Chartres.

Lorsqu'il arrive des conflits de Jurisdiction entre les Juges ordinaires & les Juges-Consuls, dans les cas où ces derniers jugent en dernier ressort, il faut se pourvoir en réglement de Juges au Grand Conseil; il y en a plusieurs exemples. (Arrêt du Grand Conseil du 16 Janvier

1713, qui le juge ainsi. Autre Arrêt du Grand Conseil du 5 Septembre 1693, rendu en faveur des Juges-Consuls de Bourges. V. aussi l'Ordonnance du mois d'Août 1669, titre 3, art. 6, avec les notes.)

Article XVI.

Les Veuves & Héritiers (1) des Marchands, Négociants & autres, contre lesquels on pourroit se pourvoir pardevant les Juges & Consuls, y seront assignez, ou en reprise, ou par nouvelle action. *Et en cas que la qualité, ou de Commune* (2) *ou d'Héritier pur & simple, ou par Bénéfice d'inventaire, soit contestée, ou qu'il s'agisse de douaire, ou de legs universel, ou particulier, les Parties seront renvoyées pardevant les Juges ordinaires pour les régler : & après le Jugement de la qualité, douaire ou legs, elles seront renvoyées pardevant les Juges & Consuls.*

1. *Les veuves & héritiers.*] C'est-à-dire, les veuves & héritiers qui continuent le commerce après la mort du défunt ; autrement cette veuve & ces héritiers ne sont pas sujets à la Juridiction Consulaire, ainsi qu'il a été jugé par Arrêt du 20 Avril 1573, & par un autre du mois de Mars 1574, rapporté par Néron sur l'article 3, de l'Edit des Consuls, du mois de Novembre 1563, ce qui est conforme à la disposition dudit art. 3, qui ne parle que des veuves & marchandes publiques. Néanmoins s'il s'agit d'une dette qui procede du fait du défunt, & qui soit Con-

De la Jurisdiction, &c. Tit. XII. 259
fulaire, il faudra affigner la veuve & les héritiers pardevant les Juges-Confuls. C'eſt ainfi que le penfe Chenu en fon Recueil de Réglements, tome 1, tit. 22, page 397.

Au reſte, il faut obferver que dans le cas où cette veuve & ces héritiers viendroient à être condamnés, on ne peut prononcer contre eux la condamnation par corps, cette contrainte étant purement perfonnelle, & ne paſſant point contre l'héritier de l'obligé. (Ainſi jugé par pluſieurs Arrêts, & notamment par un du 19 Mai 1567.) Les Juges-Confuls de Paris en ont même fait un Réglement exprès : Ce Réglement eſt du 3 Juillet 1617. V. auffi l'art. 12 de l'Edit du mois de Novembre 1563, portant établiſſement des Confuls en la ville de Paris, où il eſt dit, que *les exécutions commencées contre les condamnés feront parachevées contre leurs héritiers, & fur leurs biens feulement.*

2. *Et en cas que la qualité, ou de commune, &c.*] V. l'art. 9, ci-deſſus, page 239.

Article XVIII.

Dans les matieres attribuées aux Juges & Confuls, le Créancier pourra faire donner l'aſſignation à fon choix, ou au lieu du domicile du débiteur, *ou au lieu auquel la promeſſe a eſté faite, & la marchandiſe fournie* (1), *ou au lieu auquel le payement doit eſtre fait* (2).

1. *Ou au lieu auquel la promeſſe a été faite, & la marchandiſe fournie.*] Le lieu où la promeſſe a été faite, & la marchandiſe fournie, étant le lieu où le débiteur a contracté, il eſt juſte qu'il puiſſe y être aſſigné ; ce qui eſt conforme à la

disposition de Droit en la Loi. *Si longiùs.* § *Finali*, *ff. de judiciis.*

Au reste, la conjonctive *et* qui est ici apposée fait voir qu'il faut l'une & l'autre de ces conditions ; c'est-à-dire, que la promesse ait été faite, & la marchandise fournie dans le lieu : car, si la promesse a été faite en un lieu, & la marchandise fournie en un autre, alors on ne pourroit faire assigner le débiteur au lieu où la promesse a été faite, ou au lieu où la marchandise a été fournie ; mais il faut nécessairement que ces deux choses concourent.

Quand un marché se fait par lettres entre deux Négociants, comme cela arrive le plus souvent, le lieu où la promesse a été faite est celui du domicile du marchand qui accepte le marché, parceque c'est cette acceptation qui accomplit la convention.

En matiere de Lettres de change, on ne peut faire assigner que pardevant le Juge du domicile du débiteur, ou bien au lieu auquel le paiement doit être fait.

2. *Ou au lieu auquel le paiement doit être fait.*] Parceque c'est celui où le débiteur s'est obligé de payer, & que c'est là que le contrat a son exécution & sa perfection. (V. la Loi 19, §. 4, *de judiciis* ; & Godefroi sur la Loi 20 du même titre, note 11. V. aussi la Loi 1, *ff. de eo quod certo loco* ; & *L. unic. Cod. ubi conven. qui certo loco.*)

Hors les trois cas exposés en cet article, il n'est pas permis aux Juges-Consuls de connoître de causes entre Marchands qui ne sont pas leurs justiciables : mais dans l'un de ces trois mêmes cas, ils en peuvent connoître, non-seulement dans la Ville où leur Jurisdiction est établie, mais indistinctement dans toute

De la Jurisdiction, &c. Tit. XII.

l'étendue du Bailliage de leur ressort, lorsque le lieu dont il est fait mention dans cet article s'y trouve situé. On jugeoit autrefois à la vérité que le détroit de ces Juges ne s'étendoit point dans les Justices Seigneuriales, quoique dépendantes de leur ressort; & on trouve quelques Arrêts qui l'ont ainsi jugé, sur le fondement qu'en France les Justices sont Patrimoniales. (V. Monarc sur la Loi 8, *Cod. de Episcopali aud.*) Les nouveaux Arrêts ont jugé depuis tout le contraire, & ont déclaré les Juges-Consuls compétents pour connoître les causes qui leur sont attribuées, dans toute l'étendue du Bailliage ou de la Sénéchaussée Royale du lieu de leur établissement, même dans l'étendue des Justices Seigneuriales de leur ressort. (Ainsi jugé par Arrêt du 28 Mars 1620, rendu en la Chambre de l'Edit, pour la Ville de Tours. Autre Arrêt du 19 Janvier 1631, pour Angers. Autre du 8 Mars 1642, pour Reims. Autre du 5 Août 1651, pour Angers. Autre du 12 Mai 1657, pour Châlons. Arrêt du Conseil du 9 Juin 1670, rendu au profit des Juges-Consuls de Poitiers, Bourges, &c. Autre Arrêt du Conseil du 29 Octobre 1670, contre les Officiers du Présidial de Bordeaux. Autre Arrêt de la Cour du 27 Juin 1704, rendu pour Angoulême. (V. le Recueil tome 2, page 348)

Mais hors le ressort du Bailliage ou de la Sénéchaussée Royale du lieu de leur établissement, les Juges-Consuls sont incompétents pour connoître des matieres Consulaires. (Ainsi jugé au profit de Madame la Duchesse de Longueville, Comtesse de Dunois, contre les Juges-Consuls de Chartres, par Arrêt du 7 Mai 1577, rapporté par Loiseau en son Traité des Seigneuries, chap. 14, n. 68. Autre Arrêt du 30 Juillet 1613, contre les Juges-Consuls d'Orléans pour la ville de Chateaudun qui est hors le ressort du Baillage d'Orléans. (V. Mornac sur la Loi 8, *Cod. de Episcop. aud.*) Autre Arrêt du 31 Janvier 1633, contre les Juges d'Abbeville rapporté par Bardet, t. 2, liv. 2, chap. 6. Autre Arrêt du 18 Mars 1659, contre les Juges-Consuls d'Auxerre, rapporté au Journal des Audiences. Autre du 14 Février 1703, rendu contre les Juges-Consuls de Compiegne. Autre du 27 Juin 1704, tous les deux rapportés au même Journal. Autre du 20 Juin 1722, rendu contre les Juges-Consuls de Reims, qui leur fait défenses de connoître des causes des Marchands qui ne sont point domiciliés dans le ressort du Bailliage de Reims, si ce n'est dans les cas portés par l'article 17, du tit. 12 de l'Ordonnance du Commerce. Autre Arrêt du 24 Janvier 1733, rendu pour la ville d'Angoulême, qui renferme une disposition toute semblable. Ce qui vient d'être encore réglé tout nouvellement par une Déclaration du Roi du 7 Avril 1759. (Voyez cette Déclaration ci après à la fin.)

Article XVIII.

Les Assignations *pour le Commerce maritime* (1), seront données pardevant les Juges & Consuls du lieu où le contract aura esté passé. Déclarons nulles celles qui seront données pardevant les Juges & Consuls du lieu d'où le vaisseau sera parti, ou de celui où il aura fait naufrage.

1. *Pour le Commerce maritime.*] V. l'art. 7, ci-dessus avec les notes, page 238.

SI DONNONS EN MANDEMENT à nos amez &

De la Jurisdiction, &c. Tit. XII. 263
feaux Conseillers les Gens tenants nos Cours de Parlement, Chambres des Comptes, Cours des Aides, Baillifs, Sénéchaux, & tous autres Officiers, que ces présentes ils gardent, observent & entretiennent, fassent garder, observer & entretenir : Et pour les rendre notoires à nos Sujets, les fassent lire, publier & regiſtrer. Car tel eſt notre plaiſir. Et afin que ce soit choſe ferme & ſtable à toujours, Nous y avons fait mettre notre ſceel. Donné à Verſailles au mois de Mars l'an de grâce mil ſix cents ſoixante-treize ; & de notre regne le trentieme Signé LOUIS. *Et plus bas*, Par le Roy, COLBERT *Et à coſté eſt écrit Viſa*, DALIGRE. *Edit pour le Commerce. Et ſcellé du grand ſceau de cire verte ſur lacs de ſoye rouge & verte.*

Lû, publié, & regiſtré. Oui, & ce requérant le Procureur Général du Roy, pour eſtre exécuté ſelon ſa forme & teneur. A Paris en Parlement, le Roy y ſéant en ſon Lit de Juſtice, le vingt-troiſieme Mars mil ſix cents ſoixante-treize.
Signé, DU TILLET.

ADDITION

Au Titre de la compétence des Juges-Consuls, où il est parlé de leurs pouvoir, fonctions, devoirs, droits & prérogatives.

§. I.

Des matieres dont les Juges - Consuls ne peuvent connoître.

1°. Les Juges-Consuls sont incompétents pour connoître des faillites & banqueroutes ; ainsi que des contrats d'atermoiement, si ce n'est dans le cas marqué ci-après n°. 7, pag. 170. (V. ce qui a été dit ci-dessus en la note 4, sur l'article 7, du titre 11, page 103.)

2°. Ils ne peuvent pareillement connoître de l'entérinement des Lettres de répi, quoiqu'obtenues par un Banquier ou Négociant. (Voyez l'Ordonnance du mois d'Août 1669, tit. 6, art. 1.)

3°. Les cessions de biens qui se font en justice, ne peuvent aussi être faites pardevant les Juges-Consuls ; mais elles doivent être faites devant le Juge Royal ordinaire du domicile du cessionnaire ; (V. ci dessus, tit. 10, art. 1,

De la Jurisdiction, &c. Tit. XII. 265
art 1, note 1, pag. 178,) ce qui a lieu, même à l'égard de ceux qui étant emprisonnés en vertu de Sentences Consulaires, demandent à être admis au bénéfice de cession : car cette demande doit aussi être donnée devant les Juges ordinaires. (Arrêt du 10 Mai 1653, rendu pour Orléans, rapporté au recueil de la Jurisdiction Consulaire de la même Ville, page 97.)

4°. Les Juges-Consuls sont incompétents pour connoître des questions d'Etat, quoiqu'incidentes aux affaires portées devant eux. (V. ci-dessus, titre 12, articles 9 & 16.)

5°. Ils ne peuvent connoître de l'exécution de leurs Sentences ; mais cette connoissance appartient aux Juges ordinaires. L'Edit de création des Consuls de Paris, du mois de Novembre 1563, rendu commun pour tout le Royaume, porte » que les saisies, établissements de Com- » missaires, & ventes de biens ou fruits, seront » faites en vertu des jugements & Sentences des » Juges-Consuls, mais que les criées & inter- » positions de décret se feront par autorité des » Juges ordinaires des lieux. »

Une Ordonnance du Châtelet de Paris, du 23 Avril 1698, établit aussi comme une maxime certaine, que les saisies-réelles, priorités d'hypotheque, les préférences sur les saisies entre créanciers, les ouvertures de portes, le choix ou le refus des gardiens, les permissions d'emprisonner les Fêtes & Dimanches, ne sont point de la compétence des Juges-Consuls ; & qu'il en est de même s'il s'agit de faire rendre compte à l'Huissier ou au Commissaire, de la vente des choses saisies. Il faut dans tous ces cas se pourvoir devant les Juges ordinaires. Depuis il y a eu un Arrêt de la Cour, du 21 Juillet 1728, rendu sur les conclusions de M. le Procureur Général, qui fait défenses aux Juges-Consuls d'Orléans de

M

connoître des contestations qui ne sont pas de leur compétence, & notamment de celles qui peuvent naître entre créanciers, à l'occasion des saisies faites en exécution de leurs Sentences, ordres & distributions de deniers, & tous autres qui ne leur sont point attribués par l'Ordonnance.

A l'égard des autres contestations qui peuvent naître entre le saisissant & le débiteur saisi à l'occasion des saisies faites en vertu des Sentences Consulaires, les Juges-Consuls en peuvent connoître, soit que la saisie ait été faite sur le débiteur même, soit qu'elle ait été faite entre les mains d'un tiers. Mais si le tiers entre les mains de qui la saisie & Arrêt est faite, prétend ne rien devoir, ou qu'il se trouve des opposants qui ne soient point créanciers pour fait de Marchandises, & dont la créance ne soit pas de la Jurisdiction Consulaire, en ce cas les Parties doivent se pourvoir pardevant les Juges ordinaires. (Arrêt de Réglement du 24 Janvier 1733, rendu pour Angoulême. Autre Arrêt du 19 Septembre 1755, rendu en faveur des Juges-Consuls de Paris.)

§. II.

Des Incidents.

6°. Lorsque dans une instance principale poursuivie pardevant les Juges Consuls, il survient quelque demande proposée pour exception de la part du défendeur, qui ne soit pas de la compétence des Juges-Consuls, ces derniers n'en peuvent connoître même incidemment : sur-tout dans le cas où cette demande incidente ne seroit pas liquide, & pour laquelle la compensation ne se feroit pas de plein droit. Il faudra alors juger la demande principale séparément ; & renvoyer la demande incidente pardevant les Juges qui en doivent connoître. Mais si la demande proposée pour exception étoit claire & liquide, & qu'elle servît de défenses contre la demande principale, à laquelle elle seroit tellement connexe, qu'elle éteignît & fît tomber la demande principale, alors rien n'empêcheroit que les Consuls n'en pussent connoître.

7°. Les Juges-Consuls ne peuvent connoître des inscriptions de faux, même incident, qui peuvent survenir dans le cours d'une instance contre un billet ou autre acte produit par quelqu'une des Parties. C'est une suite de ce qui est porté en la Déclaration du 15 Mai 1703, ci-dessus citée, page 246, n. 6°, qui enjoint aux Juges Consuls de renvoyer pour les vérifications d'écritures pardevant les Juges ordinaires; ce qui résulte d'ailleurs de l'article 10, du titre 1, de l'Ordon. criminelle du mois d'Août 1670.

8°. Ils ne peuvent connoître pareillement des rébellions incidentes à l'exécution de leurs jugements. (V. Toubeau en ses Institutions Consulaires, liv. 1, tit. 17, ch. 9, pag. 333; ce qui d'ailleurs est porté expressément par le même article 10, du titre 1 de l'Ord. de 1670.

9°. A plus forte raison ne peuvent-ils connoître des délits qui se commettent incidemment aux instances pendantes pardevant eux, ou en exécution de leurs jugements. (Arrêt du 8 Août 1702, qui fait défenses aux Juges-Consuls d'Amiens de connoître des affaires criminelles, & de faire aucune Procédure extraordinaire pour raison de recelés & divertissements, fausses déclarations, simulation de créances, & autres accusations incidentes aux causes portées en la Jurisdiction Consulaire, ni de commettre à cette fin l'un d'entre eux, pour faire les fonctions de Procureur du Roi; enjoint auxdits Consuls dans ces cas & autres, qui ne sont de leur compétence, de laisser les Parties à se pourvoir pardevant les Juges qui en doivent connoître, à peine de nullité des jugements, &c. (V. le Recueil, tom. 2, page 282.)

§. III.

Des Actes de puissance publique, & de Jurisdiction volontaire.

10°. On a toujours douté si les Juges-Consuls pouvoient permettre de saisir & arreter sur Requête dans les cas où il y a lieu d'accorder ces sortes de permissions, comme quand une Partie est fondée en billet ou promesse, & dans les autres cas marqués par les Coutumes, Ordonnances & Réglements. Cette question paroît avoir été décidée en faveur des Jurisdictions Consulaires par Arrêt du Parlement du 12 Décembre 1715, rendu au profit du nommé Jean Glucq, Teinturier des Gobelins. (V. le Recueil tom. 2, pag. 28.) Mais comme cet Arrêt a été rendu dans un tems où la connoissance des faillites & banqueroutes, & de tout ce qui y étoit accessoire, comme les scellés, &c. étoit attribuée aux Juges-Consuls, & que cette attribution leur a été ôtée depuis, il semble qu'on n'en pourroit rien conclure, s'il n'y avoit que cette seule autorité. Cette question vient d'être décidée récemment en faveur des Juges-Consuls contre les Officiers du Châtelet de Paris, par Arrêt du 19 Septembre 1755. Cet Arrêt maintient les Juges-Consul de Paris dans le droit & la possession d'accorder sur requête des permissions de saisir dans les affaires de leur compétence, mais seulement entre les mains de Marchands & Justiciables de la Jurisdiction des Juges-Consuls, avec charge à eux, en cas que les Marchands & Justiciables de leur Jurisdiction se trouvassent devoir pour toutes

De la Jurisdiction, &c. Tit. XII. 269
autres causes que celles du commerce, de renvoyer devant les Juges ordinaires. V. aussi Toubeau en ses Institutions Consulaires, liv. 1, tit. 11, pag. 75, où il rapporte un Arrêt du Parlement du 7 Septembre 1639, rendu contre le Prévôt de Paris en faveur des Juges-Consuls, qui autorise ces derniers à donner ces sortes de permissions.

11°. Mais ils ne peuvent donner permission de faire ouverture des portes; ni de s'assister de main-forte, ni d'emprisonner les jours de Fêtes & de Dimanches, &c. cela n'appartient qu'aux Juges ordinaires. (Ordonnance du Châtelet de Paris, du 23 Avril 1668, ci-dessus citée.)

12°. Les Juges-Consuls ne peuvent faire aucun Réglement concernant leur Jurisdiction; (Arrêt de Réglement du Parlement de Paris, du 10 Juillet 1665, article 6. Dolive, livre 1, chap. 38,) si ce n'est pour ce qui regarde les jours & heures des Audiences, & la Police de leur Siege: car cette connoissance appartient à tout Juge sans exception. (V. Loiseau, Traité des Seigneuries, chap. 9, n. 7 & 8, & la Rocheflavin en son Traité des Parlements, liv. 13, chap. 23, article 7.)

13°. Ils peuvent mulcter & punir par amende, pour irrévérence & manque de respect commis en leur présence, & quand ils sont dans leurs fonctions; ils sont même dans l'usage de faire payer en ce cas sur le champ & sans déport l'amende aux délinquants. (V. Bouvot au mot *irrévérence*, tome 2.)

14°. Quand il s'agit de faire quelque enquête, ou de constater la preuve de quelque fait par un Procès-verbal, les Juges-Consuls peuvent commettre sur les lieux pour informer, comme tous les autres Juges.

15°. Quoique les Juges-Consuls taxent ordinairement les dépens faits en leur Jurisdiction, néanmoins il a été jugé par Arrêt du 29 Février 1708, rapporté au Journal des Audiences, que la taxe des frais d'Huissier pour Exploits faits en la Jurisdiction Consulaire, devoit être faite par les Juges ordinaires, lorsque la demande étoit faite non de partie à partie, mais de l'Huissier contre sa Partie.

16°. Les Sentences arbitrales entre Marchands & autres Associés, pour raison de négoce, marchandise ou banque, doivent être homologuées dans les Jurisdictions Consulaires, s'il y en a; ce qui a pareillement lieu à l'égard des veuves, héritiers & ayants cause des Associés. (Voyez ci-dessus, titre 4, art, 13 & 14.)

17°. Les Juges-Consuls peuvent connoître des homologations de contrats & transactions faites entre Marchands, si elles sont faites pour raison de marchandises; mais si dans ces transactions il intervenoit quelque Partie qui ne fût pas Marchand, ou que les Parties contractantes traitassent de quelque chose qui ne concernât pas le commerce, alors l'homologation en doit être poursuivie devant les Juges ordinaires, lesquels en ce cas connoîtront des mêmes transactions; ce qui a pareillement lieu dans le cas où ces transactions contiendroient des articles concernant le négoce, & d'autres qui ne le concernent pas. (Arrêt de Réglement du 24 Janvier 1733, rendu pour Angoulême.)

Il en est de même de l'homologation des contrats d'atermoiement entre un failli & ses créanciers, s'ils sont tous Marchands ou Négociants; cette homologation pourra aussi être faite dans les Jurisdictions Consulaires: tel est le sentiment de M. l'Avocat Général Daguesseau, dans le préambule de l'Arrêt de Réglement du 7 Août 1698, rendu entre les Juges-Consuls de Paris, & le Châtelet de la même Ville. Mais si parmi les créanciers il y en a un seul qui ne soit pas Marchand, ou justiciable des Juges-Consuls, alors l'homologation doit être poursuivie devant les Juges ordinaires.

Un Arrêt du Parlement de Paris du 1 Septembre 1763, a maintenu les Officiers du Bailliage de Saint Quentin dans le droit de connoître de l'homologation des contrats d'atermoiement à l'exclusion des Juges Consuls.

18°. Quand il s'agit de faire déclarer exécutoire contre une veuve ou contre des héritiers une Sentence rendue par des Juges-Consuls sans autre condamnation, il paroît aussi que cette demande doit être donnée devant les Juges ordinaires; parceque les Juges-Consuls *nudam habent notionem*, & que ce n'est qu'accessoirement, & par une attribution particuliere, que leurs Sentences emportent exécution contre ceux qui étoient parties en l'instance poursuivie & jugée par eux.

§. IV.

De l'Autorité & pouvoir des Juges-Consuls à l'égard de leurs Jugements.

19°. Les Juges-Consuls jugent en dernier ressort jusqu'à la somme de cinq cents livres, (Edit de création des Juges Consuls de Paris, rendu commun pour tout le Royaume, & rapporté ci-après. Déclaration du 28 Avril 1565 rendue en interprétation du même Edit.) ce qui a lieu non-seulement pour le principal, mais encore pour les dépens, suivant l'usage des Jurisdictions Consulaires.

20°. Ils jugent par provision, & nonobstant

oppositions ou appellations quelconques, toutes les causes de leur compétence qui sont au-dessus de cinq cents livres, à quelque somme qu'elles montent. (Même Edit, article 11.) Mais cette exécution provisoire n'a lieu que pour le principal, & non pour les dépens.

Dans le cas où les Juges-Consuls ne jugent pas en dernier ressort, l'appel de leur Sentence se porte nuement aux Parlements dont ils dépendent.

A l'égard de l'appel des Sentences par eux rendues sur des déclinatoires proposés, même dans le cas où ils jugent en dernier ressort, cet appel se porte toujours au Parlement. Ainsi quand on a décliné leur Jurisdiction, du moins sur un fondement apparent, il est facile d'obtenir un Arrêt de défenses pour empêcher l'exécution de la Sentence, lors même qu'il s'agit d'une somme au-dessous de cinq cents livres.

21°. Les Juges-Consuls peuvent prononcer des condamnations par corps à l'égard des Marchands, Banquiers, Négociants ou autres qui ont signé des lettres ou billets de change, ou qui les ont endossés. Ils peuvent aussi condamner par corps les Marchands & Négociants qui ont signé des Billets, (même autres que ceux de change,) pour valeur reçue comptant ou en Marchandise, soit que ces billets doivent être acquittés à un particulier y nommé, ou à son ordre, ou au porteur; & généralement pour toutes dettes entre Marchands pour fait de Marchandises dont ils se mêlent. (Voyez ci-dessus, tit. 7, art. 1, & Ordonnance de 1667, titre 34, article 4) Mais il faut, pour que cette condamnation par corps ait lieu, qu'elle soit prononcée par la Sentence; autrement elle ne pourroit avoir son exécution.

De la Jurisdiction, &c. Tit. XII. 273

Ils pouvoient aussi condamner par corps pour l'exécution des contrats maritimes, grosses aventures, charte-parties, ventes & achats de vaisseaux, & aussi pour le fret & le naulage, lorsque ces choses étoient de leur compétence. (V. *suprà*, tit. 7, article 2.)

Mais hors ces cas, les Juges-Consuls ne peuvent prononcer la condamnation par corps, même dans les affaires dont la connoissance leur est attribuée, v. g. au cas de l'article 5, du titre 12, ci-dessus & autres semblables. (Arrêt du 24 Janvier 1733, rendu pour Angoulême.)

22°. Les Juges-Consuls, en condamnant un particulier débiteur au paiement de ce qu'il doit, peuvent, comme tous les autres Juges, par des circonstances particulieres & des raisons d'équité, accorder jusqu'à trois mois de délai au débiteur pour faire le paiement de la somme à laquelle il a été condamné. (Ordon. du mois d'Août 1669, Titre des répis, art. 1.) Mais ils ne doivent user de cette faculté qu'avec beaucoup de réserve, & jamais au-delà du terme auquel le débiteur lui-même s'est obligé de payer, quand il y a une promesse ou billet, si ce n'est pour d'importantes considérations.

24°. Leurs Sentences emportent hypotheque sur les biens des condamnés, & sont exécutoires dans tout le Royaume, sans qu'il soit besoin de demander aucun visa ni *pareatis* aux Juges des lieux. (Edit. de Novembre 1563, article 8.)

Ainsi on peut en vertu de ces Sentences saisir les biens meubles & immeubles du condamné, & procéder par voie d'emprisonnement de sa personne, si la condamnation est par corps, & cela sans qu'il soit besoin de prendre aucune permission du Juge ordinaire; mais s'il s'agit

M v

de passer outre aux criées & interpositions de décret, elles doivent se faire par l'autorité des Juges Royaux des lieux, ainsi qu'on l'a observé. (Même Edit, art. 9, 10, & 12, ci-après p. 283, Arrêt du 10 Juin 1667.)

Les Sentences Consulaires emportent aussi intérêts contre le condamné suivant l'art. 11 du même Edit de Novembre 1563 ; mais ces intérêts qui étoient alors au denier douze, sont aujourd'hui au denier vingt depuis l'Edit du mois de Décembre 1665.

24°. Les Sentences des Juges-Consuls peuvent être exécutées par tous Huissiers Royaux indistinctement. (Arrêt du Conseil du 8 Mars 1625, rendu contre les Sergents à verge & à cheval au Châtelet de Paris.)

25°. Les Sentences Consulaires, même définitives, peuvent s'expédier en papier, contre ce qui s'observe dans les autres Justices. (Déclaration du 19 Juin 1691, art. 7, au Recueil tom. 2, page 97. V. aussi l'Edit des Consuls de Paris du mois de Novembre 1563, ci-après, art. 18.)

26°. Celui qui a présidé, doit avoir soin à l'issue de l'Audience ou dans le même jour de voir les Sentences que le Greffier a rédigées, & il doit signer le Registre plumitif & parapher chaque Sentence. (Ordonnance de 1667, tit. 26, art. 5 ; Arrêt du Conseil du 21 Juin 1695.)

§. V.

Devoirs des Juges-Consuls dans leurs fonctions.

27°. Les Juges-Consuls étant destinés à rendre la justice, doivent étudier les Réglements nécessaires à leur état, & principalement l'Ordonnance du Commerce de 1673, & le titre 6 de l'Ordonnance du mois d'Avril 1667. En effet quoiqu'ils jugent ordinairement *ex æquo & bono*, néanmoins ils sont obligés de se conformer aux loix qui leur sont prescrites dans l'administration de la justice, & pour cette raison ils doivent en faire une étude particuliere : car quelque bon sens qu'ait un Négociant, il ne peut suppléer par lui-même à ces connoissances, quand il seroit d'ailleurs très habile en fait de négoce. L'Ordonnance de Blois, art. 147, & la Déclaration du 2 Octobre 1610, obligent en termes exprès les Juges-Consuls de se conformer aux Loix & Ordon. du Royaume, à peine d'être pris à partie ; à quoi paroissent aussi conformes les articles 6 & 8 du tit. 1 de l'Ordonnance de 1667.

28°. Les Juges Consuls doivent être assidus, & vaquer diligemment à leur fonctions pendant le tems de leur exercice. (Edit de création des Consuls de Paris du mois de Novembre 1563, art. 7.)

29°. Ils doivent juger sommairement & sur le champ, & éviter les délais & procédures inutiles : car le principal caractere & avantage de la Jurisdiction Consulaire, est de rendre une justice prompte.

30°. L'article 11 du tit. 16 de l'Ordonnance du mois d'Avril 1667, leur fait défenses de prendre des épices, salaires, doits de rapport & de Conseil, même pour les interrogatoires des Parties, audititions de témoins ou autrement, en quelque cas ou sous quelque prétexte que ce soit, à peine de concussion & de restitution du quadruple ; ce qui est conforme à l'article 7, de l'Edit des Consuls de Paris du mois de Novembre 1563.

31°. Les Juges - Consuls doivent être au

moins trois pour juger; (Même Edit de 1563, art. 8.) & s'ils ne sont pas en nombre suffisant ils peuvent appeller des anciens pour juger avec eux.

Mais ces anciens Consuls ne peuvent s'immiscer aux jugements des Procès, que quand ils ont été appellés à cet effet par ceux qui sont en charge. (Ainsi réglé par une Déclaration du Roi du 15 Décembre 1722, rapportée au Recueil tom. 3, pag. 233, & par une autre du 26 Juin 1723.)

32°. Ils ne peuvent rendre aucun jugement en leurs maisons, & ils doivent juger en la salle ordinaire de leur Audience, ou chambre du Conseil, & lieu public destiné à cet effet. (Ainsi jugé par Arrêt du 16 Mars 1658, rendu contre les Juges-Consuls de la ville d'Amiens, qui leur fait défenses de donner des Audiences dans leurs maisons particulieres)

Mais ils peuvent faire en leur Hôtel tout ce qui est d'instruction, à l'exemple des autres Juges; comme s'il s'agit de répondre des Requêtes, recevoir une caution, &c.

33°. Ils ne peuvent rendre aucune Sentence, les jours de Fêtes, ni autre jour férié, non plus que les autres Juges. (V. Papon en ses Arrêts, liv. 4, tit. 13, art. 5.).

34°. Les Juges-Consuls ne jugent jamais qu'en premiere instance, & ne peuvent être Juges d'appel en aucun cas.

35°. En cas de récusations contre quelqu'un des Juges-Consuls, il faut suivre ce qui est ordonné par l'art 25 du tit. 24 de l'Ordonnance du mois d'Avril 1667 ; c'est-à-dire qu'elles doivent se juger par les autres Juges-Consuls au nombre de trois, sinon le nombre en sera suppléé par d'anciens Consuls en charge.

(Ainsi jugé par Arrêt du Parlement de Bretagne du 31 Août 1621.)

§. VI.

Des qualités & de l'âge des Juges-Consuls.

36º. Les Juges-Consuls doivent être François. (Edit de Novembre 1563, art. 1)

37º. Ils doivent être Catholiques, cette qualité étant aujourd'hui nécessaire à tous les Juges du Royaume depuis la révocation de l'Edit de Nantes.

38º. Ils doivent être Négocians ou Marchands : (Même Edit de Novembre 1563, art. 1,) & même d'un commerce honorable.

39º. Ils doivent être résidents dans la ville où ils sont établis Juges-Consuls. (Même Edit du mois de Novembre 1563, art. 1.)

4º. Il faut avoir 40 ans pour pouvoir être élu Juge ou Président des Consuls, & 27 ans pour être Consul, suivant un Arrêt du Conseil du 9 Septembre 1673. (V. le Recueil tom. 1, page 334.)

§. VII.

Des Privileges, droits, & exemptions des Juges-Consuls.

41º. Les Juges-Consuls pendant le tems de leur exercice doivent être exempts de toutes fonctions & charges publiques. (Lettres Patentes du mois de Février 1566, rendues pour Bourdeaux.)

42º. Les Chefs des Jurisdictions Consulaires sont exempts de logement de gens de guerre, & de guet & garde. (Edit du mois de Décembre

1701, touchant le commerce en gros, art. 9. (V. le Recueil tom. 1, page 271.)

430. Les Marchands, Négociants & Banquiers qui ont été Consuls, ou Echevins, ou Administrateurs d'Hôpitaux, précedent les Procureurs, même ceux des Parlements qui n'ont été elus auxdites charges, en toutes assemblées publiques & particulieres. (Ainsi jugé par plusieurs Arrêts, & notamment par Arrêt du 11 Avril 1603, du Parlement de Bourdeaux, rapporté par Chenu en ses Réglements, tome 2, pag. 1143. Autre du Parlement de Toulouse du 25 Février 1611, rendu pour la Ville de Montpellier, & rapporté par Descorbiac en son recueil d'Arrêts tit. 19, chap. 5, pag. 688. Arrêts du Conseil des 22 Décembre 1621, 5 Juillet 1644, & 27 Février 1654, tous les trois rendus pour la ville d'Auxerre, & rapportés par Toubeau en ses Institutions Consulaires, liv. 1, tit. 7, page 53.)

Edit du mois de Novembre 1563, portant établissement de Juges-Consuls en la ville de Paris, & rendu commun pour toutes les Jurisdictions du Royaume par l'article 1 du titre 1 de l'Ordonnance du Commerce du mois de Mars 1673.

CHARLES, par la grâce de Dieu, Roi de France : A tous présents & avenir : Salut. Savoir faisons, que sur la Requête & remontrance à nous faites en notre Conseil de la part des Marchands de notre bonne ville de Paris, & pour le bien public & abbréviation de tous Procès & différends entre Marchands qui doivent négocier ensemble de bonne foi, sans être astreints aux subtilités des Loix & Ordonnances : avons par l'avis de notre très-honorée Dame & mere, des Princes de notre sang, Seigneurs & gens de notredit Conseil, statué, ordonné, & permis ce qui s'ensuit.

Article I.

Premièrement, avons permis & enjoint aux Prévôt des Marchands & Echevins de notredite ville de Paris, nommer & élire en l'Assemblée de cent notables Bourgeois de ladite ville, qui seront pour cet effet appellés & convoqués trois jours après la publication des Présentes, cinq Marchands du nombre desdits cent, ou autres absents, pourvû qu'ils soient natifs & originaires de notre Royaume, Marchands & demeurants en notredite Ville de Paris : le premier desquels nous avons nommé Juge des Marchands, & les quatre autres Consuls desdits Marchands, qui feront le serment devant le Prévôt des Marchands : la charge desquels cinq ne durera qu'un an, sans que, pour quelque cause & occasion que ce soit, l'un d'eux puisse être continué.

Article II.

Ordonnons & permettons auxdits cinq Juge & Consuls, d'assembler & appeller trois jours avant la fin de leur année jusqu'au nombre de soixante Marchands, Bourgeois de ladite Ville, qui en éliront trente d'entre eux, lesquels sans partir du lieu, & sans discontinuer, procéderont avec lesdits Juge & Consuls, en l'instant & le jour même, à peine de nullité, à l'élection de cinq nouveaux Juge & Consuls des Marchands, qui feront le serment devant les anciens. & sera la forme susdite gardée & observée dorénavant en l'élection desdits Juge & Consuls, nonobstant oppositions ou appellations quelconques, dont nous réservons à notre personne & notre Conseil la connoissance, icelle interdisant a nos Cours de Parlements & Prévôt de Paris.

Article III.

Connoîtront lesdits Juge & Consuls des Marchands de tous procès & différends qui seront ci-après mus entre Marchands, pour fait de marchandises seulement, leurs veuves Marchandes publiques, leurs facteurs, serviteurs & commettants, tous Marchands, soit que lesdits différends procedent d'obligations, cédules, récépissés, lettres de change ou crédit, réponses, assurances, transports de dettes & novations d'icelles, calculs ou erreur en iceux, compagnies, sociétés ou associations jà faites, ou qui se feront ci-après. Desquelles matieres & différends nous avons, de nos pleine puissance & autorité royale, attribué & commis la connoissance, jugement & décision auxdits Juges Consuls, & aux trois d'eux, privativement à tous nos Juges, appelé avec eux, si la matiere y est sujette & en sont requis par les Parties, tel nombre de personnes de conseil qu'ils aviseront, exceptés toutefois & réservés les procès de la qualité susdite jà intentés & pendants pardevant nos juges, auxquels néanmoins enjoignons les renvoyer pardevant lesdits Juges & Consuls des Marchands, si les Parties le requierent & consentent.

Et avons dès à présent déclaré nuls tous transports de cédules, obligations & dettes qui seront faits par lesdits Marchands & personnes privilégiées, ou autre quelconque non sujette à la Jurisdiction desdits Juge & Consuls.

Article IV.

Et pour couper chemin à toute longueur, & ôter l'occasion de fuir & plaider, voulons & ordonnons que tous ajournements soient libellés, & qu'ils contiennent demande certaine; & seront tenues les Parties comparoir en personne à la premiere assignation, pour être ouïes par leur bouche, s'ils n'ont légitime excuse de maladie ou absence : esquels cas enverront par écrit leur réponse signée de leur main propre, ou audit cas de maladie, de l'un de leurs parents, voisins ou amis ayant de ce charge & procuration spéciale, dont il fera apparoir à ladite assignation, le tout sans aucun ministere d'Avocat ou Procureur.

Article V.

Si les Parties sont contraires, & non d'accord de leurs faits, délai competent leur sera préfix à la premiere comparution dans lequel ils produiront leurs témoins, qui seront ouïs sommairement; & sur leur disposition le différend sera jugé sur le champ, si faire se peut, dont nous chargeons l'honneur & conscience desdits Juge & Consuls.

Article VI.

Ne pourront lesdits Juge & Consuls, en quelque cause que ce soit, octroyer qu'un seul délai qui sera par eux arbitré, selon la distance des lieux & la qualité de la matiere, soit pour produire piéces ou témoins; & icelui échû &

passé, procéderont au jugement du différend entre les Parties, sommairement & sans figure de procès.

Article VII.

Enjoignons auxdits Juge & Consuls vaquer diligemment à leur charge durant le tems d'icelle, sans prendre directement ou indirectement, en quelque maniere que ce soit, aucune chose, ni présent ou don, sous couleur d'épices, ou autrement, à peine de concussion.

Article VIII.

Voulons & nous plaît que des mandements, sentences ou jugements qui seront donnés par lesdits Juge & Consuls des Marchands, ou les trois d'eux, comme dessus, sur différends mus entre Marchands, & pour fait de marchandise, l'appel ne soit reçu, pourvu que la demande & condamnation n'excede la somme de cinq cents livres tournois, pour une fois payer. Et avons dès à présent déclaré non-recevables les appellations qui seroient interjettées desdits jugements, lesquels seront exécutés en nos Royaumes, pays & terres de notre obéissance, par le premier de nos Juges des lieux, Huissiers ou Sergents sur ce requis : auxquels & chacun d'eux enjoignons de ce faire, à peine de privation de leurs offices ; sans qu'il soit besoin de demander aucun placet, *visa* ni *pareatis*.

Avons aussi dès à présent déclaré nuls tous reliefs d'appel ou commissions, qui seroient obtenues au contraire pour faire appeller les Parties, intimer ou ajourner lesdits Juge & Consuls, & défendons très-expressément à toutes nos Cours Souveraines & Chancelleries de les bailler.

Article IX.

En cas qui excéderont ladite somme de cinq cens livres tournois, sera passé outre à l'entière exécution des Sentences desdits Juge & Consuls, nonobstant oppositions ou appellations quelconques, & sans préjudice d'icelles, que nous entendons être relevées & ressortir en notre Cour de Parlement à Paris, & non ailleurs.

Article X.

Les condamnés à garnir par provision ou diffinitivement, seront contraints par corps à payer les sommes liquidées par lesdites sentences & Jugements qui n'excéderont cinq cens liv. tournois, sans qu'ils soient reçus en nos Chancelleries à demander Lettres de répi; & néanmoins pourra le créditeur faire exécuter son débiteur condamné en ses biens meubles, & saisir les immeubles.

Article XI.

Contre lesdits condamnés Marchands ne seront adjugés des dommages & intérêts requis pour le retardement du payement, qu'à raison du denier douze, à compter du jour du premier ajournement, suivant nos Ordonnances faites à Orléans. (*L'Edit de Décembre 1665, fixe ces intérêts au denier vingt.*)

Article XII.

Les saisies, établissement de commissaires, &

ventes de biens ou fruits, feront faits en vertu defdites fentences & jugements. Et s'il faut paffer outre, les criées & interpofition de décret fe feront par autorité de nos Juges ordinaires des lieux, auxquels très expreffément enjoignons, & chacun d'eux en fon détroit, de tenir la main à la perfection defdites criées, adjudication des héritages faifis, & l'entiere exécution des fentences & jugements, qui feront donnés par lefdits Juges & Confuls des Marchands, fans y ufer d'aucune remife ou longueur, à peine de tous dépens, dommages & intérêts.

Les exécutions commencées contre les condamnés par lefdits Juge & Confuls, feront parachevées contre leurs héritiers, & fur les biens feulement.

Article XIII.

Mandons & commandons aux geoliers & gardes de nos prifons ordinaires, & de tous Hauts-Jufticiers, recevoir les prifonniers qui leur feront baillés en garde par nos huiffiers ou Sergents, en exécutant les commiffions ou jugements defdits Juges & Confuls des Marchands, dont ils feront refponfables par corps, & tout ainfi que fi le prifonnier avoit été amené par autorité de l'un de nos Juges.

Article XIV.

Pour faciliter la commodité de convenir de négocier enfemble, avons permis & permettons aux Marchands, Bourgeoi de notre ville de Paris, natifs & originaires de notre Royaume, pays & terres de notre obéiffance, d'impofer & lever fur eux telle fomme de deniers qu'ils aviferont néceffaires pour l'achat ou louage d'une maison ou lieu, qui sera appellé la Place commune des Marchands, laquelle nous avons dès à présent établie à l'instar & tout ainsi que les places appellées le Change de notre ville de Lyon, & Bourse de nos villes de Toulouse & Rouen, avec tels & semblables priviléges, franchises & libertés dont jouissent les Marchands fréquentants les foires de Lyon, & Places de Toulouse & Rouen.

Article XV.

Et pour arbitrer & accorder ladite somme, laquelle sera employée à l'effet que dessus, & non ailleurs, les Prevôt des Marchands & Echevins de notre ville de Paris assembleront en l'Hôtel de ladite Ville jusques au nombre de cinquante Marchands & notables Bourgeois, qui en députeront dix d'entre eux, avec pouvoir de faire les cottisations & département de la somme qui aura été, comme dit est, accordée en l'assemblée desdits cinquante Marchands.

Article XVI.

Voulons & ordonnons, que ceux qui seront refusants de payer leur taxe ou quotepart, dans trois jours après la signification ou demande d'icelle, y soient contraints par vente de leurs marchandises, & autres biens meubles, & ce par le premier notre Huissier ou Sergent sur ce requis.

Article XVII.

Défendons à tous nos Huissiers ou Sergents faire aucun exploit de justice ou ajournement en matiere civile, aux heures du jour que les

Marchands seront assemblés en ladite Place commune, qui sera de neuf à onze heures du matin, & de quatre jusqu'à six heures de relevée.

Article XVIII.

Permettons auxdits Juges-Consuls de choisir & nommer pour leur Scribe & Greffier, telle personne d'expérience, Marchand ou autre qu'ils aviseront, lequel fera toutes expéditions en bon papier, sans user de parchemin : & lui défendons très étroitement de prendre pour ses salaires & vacations autre chose qu'un sol tournois pour feuillet, à peine de punition corporelle, & d'en répondre par lesdits Juges & Consuls en leur propre & privé nom, en cas de dissimulation & connivence.

Si donnons en mandement, &c. Donné à Paris au mois de Novembre, l'an de grace 1563, & de notre regne le troisieme.

Régistré au Parlement le 18 Janvier 1563. (vieux style.)

Déclaration du Roi, du 7 Avril 1759, concernant les Jurisdictions Consulaires.

LOUIS, par la grâce de Dieu, Roi de France & de Navarre. A tous ceux qui ces présentes Lettres verront; SALUT. Suivant le Droit commun de notre Royaume, les Jurisdictions Consulaires destinées par leur institution pour connoître des affaires de négoce ou marchandises qui se traitent dans les Villes où elles sont établies, ne doivent avoir d'autre étendue que celle du Siege Royal de ces Villes; c'est ce qui s'obferve par rapport à la Jurifdiction Confulaire de notre bonne Ville de Paris dont l'établiſſement à ſervi de modele pour celles qui ont été créées dans notre Royaume. Les Rois nos Prédéceſſeurs, non contents d'avoir créé des Jurifdictions Confulaires dans les Villes principales de nos Provinces, en avoient auſſi établi dans d'autres Villes particulieres, dans leſquelles il y a des Sieges de Bailliages ou Sénéchauſſées Royales ; mais bientôt ils reconnurent que s'il eſt utile d'établir des Jurifdictions Confulaires dans une Ville où il ſe fait un commerce confidérable, il y avoit de grands inconvéniens d'en créer dans les autres Villes; c'eſt ce qui donna lieu à l'art. CCXL. de l'Ordonnance de Blois, qui ſupprime les Jurifdictions Confulaires établies dans les Villes inférieures, & renvoie les affaires qui y étoient indécifes aux Juges ordinaires; en leur preſcrivant de vuider les cauſes de Marchands à Marchand, pour le fait de marchandifes & négoce, fommairement, & ſans que les parties ſoient chargées de plus grands frais que ceux qu'elles auroient ſupportés devant les Juges & Confuls. Quoiqu'on ne pût pas croire que l'intention de cette Loi fût d'augmenter le reſſort des Jurifdictions Confulaires établies dans les principales Villes des Provinces ; cependant nous avons appris que pluſieurs de ceux qui les compoſent ſe ſont crus ſubſtitués aux Officiers des Jurifdictions ſupprimées, & qu'ils devoient les remplacer dans l'adminiſtration de la juſtice pour les Villes inférieures des Provinces, quoique l'art. 240 de l'Ordonnance de Blois renvoyât diferement, & en termes exprès, devant les Juges ordinaires, & non devant les Juges & Confuls des Villes principales, les cauſes de Marchand à Marchand, pour raiſon de négoce &

de marchandises, qui étoient pendantes dans les Jurisdictions supprimées des Villes inférieures. Pour remédier à cet abus que l'usage a introduit dans quelques Provinces, & qui a même été confirmé par quelques jugements sur le fondement de la possession, Nous avons estimé qu'il étoit nécessaire de renouveller les dispositions de l'art. 240 de l'Ordonnance de Blois, afin de ne point obliger les Marchands & Négociants de plaider pour des objets peu considérables dans des Villes éloignées de leur résidence, & qu'ils puissent trouver sur les lieux une justice également prompte & sommaire. A CES CAUSES, & autres à ce Nous mouvants, de l'avis de notre Conseil, & de notre certaine science, pleine puissance & autorité Royale, Nous avons dit & ordonné, & par ces Présentes signées de notre main, disons & ordonnons, voulons & Nous plaît.

ARTICLE I.

Que l'Art. 240 de l'Ordonnance de Blois sera exécuté selon sa forme & teneur, &, suivant icelui, que les Juges & Consuls ne puissent connoître des contestations qui seront portées devant eux, encore qu'elles soient de Marchand à Marchand, & pour fait de marchandises & négoce, si le Défendeur n'est domicilié dans l'étendue du Bailliage ou Sénéchaussée du lieu de leur établissement.

ARTICLE II.

Si le Défendeur est domicilié dans un Bailliage ou Sénéchaussée dans l'étendue desquels il n'y ait pas de Jurisdiction Consulaire établie, les Parties ne pourront se pourvoir dans

dans aucunes Jurifdictions Confulaires voifines, encore que la Jurifdiction Confulaire voifine foit établie dans un Bailliage qui foit le Siege principal du Bailliage du domicile du Défendeur ; mais elles feront tenues de procéder pardevant les Juges ordinaires du domicile du Défendeur, auxquels nous enjoignons de juger les caufes Confulaires fommairement, & ainfi qu'il eft prefcrit par l'Ordonnance du mois d'Avril 1667, pour les matieres fommaires, & de fe conformer aux difpofitions de l'Ordonnance de 1673, & autres Loix concernant les matieres Confulaires, fans qu'ils puiffent prononcer dans ces fortes d'affaires, aucuns appointements, & prendre aucune épice, à peine de reftitution & autres peines.

Article III.

EXCEPTONS néanmoins de la difpofition des deux articles précédents le cas où la promeffe aura été faite & la marchandife fournie, & celui où le paiement aura été ftipulé être fait dans un certain lieu, efquels cas, fi la matiere eft Confulaire, le Défendeur pourra être affigné en la Jurifdiction Confulaire dudit lieu, encore que cette Jurifdiction foit établie dans un Bailliage qui ne foit pas du domicile du Défendeur, le tout conformément à l'art 17 du Tit. de la Jurifdiction des Confuls, de l'Ordonnance de 1673. SI DONNONS EN MANDEMENT à nos amés & féaux Confeillers les Gens tenant notre Cour de Parlement à Paris, que ces Préfentes ils aient à faire regiftrer, & le contenu en icelles garder & obferver felon fa forme & teneur, ceffant & faifant ceffer tous troubles & empêchements, & nonobftant toutes chofes à ce contraires. CAR tel eft notre plaifir. En témoin de quoi nous avons fait mettre notre sceî à cesdites Préfentes. DONNÉ à Verfailles le septieme jour d'Avril, l'an de grâce mil fept cent cinquante-neuf, & de notre regne le quarante-quatrieme. *Signé*, LOUIS. *Et plus bas :* Par le Roi, PHELYPEAUX. Et fcellée du grand fceau de cire jaune.

Regiftrée, oui ce requérant le Procureur Général du Roi, pour être exécutée felon fa forme & teneur, & copies collationnées envoyées aux Bailliages & Sénéchauffées du Reffort, pour y être lue, publiée & regiftrée : Enjoint aux Subftituts du Procureur Général du Roi d'y tenir la main, & d'en certifier la Cour dans le mois, fuivant l'Arrêt de ce jour. A Paris en Parlement le douze Mai mil fept cent cinquante-neuf.

Signé, DUFRANC.

F I N.

TABLE ALPHABÉTIQUE

De toutes les Jurisdictions Consulaires du Royaume, avec l'année de leur établissement, & le nom des Parlements où elles ressortissent.

Nota qu'avant 1566, l'année commençoit à Pâques.

ABBEVILLE, (en 1507,) du Parlement de Paris.
AGDE, (en 1710,) du Parlement de Toulouse.
ALBY, en 1710,) du P. de Toulouse.
ALENÇON, (en 1710,) du P. de Rouen.
AMIENS, (en 1567,) du P. de Paris.
ANGERS, (en 1563,) du P. de Paris.
ANGOULÊME, (en 1710,) du P. de Paris.
ARLES, (en 1710,) du P. d'Aix.
AUTUN, (en 1566,) du P. de Dijon.
AUXERRE, (en 1563,) du P. de Paris.
BAYEUX, (en 1710,) du P. de Rouen.
BAYONNE, (en 1710,) du Parlement de Bourdeaux.
BEAUVAIS, (en 1564,) du P. de Paris.
BOURDEAUX, (en 1563,) du Parlement de Bourdeaux.
BOURGES, (en 1564,) du P. de Paris.
BRIOUDE, (en 1704,) du P. de Paris.
CAEN, en 1710,) du P. de Rouen.
CALAIS, (en 1565,) du P. de Paris.
CHALONS-sur-Marne, (en 1564,) du Parlement de Paris.

CHALONS-sur-Saône, (en 1565,) du Parlement de Dijon.
CHARTRES, (en 1566,) du P. de Paris.
CHATELLERAULT, (en 1566,) du Parlement de Paris.
CLERMONT-FERRAND, (en 1565,) du P. de Paris.
COMPIEGNE, (en 1589,) du P. de Paris.
DIEPPE, (en 1563,) du P. de Rouen.
DIJON, (en 1563,) du P. de Dijon.
DUNKERQUE, Consulat, (en 1776) du P. de Douai.
FONTENAI-le-Comte, (en 1566,) du P. de Paris.
GRENOBLE, (en 1710,) du Parlement de Grenoble.
LANGRES, (en 1711,) du P. de Paris.
LAON, (en 1568,) du P. de Paris.
LA ROCHELLE, (en 1565,) du P. de Paris.
LAVAL, (en 1567,) du P. de Paris.
LE MANS, (en 1710.) du P. de Paris.
LILLE, (en 1715,) du P. de Douai.
LIMOGES, (en 1602) du P. de Bourdeaux.
LYON, (avant 1349,) du P. de Paris.
MARSEILLE, (en 1565,) du P. d'Aix.
METS, (en 1716,) du P. de Mets.
MONTAUBAN, (en 1710,) du Parlement de Toulouse.
MONTPELLIER, (en 1691,) du Parlement de Toulouse.
MORLAIX, (en 1711,) du P. de Rennes.
NANCY, & avant à S. NICOLAS, (en 1340, confirmé en 1399, 1564, 1571, 1597, 1604, 1613, 1626 & 1707,) du P. de Nancy.
NANTES., (en 1564,) du P. de Rennes.
NARBONNE, (en 1710,) du Parlement de Toulouse.
NEVERS, (en 1710,) du P. de Paris.

DES CONSULATS.

NIORT, (en 1565,) du P. de Paris.
NISMES, (en 1710,) du P. de Touloufe.
ORLÉANS, (en 1563,) du P. de Paris.
PARIS, (en 1563,) du P. de Paris.
PAU, (,) du P. de Pau.
PERPIGNAN, un Confulat pour la Marine.
POITIERS, (en 1566,) du P. de Paris.
REIMS, (en 1564, du P. de Paris.
RENNES, (en 1710) du P. de Rennes.
RIOM, (en 1567,) du P. de Paris.
ROUEN, (en 1556,) du P. de Rouen.
S. MALO, (en 1575,) du P. de Rennes.
S. QUENTIN, (en 1710,) du P. de Paris.
SAINTES, (en 1710, (du P. de Bourdeaux.
SAULIEU, (en 1609, & 1694,) du Parlemen de Dijon.
SEDAN, (en 1711,) du P. de Mets.
SEMUR en Auxois, (,) du P. de Dijon.
SENLIS, (en 1566,) du P. de Paris.
SENS, (en 1564,) du P. de Paris.
SOISSONS, (en 1566,) du P. de Paris.
THIERS, (en 1565,) du P. de Paris.
TOULOUSE, (en 1549,) du P. de Touloufe.
TOURS, (en 1565,) du P. de Paris.
TROYES, (en 1563,) du P. de Paris.
TULLES, (en 1710,) du P. de Bourdeaux.
VALENCIENNES, (en 1718,) du P. de Douai.
VANNES, (en 1710,) du P. de Rennes.
VIENNE, (en 1710,) du P. de Grenoble.
VILLEFRANCHE, de Beaujolois, (en 1566) du P. de Paris.
VIRE, (en 1710,) du P. de Rouen.
VITRI-le-François, (en 1566,) du P. de Paris.

TABLE DES MATIERES

Contenues dans l'Ordonnance du Commerce, du mois de Mars 1673.

A

Abandonnement de Biens.
Voyez *Cession.*

De combien de sortes, page 169

Acceptation de Lettres de Change.

Ce que c'est,	59
Diférentes sortes d'acceptations,	71
Acceptation par écrit,	ibid.
Il n'est pas nécessaire d'être Débiteur pour pouvoir accepter,	ibid.
Des acceptations par honneur,	ibid.
Quelles Lettres on n'est pas obligé d'accepter,	72
Quel est l'effet de l'acceptation,	ibid.
Par l'acceptation on se rend Débiteur de la Lettre,	ibid.
Celui qui a accepté une Lettre ne peut plus se rétracter,	ibid.
Le Porteur peut agir contre l'Accepteur,	ibid.
Si le Tireur est libéré par l'acceptation de la Lettre de change,	61, 73

Rétention de la Lettre sous prétexte de l'avoir égarée, vaut acceptation, 73
Du protêt faute d'acceptation, 74
Que doit faire le Porteur en cas de refus d'accepter la Lettre, 104

Actes.

Actes portant changement d'associé, nouvelles stipulations ou clauses pour la signature, doivent être enregistrés & publiés, 49, 50
Actes faits par les Banqueroutiers en fraude des Créanciers, sont nuls, 189

Action.

Dans quels tems l'action pour Marchandises doit être intentée, & par qui, 16
Quid? S'il y a continuation de fournitures 18, 19

Age.

Jusqu'à quel âge les Enfants des Marchands doivent servir sous leur pere pour gagner la Maîtrise, 3
De l'age requis pour être Marchand, 8

Agents de Banque & de Change.

Ce que c'est, 21
Sont en titre d'office en quelques Villes, *ibid.*
Des Agents de change de Paris, 22
Agents de Banque & de change de Lyon, sont nommés par les Prévôts des Marchands & Echevins, *ibid.*
Qui sont ceux qui peuvent être Agents de change, 23
Devoirs des Agents de Change & de Banque, 24
Leurs Droits, 23
On ne peut être à la fois Agent de Change & Banquier, 24
Ce qui est permis & prohibé aux Agents de Change, 29

S'ils peuvent tenir Caisse chez eux, 25, 28
Peuvent être Courtiers de Marchandises, 25
Peuvent faire trafic pour leur compte, 25, 28
Sont sujets à la contrainte par corps, 28
Quelles personnes ne peuvent être agents de Change, 29
Pourquoi leurs livres sont crus en justice, 33
Quels livres ils sont obligés de tenir, 34
Par qui ces Livres doivent être cottés & paraphés, *ibid.*

Antidates.

Défenses d'antidater les ordres des Lettres de Change, 119

Apprentifs-Marchands.

Quel tems ils sont tenus d'accomplir pour être reçus Maîtres, 2
Comment se doit entendre l'obligation des Apprentifs, d'accomplir le tems porté par les Statuts, 6
Leur apprentissage fini, à quoi sont tenus, *ibid*
Ce que les Apprentifs sont principalement tenus d'apprendre pendant le tems de leur apprentissage, 9

Apprentissage.

Qui sont ceux qui sont réputés avoir fait leur apprentissage de Marchandises, 2
Par quel tems l'apprentissage est réputé accompli pour les Marchands ou Artisans, *ibid.*
L'apprentissage fini, à quoi est-on tenu, 6
Comment l'apprentissage se prouve & se certifie, 6
Il n'est pas nécessaire d'avoir fait son apprentissage sous un même Maître, 6
A quoi les apprentifs sont tenus, 7
En quels cas l'Apprentif est déchu de la Maîtrise, 8
Sur quoi l'apprentif doit être interrogé, 9

On ne doit faire aucun festin pour apprentissage, 10

Arbitres.

Toute société contiendra clause de se soumettre à des Arbitres, 54
En cas de décès ou absence de l'un des Arbitres, ce qui sera fait, 55
En cas de partage d'opinions des Arbitres, ce qu'il faut faire, *ibid.*
En quel cas les Associés sont-ils tenus de convenir de Surarbitre, *ibid.*
Sur quoi les Arbitres peuvent juger, 56
Où les Sentences arbitrales doivent être homologuées, *ibid.*

Artisans.

Voyez *Marchands.*
Dans quel tems sont tenus de demander leur paiement, 18
S'ils peuvent déférer le serment à ceux à qui la fourniture a été faite., 20

Assignations.

Assignations pour le Commerce, où seront données, 263

Associés.

Actes portant changement d'Associés, où doivent être publiés & enregistrés, 49
Comment les Associés sont obligés solidairement, 52
En quels cas sont-ils obligés solidairement, encore qu'il n'y en ait qu'un seul qui ait signé, *ibid.*
Associés en commandite, jusqu'à concurrence sont tenus, & comment, 53
Où les Sentences arbitrales entre Associés doivent être homologuées, 56

Assurance.

Ce que c'est, 153

Différents Contrats d'assurance, *ibid.*
Quels Juges peuvent connoître de ces sortes de Contrats, 238

Atermoiement.

Celui qui a fait un Contrat d'atermoiement ne peut être Agent de Change ou de Banque, ou Courtier de Marchandises, 29

Aval.

Ce que c'est que l'aval mis sur les Lettres & Billets de change, 132
Quelles personnes ne peuvent signer des Lettres de change par aval, 25
Ceux qui ont mis leur aval sur des Lettres ou Billets, sont tenus solidairement avec les Tireurs, Endosseurs & Accepteurs, 131, 132
Et sujets à contrainte par corps, 146

Aventure.

Ce que c'est que le Contrat à la grosse aventure, 154

Aunes.

Quelles doivent être, 20
Doivent être étalonnées & ferrées, *ibid.*

B

Banque.

AGents de Banque, 21
Deux sortes de Commissaires en fait de Banque, 12

Banqueroute.

Voyez *Faillite*.
Ce que c'est, 181
Quelle différence il y a entre faillite & banqueroute, *ibid.*
En quel tems est réputée ouverte, *ibid.*
A qui appartiennent les biens du failli, dès que la Banqueroute est ouverte, 192
En cas de Banqueroute, les privileges sur les meubles & hypothèques sont conservés, 205

Peines contre ceux qui ont aidé ou favorisé une Banqueroute frauduleuse, 213, 214

Banqueroutiers.

Quand & comment les Banqueroutiers peuvent entrer dans la Loge du Change de Lyon, 169
Banqueroutiers frauduleux ne peuvent faire cession ; 173
Qui sont ceux qui sont réputés Banqueroutiers frauduleux, 208
Quand peut-on être poursuivi comme tel, 210
Comment sont punis & poursuivis, 211
Leurs fauteurs & complices comment punis, 213

Banquiers.

Ce que c'est, 11
De combien il y a de sortes, 22
Des Banquiers-Commissionnaires, ibid.
Il n'y a point de Maîtrise pour être Banquier, 12
Banquiers sont compris sous le nom de Marchands & Négociants, 30
Sont réputés majeurs pour le fait de leur négoce, 10
Ceux qui ont obtenu Lettres de répi, ou des défenses de les contraindre ne peuvent être Agents de Change, 29
Qu'els Livres ils sont obligés de tenir, 32
Par qui doivent être cottés & paraphés, 34
Ce que les Banquiers sont tenus de faire pour obtenir des Lettres de répi, 159

Bilan.

Ouverture du Bilan, & comment elle se fait au paiement de Lyon, 92
Bilan des Débiteurs & Créanciers d'une société, 183

Billets.

Des diverses especes de Billets qui sont en usa-

ge dans le Commerce, 126
Billets à un particulier y nommé, ibid.
Billets à ordre, ibid.
Billet en blancs, 127
Billets au porteur, ibid.
Billets au porteur supprimés, & depuis rétablis, 112, 127
Usage des Billets au porteur, dangereux dans le commerce, 127
Réglement du Parlement de Bourdeaux touchant ces sortes de Billets, 128
Celui qui paie un Billet, doit connoître celui à qui il paie, 66, 133
Comment le paiement d'un Billet doit être fait en cas de diminution d'especes, 81, 86
Du paiement des Billets valeur en Marchandises, 81, 82
Usage de la Ville d'Orléans à cet égard, 83
Porteur d'un Billet négocié dans quel tems est tenu de faire ses diligences, 125
Quoique les diligences pour un Billet valeur en Marchandises puissent être faites dans les trois mois, néanmoins on en peut demander la valeur au bout d'un mois, 130
Tireurs & Endosseurs des Billets, & ceux qui les ont fournis sont tenus solidairement, 131
Même en cas de faillite de l'un des Obligés, 132
Billet pour valeur reçue comptant, ou en Marchandises, ne font sujets à la contrainte par corps, si ce n'est entre Marchands, 146
Billets & promesses sous seing privé ne sont sujets à reconnoissance dans les Justices Consulaires, 146
Les assignations pour Billets solidaires ne doivent être données qu'à un seul, 245

Billet de Change.

Ce que c'est, 64, 126
Quand un Billet est réputé Billet de Change, 120

En quoi different des Lettres de Change, 64
En quoi different des autres Billets, *ibid.*
Principes touchant les Billets de Change, *ibid.*
Obligation de celui qui fournit le Billet, 65
Obligation de celui à qui le Billet est fourni, *ibid.*
Obligation du porteur du Billet, *ibid.*
Si le Billet peut être payé avant son échéance, *ibid.*
L'essence d'un Billet de Change est d'être causé pour Lettres de Change fournies ou à fournir, 120
Quelle mention doivent contenir les Billets pour Lettres de Change fournies, 121
Quelle mention pour Lettres à fournir, 122
Billets de Change payables à un particulier y nommé ne sont réputés appartenir à autre, encore qu'il y ait transport signifié, s'ils ne sont payables au porteur ou à ordre, 123
Des diligences faute de paiement d'un Billet de Change négocié, 125
Faute de paiement d'un Billet de Change, à qui ces diligences doivent être signifiées, 130
Et dans quel délai on doit donner l'assignation en garantie, 131
Billets de Change sont sujets à la contrainte par corps, 146

Blancs.

Défendus dans les Livres journaux des Marchands, 35

Bonet verd.

Voyez *Cession*.

Bourgeois.

Pardevant quels Juges ils peuvent faire assigner pour ventes de bleds, vins, bestiaux & autres denrées procédant de leur crû, 240

C

Caisse.

Livre de Caisse, ce que c'est, 32
Ce Livre doit être en débit & crédit, *ibid.*

Caution.

Cautions en fait de Lettres de change ou Billets de change qui se trouveroient perdues, après quel tems déchargées faute de poursuites, 114

Caution de garantir le paiement d'une Lettre de change payable au porteur ou à ordre, 111

Cession de Biens.

Ce que c'est, 169
Est de deux sortes, *ibid.*
Ce que c'est que cession volontaire, *ibid.*
Ce que c'est que cession Judiciaire, *ibid.*
Pourquoi le bénéfice de cession a été introduit, *ibid.*
On ne peut y renoncer, 170
Dans quel cas on y est admis, 174
Quelles personnes ne sont reçues au bénéfice de cession, 171 & suiv.
Pour quelles dettes on n'y est point admis, 171
Cessionnaire ne peut plus être emprisonné, 174
Si la cession est infamante, 175, 176
En quel cas elle n'emporte infamie, 166
Formalités à observer pour faire cession, 176
Ce que les Marchands & Banquiers sont tenus de faire, lorsqu'ils veulent être admis au bénéfice de cession, *ibid.*
Si le Cessionnaire est tenu de porter le bonnet vert 179
Etrangers ne sont admis à faire cession, 180

Cessions & Transports.

Cessions & transports faits par un Banqueroutier en fraude de ses Créanciers, sont nuls, 189
Et aussi si elles sont faites dans les dix jours

DES MATIERES.   303

avant la faillite connue, 190
Mais elles sont valables quand elles ont été faites de bonne foi, 193

Change.

Voyez *Agents*, *Lettres*, *Billets* & *Echange*.
Ce que c'est que Change, 11, 134
Est de trois sortes, 134
En quoi le change differe de l'intérêt, *ibid.*
Change *menu* ou *commun*, *ibid.*
Change *réel*, 135
Change *sec* ou *feint*, *ibid.*
Le change n'est pas un prêt, & n'est pas susceptible d'usure, *ibid.*
Change de place en place, comme il se fait, *ibid.*
Change n'est pas toujours égal, 138
Sur quel pied doit être réglé, *ibid.*
Ce qui le hausse ou diminue, 138
De quel jour est dû l'intérêt du change, 143
Change ou Banque, à qui prohibés, 25

Charte-partie.

Ce que c'est, 154

Commandite.

Voyez *Société*.
Société en commandite, ce que c'est, & comment elle se fait, 41
Doit être rédigée par écrit, 45
Extrait des Sociétés en commandite doit être registré dans les Jurisdictions, 47
Regles des Sociétés en commandite, 53

Commerce.

Combien est estimé en France. 3
Exemples de Négociants en gros annoblis, 4
Commerce en gros est compatible avec la Noblesse, *ibid.*

Commissionnaire.

Commissionnaires des Marchands, à quoi sont tenus, 235
Commissionnaires-Banquiers, Voy. *Banquiers*.

Ce que peut la communauté de biens entre un Négociant & sa femme à l'égard des Créanciers, 156

Conseil de Commerce.

Son établissement, 5

Consuls.

Leur Jurisdiction pourquoi établie, 215
Création des différentes Jurisdictions Consulaires, 216
Edit d'établissement des Consuls de Paris & tous autres, déclarés communs pour tout le Royaume, 217

Compétence des Juges-Consuls.

Connoissent de tous Procès entre Marchands pour fait de marchandises. 218
Qui sont ceux qui sont réputés Marchands, 218, 222
Laboureurs & Vignerons ne sont de ce nombre, 219
Consuls ne connoissent des chetels, *ibid.*
Connoissent des Lettres de change & remises de place en place entre toutes personnes, 225
Et des Billets de change entre Négocians seulement, *ibid.*
Ne peuvent connoître des Billets de change entre autres que Négocians, 227
Connoissent des différents pour ventes faites à des Marchands, Artisans & gens de métier, 228
Mais seulement pour revendre & travailler de leur métier, *ibid.*
Ventes faites par des Marchands à des Artisans pour leur usage, & même pour le travail de leur profession, ne sont de la compétence des Consuls, 229, 230
Ventes de poinçons à des vignerons, ne sont de la compétence des Consuls, 232

DES MATIERES.

Ni les ventes de chevaux ou bestiaux faites à des Laboureurs, 233

Ni les ventes d'échalas ou de fumier faites à des vignerons 234

Quid ? Des ventes de chevaux faites à ceux dont la profession est de les louer, 235

Consuls connoissent des salaires & pensions des Commissionnaires, Facteurs ou Serviteurs des Marchands, pour le fait de leur trafic, *ibid.*

Ne connoissent des marchés faits entre un Entrepreneur ou Architecte, & un Maçon ou Charpentier, pour ouvrages par eux faits, 237

S'ils connoissent des contestations pour nourritures, entretiens & ameublements entre Marchands, *ibid.*

S'ils connoissent des différents à cause des asûrances, grosses aventures, promesses, obligations & contrats, concernant le commerce de mer, le frêt & le naulage des vaisseaux, 238

En quels cas ils connoissent du commerce fait dans les foires tenues ès lieux de leur établissement, 239

S'ils connoissent de l'exécution des Lettres-Royaux, *ibid.*

En quels cas ceux qui ne sont Marchands peuvent convenir devant eux des Marchands & Artisans, 240

De la procédure des Jurisdictions Consulaires, 244

Dans quelles matieres ils peuvent juger nonobstant tout déclinatoire, appel d'incompétence, prise à partie, &c. 249

En quels cas ils sont tenus de déférer au déclinatoire, & à l'appel d'incompétence, 251

Doivent renvoyer les affaires qui ne sont de leur compétence, 252

Garants non Marchands ne sont justiciables des

Confuls, *ibid.*
Ne peuvent connoître des affaires qui ne font pas de leur compétence, même dans le cas où les parties y confentiroient, 253
Ne peuvent évoquer les affaires de leur compétences pendantes en d'autres Jurifdictions, *ibid.*
Comment les veuves & héritiers des Marchands & Négociants peuvent être convenus devant les Juges-Confuls, 258
Où dans les matieres attribuées aux Confuls, le créancier peut faire affigner, 259
Pardevant quels Juges Confuls les affignations pour commerce maritime doivent être données, 263
Toutes révocations de procéder devant les Confuls prohibées, 254
Défenfes aux Juges ordinaires d'élargir les prifonniers emprifonnés en vertu des Sentences des Juges-Confuls, 255
Comment on peut fe pourvoir contre les Sentences des Confuls, 256
Juges ordinaires ne peuvent condamner en l'amende, pour avoir affigné devant les Juges-Confuls, *ibid.*
Juges ordinaires ne peuvent rien entreprendre fur la Jurifdiction des Confuls, *ibid.*
Ni évoquer les caufes pendantes ès Confulats, 257
Où fe reglent les conflits entre les Juges ordinaires & les Juges-Confuls, pour les cas où ils jugent en dernier reffort, *ibid.*
Confuls connoiffent des Caufes de leur compétence dans l'étendue du Bailliage où ils font établis, 261
Même dans l'étendue des Juftices de Seigneurs, *ibid.*
Mais hors le reffort du Bailliage, ils n'en peuvent plus connoître, *ibid.*

DES MATIERES.

S'ils connoissent des faillites, & en quel cas, 264
Ne peuvent connoître de l'entérinement des Lettres de répi, *ibid.*
Ni des cessions de biens, *ibid.*
Ne connoissent des questions d'Etat, 265
S'ils connoissent des saisies & exécutions faites en vertu de leurs Sentences, *ibid.*
S'ils connoissent des demandes incidentes, 266
Ils ne connoissent des inscriptions de faux, 267
Ni des rébellions à l'exécution de leurs Jugements, *ibid.*
S'ils connoissent des actes de puissance publique, 268
Ne peuvent faire des réglements, 269
Peuvent punir par amende pour irrévérences commises devant eux, *ibid.*
Peuvent commettre pour informer, 270
S'ils peuvent taxer des frais d'Huissier, *ibid.*
Connoissent des homologations de contrats entre Marchands, *ibid.*
Quid ? de l'homologation des contrats d'atermoiement, 270, 271
S'ils peuvent déclarer une Sentence exécutoire contre une veuve & des héritiers, 271
Jusqu'à quelle somme ils jugent en dernier ressort, *ibid.*
Et par provision, 272
Où se porte l'appel de leurs Sentences, *ibid.*
Appels des déclinatoires par eux jugés se portent dans tous les cas aux Parlements, *ibid.*
En quels cas ils peuvent condamner par corps, *ibid.*
S'ils peuvent accorder un délai à un débiteur pour payer sa dette, 273
Sentences des Juges-Consuls emportent hypotheque, *ibid.*
Et exécution parée, *ibid.*
Et elles portent intérêt, 274

Elles s'exécutent par tous Huissiers Royaux, *ibid.*
Sentences Consulaires s'expédient en papier, 274
Celui qui a présidé doit viser les Sentences à l'issue du Siege, *ibid.*

Devoirs des Juges-Consuls.

Doivent juger suivant les Loix & Ordonnances, 275
Doivent vaquer diligemment à leurs fonctions, 275
Doivent juger sommairement, *ibid.*
Ne peuvent prendre d'épices, *ibid.*
Peuvent appeller des anciens aux jugements des procès, 276
Mais ces anciens ne peuvent s'immiscer à juger qu'ils ne soient appellés, *ibid.*
Ne peuvent juger en leurs maisons, *ibid.*
Ne peuvent juger les jours de Dimanches & de Fêtes, *ibid.*
Ne jugent jamais qu'en premiere instance, *ibid.*
Comment ils jugent les récusations, *ibid.*

Qualités & âge des Juges-Consuls.

Ils doivent être François, 277
Et Catholiques. *ibid.*
Doivent être Négociants ou Marchands, *ibid.*
Et d'un commerce honnête, *ibid.*
Doivent résider dans le lieu de leur établissement, *ibid.*
A quel âge on peut être Juge Consul, *ibid.*

Privileges, droits & exemptions des Juges-Consuls.

Sont exempts de charges publiques pendant le tems de leurs fonctions *ibid.*
Les Chefs des Consulats sont exempts de logement de gens de guerre, *ibid.*
Marchands & Négociants qui ont passé par les Charges, ont la préféance sur les Procureurs, 278

DES MATIERES.

Contrainte par Corps.

A lieu pour Lettres de Change, aval, &c. 146
Et aussi pour billets entre Négociants, 149
Et même entre mineurs & femmes Marchandes publiques, 150
A lieu aussi entre Banquiers, Fermiers du Roi & autres gens d'affaires, 150
Si elle a lieu pour marchandises vendues en foires, 2
Si elle a lieu pour l'exécution des contrats maritimes, v. g. grosses aventures & dépendances, 153
Juges-Consuls ne doivent condamner par corps sinon dans les cas de l'ordonnance, 152, & 272

Contrats de mariage.

Ceux des Marchands portant dérogations à la communauté, où doivent être publiés & enregistrés, 155

Contrats maritimes.

Ce que c'est, 153
Si les Juges-Consuls en connoissent, 258

Courtiers.

Courtiers de marchandises, 25
Leur utilité dans le commerce, 26
Si toutes personnes peuvent être Courtiers, *ibid.*
Quelles personnes ne le peuvent être, 29
Par qui sont nommés à Lyon, 26
Entre les mains de qui ils prêtent serment, *ibid.*
Si les Courtiers sont crus en justice, 25
Ce qui leur est prohibé & permis, 27
Leurs devoirs, *ibid.*
Sont contraignables par corps, 28
Doivent avoir un Livre journal, 33

Courtiers de change.

Voyez *Agents de change*.

Créanciers.

Actes faits par un débiteur en fraude de ses

créanciers sont nuls, 189
Quel doit être le principal soin des créanciers dans les faillites, 194
Ce qu'ils doivent faire en ces occasions, *ibid.*
Conduite des créanciers à l'égard d'un failli, lorsqu'ils ne veulent souscrire à aucun contrat d'atermoiement, 198
Résolutions prises entre eux à la pluralité des voix comment s'exécutent, 200
Comment leurs voix prévaudront, *ibid.*
En cas de refus de signer d'eux, comment les délibérations seront exécutées, *ibid.*
Créanciers hypothéquaires & privilégiés ne sont pas obligés de signer les contrats d'atermoiement, 205
Où les créanciers peuvent assigner dans les matieres attribuées aux juges-Consuls, 259

Crédit.

Voyez *Lettres de crédit.*
Ce que c'est, 160
Pourquoi, & de qui elles s'obtiennent, 161
Ce qui est requis pour les obtenir, 160
Ce qui doit être pour leur validité, *ibid.*
Cas où l'on en est déchû, 162
Dans quel tems elles doivent être signifiées, 163
Ceux qui les ont obtenues ne peuvent payer aucun créancier au préjudice des autres, 165
Ceux qui les ont obtenues sont exclus des Charges, 166

Défenses générales.

Ce que c'est, 160
Pourquoi, & de qui elles s'obtiennent, *ibid.*
Ce qui est requis pour les obtenir, *ibid.*
Ce qui doit être fait pour leur validité, *ibid.*
Cas où l'on en est déchû, 162
Dans quel tems elles doivent être signifiées, 163
Ceux qui les ont obtenues, ne peuvent payer au-

DES MATIERES.

eun créancier au préjudice des autres, 165
Ceux qui les ont obtenues, sont exclus des Charges, 166

Deniers.

Deniers comptants, & ceux procédants de la vente des effets des Banqueroutiers, en quelles mains seront mis, 207
Ne peuvent être vendiqués par les Receveurs des Consignations, Greffiers, Notaires, &c. 207

Denrées.

Pour denrées vendues en détail, dans quel tems il faut se pourvoir, 18

Diligences.

Voyez *protêt & porteur*.
Quelle différence il y a entre les diligences en fait de billets, & celles des Lettres de change, 125
Ces diligences doivent être observées à la rigueur, 129 & 130
Tems pour notifier les diligences aux Tireurs & Endosseurs, 139

E

Echange.

Voyez *Lettre de change & protêt*.

Endosseurs.

Voyez *Lettres de change & ordres*.
Si le porteur peut agir contre l'endosseur, & quand il peut exercer ses droits contre lui, 104
En quel cas les endosseurs sont tenus de la garantie, 105

Enfants des Marchands & Artisans.

Par quel tems sont réputés avoir fait leur apprentissage, 2 & 3
Si les enfants des Maîtres sont exempts de faire leur apprentissage, *ibid.*
En quel cas sont réputés avoir fait leur apprentissage, *ibid.*

S'ils sont obligés d'aller demeurer quelque tems chez un autre Marchand de pareille profession, 7

Epices.

Juges-Consuls n'en peuvent prendre, 275

Escompte.

Ce que c'est en fait de marchandises, 136
Si l'escompte est permis, 136, 137

Etat

Pourquoi le Négociant ou Banquier qui veut obtenir des défenses générales, ou des Lettres de répi, doit mettre au Greffe un état certifié de tous ses effets, 190

Etoffes.

Mesures & qualités des étoffes, 9
Leurs teintures, *ibid.*

Etrangers.

Si les Etrangers sont obligés de donner caution en France pour y exercer la banque, 13
Ne sont assujettis aux formalités établies en France pour les Lettres de change, 71
Etrangers non naturalisés ne sont reçus à faire cession, 180

F

Facteurs.

Ce que c'est, 235
La connoissance de leurs gages, salaires & pensions pour le fait de leur trafic, appartient aux Juges-Consuls, *ibid.*

Faillite.

De quand réputée ouverte, 181
Différence entre faillite & banqueroute, *ibid.*
Ce que c'est que faillite, 181
Conduite qu'il doit tenir celui qui fait faillite, 182
Ceux qui font faillite sont tenus de donner un état certifié de tous leurs biens, 185
Et doivent représenter leurs livres, 186
A qui appartiennent les biens du failli, dès que la faillite est ouverte, 192

Résolutions

Résolutions prises dans les assemblées des créanciers du failli, comment s'exécutent, 194
Conduite que doivent tenir les créanciers de celui qui fait faillite, ibid.
Créanciers doivent affirmer leurs créances, 199
Comment les voix des créanciers prises dans les assemblées prévalent, 200
Si l'opposition de quelques créanciers aux délibérations empêchent qu'elles ne soient homologuées, ibid.
En cas de faillite, les privileges sur les meubles & les hypotheques sont conservés, 205
Deniers comptants, & ceux provenants de la vente des effets du failli, ne peuvent être vendiqués par les Receveurs des Consignations, 207
Si les Juges Consuls ont la connoissance des faillites, & dans quels cas, 204
Quand & comment celui qui a fait faillite peut entrer en la loge du change de Lyon, 169
Si un Négociant qui a fait faillite peut être réhabilité, 167, 168

Festins.

Sous quelle peine il est défendu à l'aspirant à la maîtrise de Marchand de faire aucun festin, 10

Fêtes.

S'il est permis de protester des Lettres de change les jours de Fêtes & de Dimanches, 90

Fils de Maîtres.

Voyez *Enfants des Marchands & Artisans.*

Foires.

Tems du paiement des Lettres de change à Lyon en foires, 69
Foires à Lyon que l'on appelle Paiements, ce que c'est, & ce qui s'y observe, 91
Connoissance du commerce qui se fait pendant

les foires, attribuée aux Juges-Consuls, & comment, 239

Frêt & nolis.

Ce que c'est, 154
Si les Juges-Consuls en connoissent, 238

G

Gages.

PRêt sous gages, comment doit être fait, 144

Garantie.

Comment & dans quel tems les tireurs & donneurs d'ordre seront poursuivis en garantie, 105
Ceux qui fournissent des lettres & billets sont tenus de les garantir, 108
Il en est de même des endosseurs, *ibid.*

Gens d'affaires.

Sont contraignables par corps pour leurs billets, comme les Négociants, 150

Greffiers.

Etablis en titre d'Office dans les Jurisdictions Consulaires, 242
Leurs droits, *ibid.*

Grosse aventure.

Ce que c'est, 154
Si les Consuls en connoissent, 238

H

Héritiers des Marchands.

QUand peuvent être convenus devant les Juges-Consuls, 258

Hypotheque.

Lettres de change ou billets n'emportent hypo-

theque que du jour de la reconnoissance, 100
Protêt ne produit point d'hypotheque, *ibid.*
Hypotheque n'a lieu pour les demandes à fin de paiement de lettres ou billets avant leur échéance, 101
Sentences obtenues contre le failli dans les dix jours qui précedent la faillite, n'emportent hypotheque, 190
Créanciers hypothéquaires d'un Négociant en faillite ne font tenus d'entrer en aucune composition, 205

Homologation.

Si l'homologation des contrats d'atermoiement peut se faire ès Jurisdictions Consulaires, 271

Huissiers.

Etablis en titre d'Office dans les Consulats, 243

I

Intérêts.

Negociants dans les lettres ou billets de change ne peuvent prendre l'intérêt avec le principal, 136
Intérêt d'intérêt défendu aux Négociants, 137
De quel jour est dû l'intérêt du rechange, des frais du protêt & du voyage, 139

Inventaire.

Marchands & Négociants sont tenus de faire leur inventaire tous les ans, 38

Jour.

De quel jour on doit commencer à compter les dix jours de faveur, 68
Ce que c'est que jour préfix en fait de Lettres de change, 75
Des dix jours de faveur accordés pour les lettres & billets de change, 80
Ces dix jours ont été utilement accordés, *ibid.*

Quels jours sont compris dans les dix jours acquis pour le tems du protêt, 87
Pourquoi on compte les trente jours prescrits pour usances du jour & date des lettres, 88

Journaux.

Voyez *Livres*.
Livres journaux des Négociants, Marchands, Agents de change & de banque, ce qu'ils doivent contenir, comment signés, & par qui paraphés, 30
En quel cas la représentation de ces journaux peut être ordonnée en justice, 39

Juges-Consuls.

Voyez *Consuls*.

Jurisdictions Consulaires.

Voyez *Consuls, procédure*.
Chefs des Jurisdictions Consulaires sont exempts de logement de gens de guerre, & de guet & garde pendant leur exercice, 277

L

Laboureurs.

Pardevant quels Juges peuvent faire assigner pour vente de bled, vin, bestiaux & autres denrées procédant de leur cru, 240

Lettres de change.

Voyez *acceptation, protêt, ordre, paiement, porteur & tireur*.
Ce que c'est que Lettre de change, 58
Ce qui est nécessaire pour établir leur qualité, *ibid.*
Leur utilité, *ibid.*
Peuvent être considérés de plusieurs manieres, 59
Combien il entre de personnes dans ces lettres, 59, 60

Quoiqu'il y ait trois ou quatre personnes dans les Lettres de change, néanmoins il n'y en a que deux qui contractent ; les autres sont pour l'exécution. Elles peuvent néanmoins avoir des actions suivant les cas, 60
Régles touchant les lettres de change, 60 & suiv.
Obligations du tireur ; 60
Obligations de celui à qui la lettre est fournie, 61
Obligations du porteur. 62, 78
Obligations de celui sur qui la lettre est tirée, 62
Si le débiteur d'une Lettre de change peut la payer avant l'échéance, 63
Celui qui paye la valeur d'une dette doit connoître celui à qui il paye, 60, 78, 133.
Ce que les Lettres de change doivent contenir, 67
En combien de manieres peuvent se payer les Lettres de change, 68
Quid? de celles *à jour nommé*, ibid.
Quid? de celles *à usances*, ibid.
Quid? de celles *à vue*, ibid.
Quid? de celles *à tant de jours de vue*, 69
De quel tems courent les lettres à tant de jours de vue, ibid.
De quel tems courent les lettres payables en foires, ibid.
Lettres de change doivent se payer en especes au cours du jour du paiement, 70
La valeur peut en être reçue de plusieurs manieres, ibid.
Comment les Lettres de change doivent être acceptées, 71
En cas de protêt, par qui peuvent être acquittées, 75
Celui qui acquitte une lettre est subrogé en tous les droits du porteur, & a son recours contre les tireurs & endosseurs, 76, 77

Et aussi contre celui qui a accepté, 77

Celui qui acquitte une lettre ou un billet doit avoir soin de les retirer du porteur, 76

Porteurs de Lettres de change acceptées, ou dont le paiement échet à jour certain, sont tenus des les faire payer ou protester dans les dix jours, 78, 87

Ce que c'est que Lettres de change payables à jour certain, 79

Quand peut-on protester les lettres payables à vûe, *ibid.*

Quel risque court le Porteur de la lettre, lorsqu'il néglige de faire ses diligences, *ibid.*

Porteur de la Lettre qui l'a égarée, est aussi tenu de la faire protester, 80

Comment les lettres doivent être payées en cas de diminution d'especes, 81

Usage de plusieurs Villes d'Europe pour le tems du protét des Lettres de change, 84

Porteurs des lettres ou billets sont tenus des diminutions d'especes après l'échéance, 86

Usances pour le paiement des lettres, de combien de jours. Voyez *usances*. 88

Le Réglement du 2 Juin 1667, pour les Lettres de change de Lyon sera exécuté, 91

Articles de ce Réglement, *ibid.*

Des protéts des Lettres & Billets de change. Voyez *protéts* 97

Après le protét le porteur peut poursuivre celui qui a accepté la lettre, 101

Et aussi saisir les effets des tireurs & endosseurs, 102

Dans quel délai les tireurs & endosseurs peuvent être poursuivis en garantie, 105

Chaque porteur de la lettre à qui les ordres ont été passés successivement les uns aux autres, doit avoir le tems, suivant la distance des

lieux, pour faire ses poursuites en garantie, 106
Comment sont comptés les délais de la garantie, 107
Après ces délais les porteurs de la lettre sont non recevables à agir, *ibid.*
Ce que les tireurs & endosseurs des lettres sont tenus de prouver en cas de dénégation, 108
Celui qui a tiré une lettre sur une personne qui ne lui doit rien, & à qui il n'a point envoyé de provision, est tenu de garantir la lettre, *ibid.*
Lettre payable à un particulier étant adhirée, comment le paiement en pourra être poursuivi, 110
Etant payable au porteur, ou à ordre, comment le paiement en sera fait, 111
Des secondes Lettres de change, 110
Quelle différence il y a entre une lettre payable au porteur, ou à ordre, & celle payable à un particulier, 111
Cautions données pour lettres de change, après quel tems déchargées, 114
Dans quel tems les Lettres & Billets de change sont présumées acquittées, 115
Cette prescription a lieu contre les mineurs & les absens, 116
Signatures au dos des Lettres de change ne servent que d'endossement, & non d'ordre, s'il n'est daté, 117
Lettres ainsi endossées à qui appartiennent, 118
En quels cas les Lettres de change peuvent être saisies, 119
Ceux qui ont mis leur aval sur les lettres, ensemble les tireurs & endosseurs, sont tenus solidairement de les payer, 131
Intérêt ne doit être compris avec le principal dans les lettres de change, 136

Lettres de change sont sujettes à la contrainte
par corps, 146
Même contre mineurs, 150
Pour Lettres de change de place en place on est
justiciable des Consuls, 225, 226
Si on peut tirer une Lettre de change d'une place
sur la même place, 227

Lettres de Crédit.

Ce que c'est, 66
Combien elles sont dangereuses, *ibid.*
Précautions que doit prendre celui qui les fournit, *ibid.*

Lettres d'Etat.

En quoi elles different des Lettres de répi, 167

Lettres Missives.

Négociants doivent avoir un livre de copie de
ces lettres, 57
Et doivent mettre en liasse celles qu'ils reçoivent, 37

Lettres de Réhabilitation.

Voyez *Réhabilitation.*

Lettres de Répi.

Voyez *Répi.*
Ce que doit faire un Négociant qui en veut obtenir, 159
Pour quels cas sont accordées, 160, 161
Formalités pour les obtenir, *ibid.*
De quelles fonctions sont incapables ceux qui
les ont obtenues, 29, 166
En quoi elles different des Lettres d'Etat, 167

Livres.

Que doit contenir le livre que doivent tenir les
Négociants & Marchands, tant en gros qu'en
détail, 30
Différentes sortes de livres que tiennent les
Négociants, 31, 32

DES MATIERES.

Du livre de caisse, ce que c'est, 32
Par qui les livres des Négociants & Marchands doivent être signés & paraphés, 33
Le Livre journal est le plus important de tous, 34
Quid ? de ceux des Agents de change & de banque, ibid.
Pourquoi les livres des Agents de change & de banque sont crus en justice, 33
Comment les Livres journaux doivent être écrits, 35
Livres des Marchands doivent être écrits au jour la journée, ibid.
En quel cas la représentation en peut être ordonnée en justice, 39
Si un Marchand doit représenter ses livres pour justifier sa créance, après une reconnoissance passée par Notaire, 40
Peine contre les Marchands qui n'ont point de Livres journaux signés & paraphés, 210
Défaut de présentation de livres par un Négociant, en cas de faillite, est capable de le faire réputer banqueroutier frauduleux, ibid.

Lyon.

Usage & privileges de cette Ville touchant les Lettres de change, 91
Réglement de la place de Lyon au sujet des paiements, lettres de change, acceptations, & autres dispositions concernant le commerce, ibid.

M

Majeurs.

Marchands & Banquiers sont réputés majeurs pour le fait de leur commerce, 10
A quel âge les Marchands & Banquiers sont réputés majeurs, 13

Maires.
Pourquoi ceux qui ont obtenu des Lettres de Répi ne peuvent être élus Maires des Villes, 167

Maîtrise.
Voyez *Apprentifs.*
Comment les Apprentifs & les enfants de Marchands sont reçus à la Maîtrise, 2
Sur quoi l'aspirant à la Maîtrise doit être interrogé, 9

Marchands.
Voyez *Négociants, Apprentifs, Séparation, Cession, Faillite & Lettres de Répi.*
Marchands en gros, ce que c'est, 4
Privileges accordés aux Marchands & Négociants en gros, 4
Combien de choses sont requises pour être reçu Marchand, 8
Marchands en gros & en détail, dans quel tems sont tenus de demander leur paiement, 16
Marchands & Artisans, ce qu'ils peuvent faire quand l'année ou les six mois depuis leurs fournitures sont expirés, 20
Comment les Marchands doivent avoir des aunes, poids & mesures, *ibid.*
Quels livres doivent avoir, & par qui paraphés. Voyez *Livres.*
Marchands sont tenus de mettre en liasse les lettres qu'ils reçoivent, & enregistrer copie de celles qu'ils écrivent. Voyez *Lettres Missives.*
Dans quel tems ils sont tenus de faire inventaire de leurs effets. Voyez *Inventaire.*
La clause de leurs contrats de mariage portant dérogation à la communauté, où doit-elle être publiée & enregistrée, 155
Quel ordre doit être observé à leur égard pour les séparations de biens d'entre mari & femme, 157

Marchand obtenant défenses de le contraindre, ou Lettres de Répi, à quoi est tenu. Voyez *Lettres de Répi.*
Cas auquel il doit être déchû de ces lettres. Voyez *ibidem.*
Ne peuvent comprendre l'intérêt avec le principal dans les lettres de change. Voyez *Intérêt.*
Défenses à eux de prendre l'intérêt d'intérêt. Voyez *Intérêt.*
Quels Marchands sont réputés banqueroutiers frauduleux. Voyez *Banqueroute* & *Faillite.*

Marchandises.

Dans quel tems l'action doit être intentée pour marchandises & denrées vendues, 16, 18

Mesures.

Poids & mesures, quels doivent être, 9, 10

Meubles.

Privileges sur les meubles conservés en cas de faillite, 105

Mineurs.

Cas où les mineurs Marchands sont réputés majeurs, 13
Marchands & Banquiers mineurs peuvent s'obliger pour le fait de leur commerce, 13, 14
S'ils peuvent aliéner leurs fonds, 14, 15
Mineurs qui ont accepté ou endossé des Lettres de change ne sont restituables ; ils sont justiciables des Juges-Consuls, & sujets à la contrainte par corps, 13, 14, 15, 150, 151,
Idem des receveurs & fermiers mineurs, 151
Femmes & filles mineures, marchandes publiques, peuvent s'obliger & sont sujettes à la contrainte par corps, 16, 151

N

Naulage.

CE que c'est ; 154

Négoce.

Ne déroge à la Noblesse, 3

Négociants.

Négociants en gros, ce que c'est, 4
Négociants annoblis. Voyez *Nobles.*
Négociants en gros peuvent posséder des charges de Secrétaires du Roi, & dans les Elections & Greniers à sel., *ibid.*

Nobles.

Nobles peuvent négocier en gros sur terre & sur mer, sans déroger, 3
Nobles qui négocient en gros, conservés dans leurs privileges, 4 & 5
Peuvent négocier dans les Villes sans se faire recevoir dans aucun corps ; ni justifier d'apprentissage, 3.
Peuvent être élus Consuls, Maires, &c. 5

Noblesse.

Compatible avec le Commerce.

Notaires.

Protêts peuvent être faits par deux Notaires. Voyez *Protêt.*

O

Obligations.

Passées par les Marchands qui font faillite au profit de leurs créanciers, n'acquierent ni hypotheque ni préférence sur les créanciers chirographaires, si elles ne sont faites dix jours avant la faillite, 190

Ordres.

En fait de Lettres de change. Voyez *Lettres de change & paiement.*
En quelle forme doivent être conçus les ordres mis au dos des Lettres, 117
Signature au dos des Lettres & billets de change ne sert que d'endossement & non d'ordre, s'il n'est daté, *ibid.*
Lettres endossées appartiennent à celui du nom duquel l'ordre est rempli, sans qu'il soit besoin de signification ni de transport, 118

DES MATIERES. 325

Défense d'antidater les ordres, 119
Ordres en blanc préjudiciables au public, *ibid.*
Pourquoi il est nécessaire que les ordres soient remplis, *ibid.*
Faux ordre ne transfere la propriété d'une Lettre de change, 78
Ordre portant valeur reçue, opere la même chose qu'un transport, moyennant pareille somme reçue, 118

Ouvriers.

Voyez *Artisans.*

P

Paiements de Lyon.

Voyez *Lyon & Foires.*
Comment se reglent ces paiements, 91

Paiement.

Voyez *Lettres de change & Porteur.*
Tems du paiement des Lettres de change, 67
De la qualité nécessaire au porteur pour pouvoir demander le paiement d'une Lettre de change, 63, 78
Celui qui paie une Lettre de change doit connoître la personne à qui il paie, & que l'ordre est signé par celui au nom de qui il est payé, 63, 78, 133
Celui qui paie sous protêt a action contre le tireur & les endosseurs, 77
Si celui à qui une Lettre est payable est en faillite, ou ses créanciers, ou celui pour le compte de qui elle étoit remise, peuvent obtenir du Juge une permission pour en exiger le paiement, 78
Paiement des Lettres & billets, comment doit être fait en cas de diminution d'especes, 81
Paiement d'une Lettre payable à un Particulier & non au porteur, ou à ordre, étant adhirée, comment peut être poursuivi, 110
Comment le paiement doit être fait en ce cas, 111

Pluralité des Lettres.

Pourquoi ne peut nuire à celui qui a fourni la Lettre, 110

Ni à celui au profit de qui elle a été tirée, *ibid.*

Poids & Mesures.

Quels doivent être, 9, 20

Porteurs.

Porteurs de Lettres de change & billets. Voyez *Lettres de Change, Billets, Protêt, Paiement, & Diligences.*

Obligations des porteurs de Lettres de change ou Billets, 61, 62, 77, 79, 80

Porteur d'une Lettre ou billet qui en a reçu le montant est garant de la vérité des ordres, 62

Pour pouvoir exiger le paiement d'une Lettre ou billet, il ne suffit pas d'en être porteur, 78, 102

Si le porteur d'une Lettre de change ou billet est tenu de la faire accepter ou protester, 72

Porteur d'une Lettre, quoique non obligé de la faire accepter, doit néanmoins présenter dans un tems convenable celles à tant de jours de vue, pour en déterminer l'échéance, *ibid.*

Porteurs de Lettres acceptées, ou dont le paiement échet à jour certain, sont tenus de les faire payer ou protester dans les dix jours, 78

Même celles qui sont égarées, *ibid.*

Comment les porteurs de Lettres peuvent poursuivre leur paiement après le protêt, 101, 102

On peut opposer la compensation au porteur de la Lettre, 103

Porteur d'une Lettre protestée a son recours solidaire contre les tireurs & endosseurs, & aussi contre celui qui a accepté, 61, 77, 104

Quand il n'y a point d'acceptation, le porteur ne peut agir que contre les tireurs & endosseurs, 77

DES MATIERES.

Porteur de la Lettre ou billet qui néglige d'en faire faire le Protêt, perd son recours de garantie, 80, 81

La négligence du porteur de la Lettre à l'échéance, libere le tireur, 61, 65

Porteur de la lettre, qui après le protêt néglige de faire les poursuites nécéssaires dans les délais, perd son recours, 80 107

Si le porteur d'une Lettre de change, qui n'a point fait de protêt à l'échéance, a sa garantie contre les tireurs & endosseurs, quand la provision n'étoit pas entre les mains de celui sur qui la Lettre est tirée, 108

Porteur d'un billet négocié, dans quel tems est tenu de faire ses diligences, 125

A qui ces diligences doivent être signifiées, 130

Si le porteur d'un billet ou d'une Lettre de change est obligé, en cas de faillite des tireurs & endosseurs, d'en opter un, ou s'il peut exercer ses droits contre tous, 132

Ce que le porteur doit faire pour conserver ce recours solidaire, *ibid.*

Prescription.

Prescription de cinq ans pour les Lettres de change, 115

Pourquoi elle a lieu contre les mineurs & absents, 116

Présents.

Présents pour la réception des aspirants à la Maîtrise, défendus, 10

Prêt.

Prêt à intérêt défendu, 136, 137
Comment on peut prêter sur gages, 144

Principal.

Défenses de comprendre l'intérêt avec le principal dans les Lettres & billets de change, & tous autres actes, 136

TABLE

Procédures.

Abrégé de la procédure qui se fait dans les Jurisdictions Consulaires, 244

Sous quelles peines il est défendu de casser ou surseoir les procédures & poursuites faites en exécution des Sentences Consulaires, 254

Procureurs Syndics.

Ne peuvent être établis dans les Justices Consulaires, 241

Protêt.

Est de deux sortes, 74
Du protêt faute d'acceptation, *ibid.*
Effet du protêt faute d'acceptation, 74, 75
Celui qui paie sous protêt a une action contre les tireurs & endosseurs, 77
Faute de paiement le protêt est absolument nécessaire pour conserver les droits du porteur, 78
Quel jour les porteurs des Lettres de change ou billets négociés sont tenus de les faire protester, 78, 81, 87
Lettres à vue peuvent être protestées quand il plaît au porteur, 79
Si les protêts doivent être faits dans les dix jours de faveur, ou après qu'ils sont expirés, 78
Si on peut les faire les Dimanches & Fêtes, 83, 90
Quand doivent-ils être faits pour les paiements en foires de Lyon, 83, 92
Usages de plusieurs villes pour le tems des protêts, 84
Protêt doit être fait suivant l'usage du lieu où la Lettre est payable, 86
Protêts doivent être faits par deux Notaires, ou par un Huissier & deux records, 97
Ce qui doit être transcrit dans l'acte de protêt, 98

Protêt doit être signifié, à peine de nullité, *ibid.*
Doit être contrôlé, 98
Ne peut être suppléé par aucun autre acte, 99
Ne produit hypotheque, *ibid.*
Après le protêt le porteur peut poursuivre celui qui a accepté, 101
Et aussi saisir les effets du tireur & des endosseurs, 102
Dans quel tems les tireurs & endosseurs peuvent être poursuivis en garantie, 105
De quel jour on doit compter le tems pour signifier les protêts ; & faire ces poursuites en garantie, 107
De quel jour sont dûs les frais & intérêts du Protêt, 143

R
Raison.
Livres de raison Voyez *Livres Journaux.*
Rechange.
Ce que c'est, 139
Cas où il est dû, *ibid.*
De quel jour est dû l'intérêt du Rechange, *ibid.*
Quel rechange est dû, *ibid.*
Pour quel lieu le rechange de la Lettre protestée est dû par celui qui l'a tirée, 141
En quel cas les tireurs sont tenus de payer plusieurs rechanges, 143
Pour quels lieux le rechange est dû pour les Lettres négociées, 143
Regîstres.
Voyez *Livres Journaux.*
Regîstres des Marchands & Banquiers, quand & à qui doivent être représentés, 49
Réhabilitation.
Réhabilitation d'un négociant qui a fait faillite ou obtenu des Lettres de répi, comment se fait, 167, 168

Répi.

Voyez *Lettres de Répi.*

Ce que c'est, 160

Des Lettres de répi & défenses générales qui s'obtiennent par les Négociants contre leurs Créanciers, 159, 160

Négociants Marchands ou Banquiers qui obtiennent des Lettres de répi, à quelle formalité sont tenus, 161

En quel cas ceux qui ont obtenu des Lettres de répi, en sont déchûs, 162

Quand doivent être signifiées, & à qui, 163

Sous quelle peine ceux qui ont obtenu des Lettres de répi, ne peuvent préférer aucun créancier au préjudice des autres, 165

Charges desquelles sont exclus ceux qui ont obtenu des Lettres de répi, 166

Ceux qui ont obtenu des Lettres de répi, ne peuvent être agents de change ou de Banque, ni Courtiers de marchandises, 29

Résolutions

Résolutions prises dans les assemblées des créanciers d'un failli, comment doivent être mises à exécution, 194

Révocation.

Toutes révocations de procéder pardevant les Juges-Consuls, prohibées, & sous quelle peine, 254

S

Sentences.

Sentences des Consuls, jusqu'à quelle somme s'exécutent en dernier ressort, 271

S'exécutent par provision, à quelque somme que monte la condamnation, 273

Quand elles s'exécutent par corps, *ibid.*

Sentences rendues contre ceux qui ont fait faillite, n'acquierent aucune hypothéque ni préférence, si elles ne sont rendues dix jours

DES MATIERES. 331

avant la faillite connue, 190

Sentences arbitrales.

Sentences arbitrales sur les contestations des Marchands Négociants, où doivent être homologuées, 56
De quel jour elles emportent hypotheque, 57
A la diligence de qui cette homologation doit être poursuivie, *ibid.*
Pour quelles raisons elle est nécessaire, *ibid.*

Séparation.

Ce qui doit être observé dans les séparations de biens de maris & femme, entre Marchands & Négociants, 155

Syndics.

Voyez *Faillite.*
Syndics ou Directeurs des créanciers d'un failli, de quelle maniere se doivent comporter, 194, & 195

Société.

Société entre Marchands & Négociant, est de trois sortes, 41
Société *générale*, *ibid.*
Société *en commandite*, *ibid.*
Pourquoi la société en commandite est ainsi appellée, *ibid.*
Utilité de la société en commandite, *ibid.*
Société *anonyme*, 42
Comment elle se contracte, *ibid.*
Conditions requises pour la société, 43
Société finit par la mort d'un des associés, 44
Ou par la renonciation à la société, 45
En quelle forme doit être enregistrée toute société, *générale*, ou en *commandite*, *ibid.*
Quelle doit être la forme des sociétés pour faire preuve, *ibid.*
Ce qui doit être observé pour l'enregistrement & publication des sociétés entre Marchands & Négociants, & de l'effet de l'enregistrement

47

TABLE

Si un acte de société est nul, faute d'avoir été enregistré, *ibid.*

Ce qui est requis pour l'enregistrement d'un extrait de société, & ce qu'il doit contenir, 48

Où l'extrait de la société doit-il être enregistré, 47

Pour être enregistré, il doit être signé, par qui, & ce qu'il doit contenir, 48

Actes portant dissolution de société, doivent être enregistrés & publiés, 49

Actes portant changement d'Associés, quand auront lieu, 50

Quelle somme doit être prise par les Greffiers pour l'enregistrement des sociétés, *ibid.*

Quelle somme pour chaque extrait délivré, *ibid.*

De quel jour les sociétés ont effet à l'égard des Associés, leurs veuves & héritiers, créanciers & ayants cause, 51

En quels cas tous les Associés sont obligés solidairement aux dettes de la société, encore qu'il n'y en ait qu'un qui ait signé, 52

Toute société contiendra la clause de soumission à des arbitres, en cas de contestation, 54

A l'égard de qui les réglements pour les sociétés auront lieu, 57.

Solidité.

Action solidaire a lieu entre associés, 52

Action solidaire en Lettres de change & billets négociés, a lieu contre les tireurs, endosseurs & accepteurs, 132

T

Teinture.

Reglements touchant la teinture des étoffes, 9

Terme.

Terme des Lettres de change, comment est réglé, 68

DES MATIERES.

Tireurs.

Voyez *Lettres de Change*, *Acceptations*, *Porteurs*, *Ordres*, 60, 61

Obligations du tireur d'une Lettre de change, 61

Si le tireur est libéré lorsque la Lettre est acceptée, 61

Tireur de la Lettre est garant jusqu'au paiement, *ibid.*

Tireurs & endosseurs des Lettres de change, à quoi tenus en cas de dénégation, 108

En quels cas sont tenus de la garantie, 108, 109

Si les tireurs & endosseurs doivent prouver que celui sur qui ils ont tiré leur étoit redevable, 108

Si le tireur, ou celui sur qui la Lettre est tirée, est obligé de payer les changes & rechanges, les frais du protêt & le voyage, 139

Si le tireur est tenu de payer le rechange dans tous les lieux où la Lettre est négociée, 141

En quel cas le tireur est tenu de payer plusieurs rechanges, 143

Transports.

Voyez *Cessions*.

Si un transport doit être signifié, 123

Transports, cessions, ventes & donations faites en fraude des créanciers, sont nuls, 189

Mais sont valables s'ils sont faits de bonne foi, 193

A moins qu'ils ne soient faits dans les dix jours qui précédent la faillite, 190

V

Valeur.

Voyez *Lettres de Changes*.

Valeur pour Lettres de change, de combien de sortes elle est, 70

Ventes.

Ventes faites par des banqueroutiers en fraude

de leurs créanciers sont nulles, 189

Veuves.

Veuves des Marchands & Négociants, quand peuvent être convenues pardevant les Juges-Consuls, 258
Si les veuves des Associés peuvent exercer leurs droits & actions, 57

Vignerons.

Pardevant quels Juges peuvent faire assigner pour ventes de bled, vin, bestiaux, & autres denrées procédant de leur cru, 240

Voituriers.

Voituriers pour raison de voitures faites pour le compte des Marchands, sont de la compétence des Juges-Consuls, 236

Voix.

Comment se comptent les voix des créanciers dans les assemblées à l'égard d'un failli, 200

Usance.

Voyez *Lettres de Change.*
Ce que c'est qu'usance, 68, 88
De combien de jours elle est, 88
De Lettres à usance, 68
Usances des principales Villes de l'Europe, 88, 89
Tems des usances se régle suivant le lieu où la Lettre de change est payable, 90

Usure.

Quand l'escompte est il usuraire, 136
Le change n'est pas une usure, même quand il est pris au-dessus du cours de la place, 135

Vue.

Voyez *Lettres de Change à vue.*
Quand échet le jour de vûe en fait de Lettres de Change, 68

Fin de la Table des Matieres.

APPROBATION.

J'Ai lu par ordre de Monseigneur le Chancelier les additions & corrections faites au *Nouveau Commentaire sur l'Ordonnance de 1669, sur les Evocations, sur l'Edit des Epices, &c & sur l'Ordonnance de 1673, touchant le Commerce;* & je n'y ai rien trouvé qui puisse en empêcher la réimpression. A Paris ce 12 Novembre 1760.

COQUELEY DE CHAUSSEPIERRE.

EXTRAIT DU PRIVILEGE DU ROI.

PAr Grace & privilege du Roi donné à Versailles, le vingt-sixieme jour du mois d'avril mil sept cent cinquante-six, Signé, par le Roi, LE BEGUE, il est permis à JEAN DEBURE, l'aîné, Libraire à Paris, ancien Adjoint de sa Communauté, de faire imprimer, & réimprimer, vendre & distribuer par-tout le Royaume, des Ouvrages qui ont pour titre: *Le Nouveau Commentaire sur les Ordonnances de 1667, 1669, 1670 & 1673 avec le Recueil général distribué par ordre chronologique de tous les Edits, Ordonnances, Déclarations, Arrêts de Réglement qui sont cités dans lesdits Commentaires,* autant de fois que bon lui semblera, pendant le tems & espace de six années à compter du jour de la date des Présentes. Faisons défenses à tous imprimeurs, Libraires, & autres personnes de quelque qualité qu'elles soient, d'imprimer, faire imprimer, vendre, faire vendre & débiter, ni contrefaire lesdits ouvrages sans le consentement dudit Exposant, sous les peines plus amplement contenues en l'original.

*Regiſtré ſur le Regiſtre **XIV** de la Chambre Royale des Libraires & Imprimeurs de Paris. N°. 40, fol. 38, conformément aux anciens Régle- ments confirmés par celui du 28 Février 1723. A Paris le trente Avril mil ſept cent cinquante ſix.*

DIDOT, Syndic.

www.ingramcontent.com/pod-product-compliance
Lightning Source LLC
Chambersburg PA
CBHW072021150426
43194CB00008B/1198